中国人民大学社会政策研究院出品

人大社会政策讲义·前沿暑期班系列
丛书主编：洪大用　副主编：冯仕政

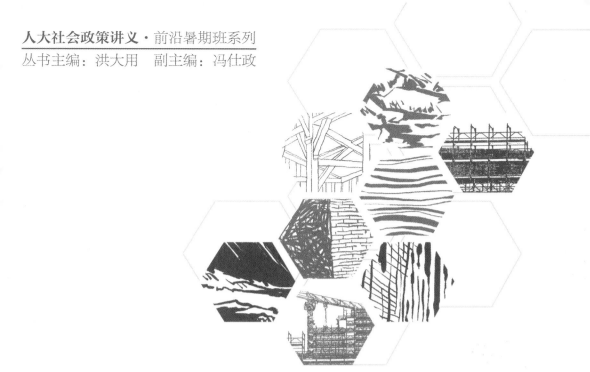

Anti-Poverty
from theories to practices

反贫困
理论前沿与创新实践

李秉勤　房莉杰 / 主编

社会科学文献出版社
SOCIAL SCIENCES ACADEMIC PRESS (CHINA)

迈进中国社会政策新时代

——《人大社会政策讲义》总序

从社会学的角度看，社会政策是社会再生产的重要制度安排。就此而言，任何追求可持续的社会都会发展出相应的社会政策，以保障基本民生、维护社会秩序、促进社会发展。比如说，中国历史上对人口、户籍管理和灾害救济等工作就非常重视，这方面的政策制定和执行历史悠久。由于不同类型的社会以及处在不同发展阶段的社会，其面临的可持续挑战有所不同，所以社会政策需求也不同。

现代意义上的社会政策主要是应对工业革命之后的社会风险，以保证社会的可持续性。工业革命带来了社会财富的快速增加，却引发了资本与劳动的对立，导致具有普遍性和严重性的贫富分化，加剧了社会矛盾与冲突，威胁着社会秩序和持续发展。1872年德国学者成立"社会政策学会"，直接聚焦劳资冲突。由瓦格纳（Adolph Wagner）给出的第一个现代的社会政策定义，也是强调运用立法和行政手段调节分配不均问题。

但是，随着对现代化观察、研究和认识的不断深化，社会政策被赋予了日益广泛的理解，发展社会政策被视为一种与现代化转型相伴的社会保护运动，以及促进社会发展和进步的重要工具，并逐步涵盖了保障改善民生、维护公平正义、增进社会福利、防范社会风险、保护生态环境以及为经济增长创造社会条件、实现经济增长与社会进步良性互动等方面的一系列政策安排。实践需要呼唤着学理支撑和专业人才，由此，社会政策也迈向了学科化时期。一般而言，1950年蒂特马斯（Titmus）在伦敦经济学院创立"社会行政系"（后改名为"社会政策系"），标志着现代社会政策学科的建立，此后该学科在欧洲以及世界其他地区不断传播，并对现代化的实践进程产生了新的具有方向性的影响。

大体上，二战以后对社会发展与社会进步的重视，已经不仅仅是某种思想或者政策倡导，更体现为日益广泛的实践行动。特别是在西欧国家，以英国为代表，广泛采用社会政策推动福利国家建设，实现了现代化的新发展，赋予了现代社会新内涵。联合国在1946年也建立了社会发展委员会（原称"社会委员会"），具有标志性地体现了在全球范围内推动社会发展的努力。该委员会的职能包括研究和讨论国际社会领域的形势和趋势；对社会发展目标和政策提出建议；对妇女、青年、老龄人、残疾人以及社会治安与犯罪控制等领域应采取的措施提出意见和建议，等等。1995年召开的联合国社会发展问题世界首脑会议，对在全球范围内加强社会政策、推动社会发展发挥了重要作用。

中华人民共和国成立初期，制定并实施了广泛的社会政策，在解决贫困、失业、流民、犯罪等具体社会问题，恢复社会秩序，保障改善民生，发展社会事业等方面，都取得了显著成绩，呈现了新社会的良好风貌。但是，由于国家经济落后、不利的外部环境压力和特定的治理体制，我们在接下来的发展计划中更多关注的是经济领域，"先生产、后生活"成为一种主导性观念，公共政策也更多地体现为经济政策、政治政策和文化政策，社会领域被看成经济、政治、文化的从属部分或者三者综合的自然结果。比较突出的标志就是我国历次五年计划都是"国民经济发展计划"，直到改革开放后的1981年，从第六个五年计划开始才列入社会发展的内容，计划名称也改为"国民经济和社会发展计划"，体现了对经济社会协调发展的初步关切。这种改变既反映了改善人民生活、促进社会事业发展的现实需要，也体现了对现代化共同趋势的新认识，包括联合国社会发展委员会的倡导，以及中国社会学恢复重建后一些学者的专业建议。

"实践是理论之源，时代是思想之母"，正是改革开放以来的实践变化催生了中国社会政策研究。我们检索到的第一篇关于社会政策的中文文献，正是出现于1981年，是对民主德国社会政策理论问题的介绍[1]。随着

---

① A. M. 亚尼维茨、周士琳：《六十年代—七十年代民主德国社会政策文献中关于社会政策的理论问题》，《现代外国哲学社会科学文摘》1981年第8期。

国家发展计划的调整，中国政府也日益关注社会发展，积极参与联合国社会发展委员会的活动，并于1988年当选为该委员会成员，此后一直连选连任。在为1995年联合国社会发展问题世界首脑会议做准备期间，中国政府更加关注到社会政策对推动社会发展的重要作用。1994年，时任国务院副总理邹家华在全国社会发展工作会议上的讲话指出，"在制定经济政策和经济发展战略的同时，要相应制定各项社会政策，保持各项社会事业的协调发展，使人口、资源、环境与经济发展相互协调、相互促进"，"制定社会政策要满足人民多方面、多层次的需求，保障人民的合法权益，提高他们的物质文化生活水平、道德修养和身心健康水平，促进国民素质的全面发展和提高"①。这个讲话已经体现了对现代社会政策概念的比较充分的理解。相应地，自1980年代开始的社会政策研究，在经历了缓慢发展之后，从1994年开始进入较快发展时期。特别是在1990年代中后期，随着市场经济发展和国有企业改革不断深化，学术界对于社会政策的研究和倡导日渐突出，不少关于再就业、社会保障和社会救助改革等方面的研究成果开始涌现。

在中国社会政策研究和发展史上具有分水岭意义的一个年份应该是2002年，这一年召开了党的十六大，释放了更加以人为本、推动和谐社会建设的信号。此后，中央越来越清晰地阐述了贯彻落实科学发展观、构建社会主义和谐社会的大政方向，并提出了经济、政治、文化和社会四大建设四位一体的战略布局，这就给社会政策研究提供了巨大的需求和动力，也为社会政策应用提供了直接的、广阔的空间。在《中国社会科学》2004年第6期组织的以"科学发展观与社会政策"为题的一组笔谈中，王思斌教授指出"中国将迎来社会政策时代"②，并在此后的其他场合多次阐述这种认识。事实上，如果就党和政府更加关注通过社会政策促进社会发展、保障改善民生、维护公平正义，学术界关注和研究社会政策的学者日益增多、产出日益丰厚、应用日益广泛等方面而言，21世纪以来我们确实进入

① 时任国务院副总理邹家华在全国社会发展工作会议上做的题为《提高认识，加强领导，大力推进社会发展与进步》的讲话。
② 王思斌：《社会政策时代与政府社会政策能力建设》，《中国社会科学》2004年第6期。

了一个中国意义上的社会政策时代，尽管这个时代的社会政策研究与实践仍然存在诸多方面的不足。

十八大以来，社会政策已经成为党和政府治国理政"工具箱"中的重要工具之一，常常与宏观政策、微观政策相提并论，显示了社会政策地位的提升。在2013年4月25日召开的中共中央政治局常务委员会会议上，习近平总书记提出"宏观政策要稳、微观政策要活、社会政策要托底"。2018年12月21日召开的中央经济工作会议，继续指出社会政策要强化兜底保障功能，实施就业优先政策，确保群众基本生活底线，寓管理于服务之中。由此可见，党的十八大以来，社会政策更加频繁地出现在国家领导人的讲话以及党和政府的文件中，中央对于社会政策的定位和功能有了更加一贯而明确的界定。这种界定既是对实践要求的回应，也是在理论上对发展中国社会政策的一种探索，标志着中国社会政策发展进入新时代。这个新时代要求我们更加冷静地反思既往的社会政策研究与实践，更加科学地阐释社会政策与中国特色社会主义现代化总体目标之间的关联、社会政策与其他公共政策之间的协同、社会政策自身更加确切的功能定位以及具有中国特色的社会政策体系设计和学科建设等。

纵观社会政策的发展演变过程，我们可以看到其具有的一般特性：首先是普遍性，也就是在任何谋求可持续的社会中，社会政策都不可或缺；其次是发展性，也就是社会政策必然随着经济社会的发展而变化，尽管有些政策在形式上看是连续的，但是其理念、内容、执行和评估等方面都具有与时俱进的时代特征；再次是文化性，指的是社会政策总是植根于一定的历史文化传统，体现着特定社会的价值观；最后，由于以上特性，以及不同社会的基础制度不同，社会政策在不同社会中表现出一定的差异性。简而言之，社会政策从来都是与一个社会的历史文化传统、基本社会制度、社会发展阶段和社会需求类型等密切相关的，没有普遍适用可以照搬的社会政策。

立足新时代，面向新需求，我们需要在仔细省视既有社会政策实践和研究的基础上，继续深化对社会政策的学术研究。这里的一些重点任务包括以下五个方面。一是大力推进社会政策学科建设，为中国社会政策发展提供更加系统的学理支撑。缺乏学科视角，不利于形成共同的思想基础、知识基础和方法论，不利于社会政策知识的集成和整理，不利于社会政策知识的积累和创新，也不利于社会政策的系统设计。二是着力培养社会政策的专业人才，制定、实施和评估社会政策都是非常专业的工作，我们要保证社会政策的科学性、有效性，就必须提升其专业性，培养适应社会政策发展需要的各类从业人员。三是增强社会政策研究的开放性。社会政策研究和设计需要跨学科、跨文化的知识和视野，我们需要在社会政策教学和研究中重视学科交叉的训练，重视跨文化、跨国家的社会政策比较研究，特别是要重视社会政策与其他政策的统筹协调研究。四是积极推进社会政策创新。应对新时代的社会需求，我们没有现成的政策工具可以照搬，必须在深入研究、借鉴的基础上，推动自主创新。事实表明，简单地重复我们使用过的社会政策，或者照搬其他国家的政策实践，都难以有效地解决我们面临的问题。五是增强社会政策的实践自觉，特别是在社会政策设计中要努力做到自下而上与自上而下相结合，从实践中来，到实践中去，促进政策与实践的良性互动，真正发挥社会政策促进社会发展和进步的功能。

正是基于以上认识，中国人民大学在既有社会学、人类学、人口学、社会工作、老年学和民俗学等优势学科和相关研究的基础上，大力推进社会政策学科建设和人才培养，自觉履行肩负的责任。我们除了设立社会政策研究院、邀请国内外社会政策专家开设系列讲座、大力推进社会政策学科建设之外，还经由房莉杰博士、李秉勤博士协调，与澳大利亚新南威尔士大学社会政策研究中心联合举办了社会政策前沿暑期讲习班，在聚焦国内外社会政策前沿进展的基础上，更加重视比较社会政策研究和社会政策科学评估的培训交流。我们努力把讲习班办成中外学者之间、理论研究者与实际政策设计者之间开展交流的平台，促进社会政策新思维的传播，培育新时代社会政策研究与实践的共同体。

2017 年 7 月 24 日至 26 日，第一届社会政策前沿暑期讲习班成功举办。在为期三天的讲习中，来自澳大利亚和中国的六名学者结合理论介绍和实践研究，围绕社会政策与发展、社会政策评估、社会政策建设与改革、社会照顾、健康政策、贫困测量等做了精彩的报告，产生了很好的社会反响。2018 年 7 月 25 日至 27 日，我们围绕反贫困研究前沿议题和创新实践，继续举办了第二届讲习班。连续两届讲习班之后，我们觉得有责任将讲习内容整理出来，为更多、更进一步的政策借鉴和学术交流提供服务，所以就有了"前沿暑期班系列"的出版物。

除此之外，我们还邀请国内外社会政策领域的知名学者在人大授课，其授课内容形成"社会政策名家讲坛系列"予以出版。"前沿暑期班系列"和"社会政策名家讲坛系列"一起，构成"人大社会政策讲义"的系列出版内容。我们衷心期待读者对相关内容的批评指正，同时更加期待同人们襄助、参与我们的工作计划，共同推动新时代中国社会政策发展、学科建设和人才培养，为进一步保障改善民生、促进更高水平的社会进步、建设社会主义现代化强国做出专业性的贡献。

衷心感谢应邀发表演讲和授课的各位专家学者，感谢中国人民大学社会与人口学院、社会科学文献出版社为丛书出版所付出的努力，尤其感谢房莉杰博士、李秉勤博士、李荷副教授、冯仕政教授、黄家亮副教授等人的协调努力。

谨以此序。

丛书主编　洪大用　教授
社会与人口学院原院长
中国人民大学原副校长
2019 年 3 月 31 日于北京

编首语

    在过去的五年中，中国出镜率最高的社会政策毫无疑问是"精准扶贫"。中共十八大以来，脱贫攻坚成为中国全面建成小康社会的底线任务和标志性指标，以前所未有的力度推进，取得了决定性进展。中国政府承诺，确保到 2020 年中国现行标准下农村贫困人口实现脱贫，贫困县全部摘帽，解决区域性整体贫困。基于这样的背景，第二届社会政策前沿暑期讲习班，即重点关注"反贫困"这一政策话题。本书收录了这届讲习班的老师讲演和师生对话，用对话的形式，力求把暑期班涉及的理论、批评思路和实践案例以深入浅出的形式介绍给读者。

    我们首先关注的自然是中国的反贫困问题。改革开放以来，扶贫成就一直是中国的骄傲。在改革开放之后的 30 年中，2.4 亿极端贫困人口和 5 亿以上生活水准在 1 天 1 美元以下的贫困人口在这一时期摆脱了贫困[①]。中国的大规模减贫为全球的减贫和联合国千年发展目标的实现做出了突出贡献。然而随着贫困人口的减少，扶贫的难度亦增加，因此中央政府提出"精准扶贫"战略，以取代过去的"粗放扶贫"。在本届讲习班中，汪三贵教授的授课围绕精准扶贫的"前世今生"展开，尤其是如何理解精准，以及如何评估"精准"目标的实现。

    2020 年脱贫攻坚目标的实现，只能说明我国在一定程度上解决了绝对贫困问题。而贫困更是一个相对的概念，它跟社会正义、社会平等、社会融合/排斥这些社会政策的核心概念密切相关。对于贫困的理解要从绝对

---

① 汪三贵：《在发展中战胜贫困——对中国 30 年大规模减贫经验的总结与评价》，《管理世界》2008 年第 11 期。

的生存问题，向相对的社会排斥转变①。而在全球化背景下，面对自由主义的全球化蔓延，对这一转变的需求尤其迫切。因此，中国在 2020 年之后的"后精准扶贫"时代，不仅要巩固已有的扶贫成果，更要重新定义"贫困问题"，以制定新的反贫困战略。本届讲习班中，Naidoo 的授课内容即贫困、社会剥夺、福祉三个概念，呈现不同的定义与测量方法、对于反贫困政策的影响，以及进一步带来的对于不平等和社会剥夺的干预结果。而 Skattebol 的授课则聚焦于儿童视角，或者说以儿童贫困为例，演绎了贫困群体研究的方法论。

上述三项讨论主题都属于传统的主流贫困研究的范畴。然而随着科技的进步，贫困也呈现新的特点，李秉勤的授课内容即围绕科技进步和贫困问题展开。实际上，这两者的关系是一个充满辩证的话题。从积极的一面看，科技进步可以带来劳动生产力的提高，随之而来的经济增长会自发带动贫困问题的缓解，与此同时，科技进步也会带来更多的解决贫困问题的技术手段；但是从相对负面的可能性看，科技进步也会改变既有的不平等结构，它会带来一些传统的社会政策无法应对的新问题，从而增加社会不平等，制造出新的脆弱群体。

不仅贫困的产生机制具有"前沿性"，从福利多元主义视角看反贫困政策的提供主体，也会有"前沿"发现，本届讲习班即呈现了两个颇具中国特色的前沿案例。

第一个案例是以企业为主体的扶贫——京东的"电商扶贫"案例。根据吕鹏等对中国非公 100 强企业（全国工商联公布的榜单）所发起或支持的社会价值项目的梳理，在所有 79 个项目中，扶贫项目共有 23 个，是最为集中的企业社会价值项目领域②。因此，企业在扶贫领域中的新角色及其对政策效果的影响，是值得关注的前沿议题。本届讲习班即分享了京东的"电商扶贫"案例，从企业社会价值和社会政策两个方面做了前沿学术解读。

---

① 唐钧：《社会政策的基本目标：从克服贫困到消除社会排斥》，《江苏社会科学》2002 年第 3 期。
② 吕鹏等：《寻找白鬈豚：中国民营企业社会创新旗舰项目评估》，课题内部报告。

第二个案例是以社会组织为主体的扶贫——友成基金会的"青椒计划"。该案例的前沿性不仅在于以社会组织为主体的扶贫模式，还在于它对互联网平台的应用，即它同时也是一个利用技术创新整合资源的公益案例。尤其是从其1.0版本到4.0版本的发展可以看出，一个社会组织打造的互联网平台如何在不断发现和解决问题的过程中，链接和整合各种资源。

最后，本讲义还收录了李棉管的《社会救助如何才能减少贫困？——20世纪末期以来中国社会救助研究综述》，该文发表于《社会建设》2018年第4期。本届讲习班的主题是"反贫困"，而在中国现有的社会政策框架中，反贫困的主要途径不仅包括主动的"扶贫"，还包括被动的"社会救助"。因此选择李棉管的这篇社会救助的文献综述作为结尾，旨在使本书的讨论呈现更为全面的图景。

本届讲习班由中国人民大学社会政策研究院组织发起，中国人民大学社会与人口学院的李荷副教授，带领学院学生——刘凌、王源、江沛、赛珺睿付出了大量辛苦，做了烦琐的工作，在此深表谢意。同时感谢责任编辑谢蕊芬、马甜甜尽责高效的编辑工作。

敬请关注2019年第三届社会政策前沿暑期讲习班的讲义《社会发展与社会政策》。

李秉勤　房莉杰
2019年5月

作者简介

Yuvisthi Naidoo　博士，澳大利亚新南威尔士大学社会政策研究中心研究员。她的研究兴趣是澳大利亚本国以及跨国比较的社会劣势分析，包括贫困、剥夺、生活水平和福祉的概念和衡量。她目前的研究专注于发展出一套关于个人生活与福祉标准的测量工具，以及对澳大利亚老年人的生活状况分析。她承担过澳大利亚研究委员会（ARC）资助的关于澳大利亚贫困、剥夺与福祉的研究项目，以及与欧洲诸国的跨国比较研究。在加入新南威尔士大学社会政策研究中心之前，她在澳大利亚住房与城市研究所工作，主要研究澳大利亚无房老年人的可持续性住房支持政策。

Jennifer Skattebol　博士，澳大利亚新南威尔士大学资深研究员。她的研究集中在儿童、年轻人及其家庭的生活状况和福利上。她擅长边缘化政治的方法学设计，以及在研究设计中如何融入教育和能力建设因素。她的大部分研究采用的是基于教育、社会学和社会政策跨学科的定性和混合方法。她的方法学专长是对于处于不利地位的儿童和年轻人的研究设计。她与政府和非政府机构就儿童和青年贫困问题以及服务系统如何更好地满足这些澳大利亚年轻人及其家庭的需求进行了广泛合作。

李秉勤　副教授，目前就职于澳大利亚新南威尔士大学社会政策研究中心。她的研究关注社会政策与社会治理。她目前的项目包括老年友好型社区治理研究、地方政府推进社会项目的动力机制研究、社会融合与整合研究、城市治理研究等。她对于中国的社会政策有着丰富的研究经验，同时她的研究也涉及亚洲其他国家，并关注中国与西方国家的比较研究。她在将国际社会政策学术经验引入中国方面扮演着重要而积极的角色。她曾经在中国翻译引进了两套社会政策专著和编著，均有较大的影响力。她是多个研究机构的客座研究员，包括联合国发展研究所、中国国务院发展研究中心，以及中国社会科学院等。她还是多个国际组织的顾问和专家，包括世界银行、欧盟、世界卫生组织、联合国儿童基金会、英国国际发展署等。

汪三贵　中国人民大学农业与农村发展学院教授、博士生导师，中国人民大学中国扶贫研究院院长，中国农村金融研究所副所长，兼任国务院扶贫领导小组专家咨询委员会委员、中国发展研究基金会学术委员会委员。主要研究领域为农村贫困和发展金融，主持两项国家社科重大项目"我国特殊类型贫困地区扶贫开发战略研究"和"实施精准扶贫、精准脱贫机制与政策研究"，入选教育部新世纪优秀人才支持计划，出版贫困方面的学术专著 10 部，在国内外发表学术论文 140 余篇。2010 年荣获第四届"中国农村发展研究奖"，2011 年荣获国务院扶贫办首届"友成扶贫科研成果奖"，同年被国务院扶贫领导小组评为"全国扶贫开发先进个人"。

李敏　京东公共政策首席专家，社科院博士，农业部农业信息化标准化技术委员会专家，"十三五"电子商务规划专家组成员，商务部中国国际电子商务中心特聘专家。制定与实施了京东电商精准扶贫战略，参与多部与电商扶贫、农村电商相关的著作或课题研究工作。

李英格　美国南卡罗来纳大学政治学博士，澳门大学社会科学学院博士后，现为杜克大学政治系亚洲安全研究院研究员。研究兴趣主要集中在比较政治经济学、政商关系、发展研究。目前研究题目是企业社会影响力与社会创新，正在从事社会影响力指数的研究工作，尝试解决目前企业社会影响力的测度问题，以及社会影响力指数的动态更新。

房莉杰　中国社会科学院社会学研究所研究员，中国社会科学院社会政策研究中心副主任，联合国社会发展研究所（UNRISD）合作研究员，伦敦经济学院访问学者、联合国发展研究所访问学者。研究方向为社会政策，尤其是卫生政策、养老服务、福利模式等。出版独著《新型农村合作医疗制度信任的形成过程》、合著《老年长期照护的国际经验》（第二作者），在《社会学研究》等学术期刊发表论文二十余篇。目前亦关注企业的社会公益行为对可持续社会福利模式的价值。

汤敏　友成基金会常务副理事长，国务院参事室参事，监察部第五届特邀监察员，中国人民银行研究生部部务委员会副主席，中央党校、北京大学、武汉大学、暨南大学兼职教授，北京市、广州市政府金融顾问团顾问，中国经济五十人论坛成员，欧美同学会商会理事等。从 1989 年至 2007 年间历任亚洲开发银行经济发展研究中心经济学家，任亚洲开发银行驻中国代表处副代表兼首席经济学家。从 2007 年 9 月至 2010 年 9 月间，担任国务院发展研究中心中国发展基金会副秘书长。自 2010 年起，发起了常青义教、双师教学、乡村教育创新计划、乡村青年教师社会支持公益计划等教育公益项目。

苗青　自 2011 年起加入友成基金会。策划实施了小鹰计划、常青义教、双师教学、益教室、"青椒计划"等多个创新教育扶贫项目，监督管理新公益嘉年华、扶贫志愿者行动计划、电商扶贫、创业咖啡、易知专项基金、凯迪拉克"小狮子计划"专项基金等项目。目前致力于社会创新治理、创新教育扶贫项目研发和管理工作。

李棉管　社会学博士，浙江师范大学法政学院教授、硕士生导师，浙江省高校中青年学科带头人，浙江省"之江青年学者"团队负责人，浙江师范大学社会工作与社会政策研究中心主任。近年来主持国家社科基金项目 2 项，省部级科研项目 2 项，在《社会学研究》、*Social Policy and Administration* 等国内外重要刊物上发表学术论文 20 余篇。研究方向为社会政策、贫困治理。

目　录

儿童贫困与福祉：澳大利亚案例[*]

Jennifer Skattebol

贫困与儿童福祉

正如 Yuvisthi 今天早上所说，剥夺指数能够帮助我们了解一个社会的习俗和规范，因而是我们研究贫困现象的一个重要概念。并且，我们有一整套方法来发现在特定群体的生活环境中什么是正常的。往其中添加许多不同的元素，还能够找到这个社区的一些风俗习惯。在澳大利亚，孩子们通常会为了上学准备干净的衣服和整洁的鞋子，都要有自己的笔、纸和背包，中午要吃饭，要有自己的零花钱，周末要出去运动，比如说踢足球和打篮球，而且一般放假都会放一个星期。因此我们认为，被剥夺的儿童就是那些做不到所有这些事情的孩子。但要找出这些习惯是什么，我们需要去问问孩子们。

最近有个关于粮食安全的报告，让很多澳大利亚人大吃一惊，因为这里说 15% 的澳大利亚人在过去的 12 个月内都有过粮食不安全的问题。你们知道"粮食不安全"这个概念吗？（有人回答"知道"。）这个研究术语想要说的就是一个人他不知道今晚还有没有饭吃。他没有钱，不知道下一顿饱饭要等到什么时候，也不知道要在哪里才能吃到。有时学生也会有粮食不安全的问题，下一笔钱到账之前可能要饿上两三天才行。那些靠生活补助过活的家庭也经常会有好几天的粮食不安全问题，只能等福利津贴到

　＊　语音转录文字及翻译：江颂贤，中国人民大学外国语学院英语系。

账。所以我们看到，15％的澳大利亚人在过去的12个月内都有过粮食不安全问题。另外，每五个人里面就有三个人是每个月都会有粮食不安全问题的。食物银行（food bank）越来越多了，这在澳大利亚还算是个新事物，在英国也是。知道食物银行是什么吗？（许多人回答知道。）嗯，这在西方发达国家是个新东西。人们可以到家附近的小补给站购买食物，价格非常低廉，甚至免费。在澳大利亚，有652000人是每个月都会有粮食不安全问题的，而其中有27％的儿童。我们很少把贫穷这个概念和澳大利亚这个国家联系在一起。但通过刚才的数据可以看到，这还是个非常显著，而且一直在增长的现象。

说到社会政策，我们要问：我们的社会政策能在多大程度上应对这个问题呢？澳大利亚政府没有关于儿童贫困的议题，但是美国有，英国也有。澳大利亚以前有过，但现在没有了，而废除这个政策之后我们的儿童贫困现象又多了起来。我们的政府喜欢讲人力资源发展。你们知道"人力资源发展"（human capital development）这个词吗？（有些人说"知道"。）这个词的意思就是说，人要发展，要在最大程度上开发人的潜力。政府总是会把这个词解读成在教育方面有所成就，这样人就有资本去变成劳动力，生产力会很强。这样人也会有工资，来满足自己和孩子的开销，而且现在越来越多的人还要去满足赡养年老父母的开销。

但在澳大利亚，我们会把资源都放到人生初期。你们可能记得在2000年代早期，社会上很流行说要抓住孩子0～5岁的关键期。这和神经科学有关系，很多流行病学家研究人脑后发现，大脑在0～3岁发育得很快。如果孩子在这几年间被照顾得好，他们的大脑接受新概念的能力会变得很好，以后的学习也会更出色。这在澳大利亚曾经是个影响力非常大的科学观点，而我们的政府在2008年还把所有剩余的财政预算都拿去给那些正在抓紧孩子人生初期的家庭，也就是有学龄前儿童的家庭。此外，2008年政府还重点关注了人从学习转换到工作这一阶段。转换到工作的时期就是离开高中、进入大学、开始工作的这一时期，或者是离开学校，直接开始工作，去修水管或者是去麦当劳工作，这样来维持生计的一个时期。所以当时得到了政府大量投资的公共政策都不会把钱给那些没找到工作的年轻人，也不会把政府津贴给有失业人员的家庭。政府还投资了很多"励志成才计划"。志向是个挺有趣的概念，而我们的政府相信之所以会出现儿童贫困，是因为家庭条件不好的那些人的志向不够高。在场的各位都有非常高的志向，不然的话你们也不会坐在这里，大暑天，热得不行，还要坐上三个小时，听我和 Yuvisthi 唠叨。你们当中有些人可能家庭背景相对比较差，但可能大多数人条件比较好，因为你们知道怎么学才能上大学，怎么学才能学得好。我们从关于志向和贫困的文献中可以知道，贫困家庭的父母都会想要让孩子的学习变得更好，也就是说他们是有志向的，只不过他们不知道怎么学才能上大学。要上大学，就要有一系列的准备工作，这些事情在孩子中学毕业之前就得开始准备，一般都得从儿童时期开始抓起。孩子不仅得上幼儿园、上小学，还要中考、要高考，所谓的志向在很早很早的时候就已经开始了。

我们还知道，饥饿会影响儿童获得人力资本的能力。饥饿会让人不想学习，就像睡眠剥夺也会阻碍人学习一样。所以在澳大利亚，我们的福利组织都在努力让政府正视澳大利亚的儿童贫困问题，但这却不是澳大利亚的普通民众真的想要去了解的一个问题，所以这对选举来说没有多大用处。而和中国不一样的是，澳大利亚有一个四年的周期——选举周期。所以，在公共政策方面，你们国家要想达成一个目标都会有一个长远打算，而我们国家则非常关注眼前的利益。政府只想一次投一点点钱，下一次再投一点，然后再投一点。我们的民主制度本来就是这样设计的，但是对于儿童贫困这样的事情来说，效果却非常不好。所以这意味着我们作为研究者必须得让政府里面的各个党派都去致力于改变儿童贫困的现状，而不单单是某一个党。这也意味着我们必须得好好想想怎么才能让政客去着手儿童贫困问题。

我们的研究工作还需要在这些不同层面进行介入。我们需要影响宏观层面的决策氛围。包括像移民和全球经济这样的问题，当然还有联合国《儿童权利公约》这样的文件，这些都是非常重要的工具，在设计研究的时候我们都要考虑进来。我们还得考虑中观层面，也就是制度层面。我们需要想想怎么样才能让学校转变他们解决儿童贫困问题的方式，还需要考虑怎么样才能让福利和卫生组织投入更多的资源来解决这个问题。我们要考虑家庭层面，家庭需要有什么东西才能更好地支撑孩子茁壮成长。最后，我们还要考虑儿童本身，他们才是正在经历贫困的人，而贫困又给他们的生活带来很多问题。

好，到这里我就先不说了，大家可以互相讨论一下。讨论完之后，请告诉我哪一年龄段的人或者哪一种人是中国的社会政策更关注的对象。

我们澳大利亚人相信，课堂吵闹恰恰说明这节课很好。这和你们中国的教学方法一样吗？（有些人回答"不是，非常不一样"。）我很想知道你们刚刚都说了些什么，那现在我就请几位同学分享一下，分享要点就行。不知道可不可以先从你们这一组开始。

学生 A：我们可以说，中国没有具体的儿童扶贫政策。例如，尽管有一些大的——我们有一个十年减贫战略，这是从 2011 年到 2020 年。我认为，这一战略是提到了儿童的，是个好兆头，但具体解决儿童贫困问题还是没有。例如，政府没有衡量儿童贫困的指标，也没有公布这样的数据。只有最近这两年，国家统计局才发布了农村地区儿童贫困现象的报告，但儿童贫困仍被认为仅仅是贫困家庭中的儿童正在经历贫困而已。我们还讨论了具体年龄的问题。近年来政府意识到幼儿时期对儿童发展非常重要，所以出台了一些相关政策。特别是对于少数民族儿童群体，他们也能享受政府津贴，不仅仅是义务教育阶段，甚至还超出了中学阶段。

有没有人想要补充这位同学说的话？她把中国的社会政策总结得很好。

学生 B：实际上，教育部是制订过儿童扶贫计划的，而我也加入过这个计划。还有一些其他政策，就像"希望小学"，这也是扶贫政策。还有就是为孩子们准备的免费午餐，大概 192 所学校加入了这一计划。

我们在澳大利亚没有学校组织的免费午餐，但一些非政府组织有这样的做法，他们会到学校里面去提供食物。我们从英国儿童研究中得知的一点是，当学校有专门给家庭贫困的孩子设立的免费午餐时，很多孩子都不会接受它，因为这种午餐是带有贫穷的污名的。你们知道"污名"（stigma）这个词吗？（很多人回答"知道"。）污名就像一个徽章一样，如果你吃免费午餐，那你就是穷人。因此，孩子们希望免费午餐是给每个人的，这样你就不能分辨谁是穷人，谁不是穷人。这对于我们进行研究的方式以及我们提供政策干预的方式，都有着比较重要的启发。非常感谢你的参与。

你刚刚提到说在中国，还没有什么人会专门去量化儿童贫困，而在欧洲这种做法已经有很多年了。欧洲的前沿研究人员正在想办法建立多维指数。Yuvisthi今天早上讲过多维指数，现在我就不必解释了。但通常研究用的数据仍是通过调查成年人来收集的，也就是说单靠家长说孩子贫困或不贫困，或者研究者自己认为家长或家庭有多少资源。但我们知道，这种衡量儿童贫困的方法存在很多问题。

从儿童视角看贫困

我们知道，"家庭内部资源分配"（intra-household resource allocation）这个词挺拗口的，它决定了孩子在食物、衣服、住所、金钱、课外活动等方面的资源量。有些富裕家庭的孩子很少，或者一个家庭中的某一个孩子得到的很少。比如说，女孩可能资源很少，而男孩很多。我们还知道，在许多家庭中，母亲是不吃东西的，这样孩子才有得吃。我刚刚提到的在澳大利亚引起巨大反响的电视节目里面，就有一些母亲谈到，她们总会选择跟孩子不一样的时间吃饭，从来不会坐在餐桌旁和孩子一起吃，一部分原因是她们不想让孩子看到自己有没有吃，因为她们不吃，孩子才有得吃。因此，我们光看整个家庭的资源是无法准确了解儿童获得多少资源的。

另外还有一点——Yuvisthi今天早上也谈到了——就是主观幸福感对孩子的发展有很大影响。也就是说，即使孩子很饿，如果他们感觉自己是受到了足够照顾和关爱的，他们也会比又饿又孤独时更好，甚至是比孤独但不饥饿的情况更好。因此，我们可以利用这些多维指数来了解孩子的生活状况，这样我们不仅可以理解他们的贫困经历，还可以了解他们在贫困状况下的表现和志向。

那最好的方法是什么呢？就是去问孩子自己。孩子们可以告诉我们家庭内部不平等的权力关系，描述他们何时拥有资源，描述他们吃什么、什么时候吃、吃多少、吃多久，告诉我们他们参与了什么活动，最重要的是，告诉我们他们的感受，而我们就可以理解他们的主观幸福感。正如我刚刚所说的，家庭权力的不平衡并不一定意味着孩子是处于弱势的。实际上，许多家庭都给予了孩子们很好的照顾。年龄较大的孩子有时会把东西给年幼的孩子吃——他们省下粮食来给弟弟妹妹吃。所以不同的家庭也会有不同的方式、不同的经历。

另外，孩子也是有能动性的。有些孩子能够左右父母的支出决定。澳大利亚有个广告是这样的：父亲站在镜头前说他买什么车，孩子坐在后面，影响了父亲的决定。因此，主流观点现在也认同说儿童是会影响父母的想法的。我想你们以前肯定也或多或少地影响过父母的决定。能回忆起类似的场景吗？澳大利亚人肯定都会说能，不过我对中国不太了解。所以大家认为自己能够左右父母的购买决定吗？我看很多人都在回忆，有人说——你说你能影响是吗？情况正在改变？是的，中国这边招待我的人对我很好，她向我解释了独生子女政策和二孩政策。今天早上我还在想，对啊，在这种文化中，孩子对他们父母的决定可能会有很大的影响，因为实在是太宝贵了。

从我们自己的和英国的研究当中我们了解到，很多孩子都会帮忙做家务，这样父母就可以去工作了。我们知道很多孩子都会给家里带来收入，有时通过合法手段，有时非法。而且——这点很重要——孩子们会主动去减少基本花销，让整个家不必入不敷出。意思就是说，在澳大利亚，贫困儿童经常选择退出学校的强制活动。如果学校组织学生去博物馆，要花五十澳元（两百多元人民币），孩子们会不想去。孩子就会把学校的信藏在包里，这样父母就不必去掏他们根本付不起的钱。所以儿童是可以通过各种方式减少花销的，帮助家庭应付开支。

以前常说，要了解儿童贫困，看家庭收入就行了。但现在，很多儿童贫困的前沿研究都认为不单是这样，实际上研究者还需要和孩子们交谈，并发现他们的真实，当然就必须得知道他们的生活一般是怎么样的，他们有多少资源，他们是怎么帮忙养家的。这些事情都会为建立社会政策、解决儿童贫困问题带来很重要的启发。

有大量的研究会把儿童参与放到中心地位，并且有很多方法可以做到这一点。有些是让儿童自己设计研究问题；有些则将儿童作为直接的信息来源，也就是说去采访或调查他们；有些是让儿童去别的孩子那里收集数据；还有的是让儿童参与数据分析或者数据运用。

有没有人参与过这样的项目？你参加过？你能跟大家分享一下吗？

学生 C：我最近参加了一个跟课外活动有关系的项目，是帮助流动儿童的。我们组织课外活动来帮助他们熟悉城市的环境，带他们参观博物馆、看电影、参观公园，或者是上艺术兴趣班。我们觉得这个项目还是有价值的，在帮助孩子成长方面。

学生 D：我也参加过大学的一个项目。实际上，和澳大利亚不一样的是，中国有儿童救助站。我们这个项目倒是有衡量儿童救助站状况的指标，但我们的家庭研究是不包括儿童救助站的儿童的。我认为我们应该把儿童救助站囊括到研究当中。

好的，谢谢。这些项目都很不错。有没有人有过和儿童一起做研究的经历？（没有回应）

好，那我们等会儿就展开讲这个问题。不过现在我想先回到儿童参与数据分析、数据运用的这个问题上来，因为一般说到儿童，我们都觉得他们是很好的数据来源，但其实他们还能帮助我们了解一个问题到底重不重要。这里有个非常好的例子，是一个英国的项目。英国北部比伦敦和英国南部要穷得多，所以 Farthing 就对北部的年轻人进行了一些研究。这些年轻人认为政府一定要把交通给重视起来，因为他们出门去参与社会生活非常困难。他们认为育儿工作坊不怎么重要。英国政府推出了（澳大利亚也有）很多育儿项目，以为儿童贫困就是因为父母没有带好，但其实孩子会觉得父母还挺好的，不需要参加育儿培训，他们需要的是良好的公共交通。所以这样看来，让儿童来评价分析的结论，参与分析过程，也是非常重要的一个方面。

我们刚刚听到了两个关于中国儿童视角的例子，那现在我想让大家思考一下如果让儿童成为小小研究员会有什么样的困难。说服决策者并不是一件容易的事情，小组讨论也要包括这方面的内容，好吗？给大家五分钟，关注一下这个问题——研究中参考儿童意见会遇到什么样的困难以及他们的观点能如何增进我们对儿童贫困的理解。今天的课我还会谈谈留守儿童和流动儿童的事情，我前期读了一点相关的资料。我们刚刚就听到了一个流动儿童的案例，那我觉得大家可以多讨论一下这方面，可能会是一个很好的话题，因为我认为中国确实有社会政策是在关注这些事情的。也就是说要讨论的是，让儿童成为小小研究员面临什么样的挑战？流动儿童和留守儿童的声音如何增进我们对中国儿童贫困的理解？

学生 E：我们小组觉得需要把中国的文化特质给考虑进来。在中国，我们认为阅历是很重要的，但是有些儿童尤其是幼童没有什么阅历。所以我们觉得这会是主要困难之一。

好的。这其实是我们所说的心智成熟问题。孩子们年纪够不够大，他们懂不懂得哪些问题对构建社会比较重要来告诉我们相关的内容呢？嗯，这在澳大利亚也是一个挑战，不过待会儿我会给大家看看在之前的研究当中我们是怎么帮助儿童清楚表达他们的想法的。有没有同学想到别的问题呢？

学生 F：我们认为中国的教育体制让孩子上学上课之余没有自己的时间去参与社会工作或者是社会活动，他们也就可能会没有机会去关注一些社会现象。

嗯，了解学校和家庭以外的世界对于儿童来说机会十分有限。还有别的吗？

学生 G：我们还讨论到关于研究成本和时间限制的问题。我们准备研究的时候，和孩子讨论研究相关的事情，需要让孩子去理解我们已经理解了的东西，这非常花时间。另外，我们觉得有些研究人员可能没有和儿童沟通所必备的技能，他们想要把儿童带到研究里面来就必须要掌握这些技能才行。

没错，这两点在方法论上来说都很重要。做研究如果想要有儿童的参与的话成本非常高昂，还得让研究人员掌握和儿童相处的技能。不过还是有相当一部分人是懂得怎么和儿童打交道的，比如说很多老师就比较了解这方面的技巧。所以我觉得在某种程度上，这个问题比资金的问题更好解决一些。资助方要给很多钱，研究才能有儿童的参与，这在澳大利亚可不是个容易的事情。

澳大利亚儿童福利项目

在澳大利亚，最主要的任务就是建立一个研究和政策议程。我们现在的问题就是多维指标用得还不够多。我们开始讲绝对贫困，那相应地剥夺和社会排斥就谈得少了。我们没有去大规模地收集儿童对幸福生活的看法。有很多小型研究，包括对儿童观点的小型评估，但很少有研究是真正考虑了全国儿童的观点的。然后就是前面提到的学龄中期，我们确实需要让政府多投资学龄中期相关的项目了。

制定研究议程时，我们也需要去考虑关键干预点。我们需要教育部门来听取我们的研究成果；我们需要福利机构；我们也需要各个学校的校长来关注，因为研究必须得在儿童每天都在的地方发挥作用；我们希望家庭层面也能了解我们的研究；如果我们希望孩子能够成为澳大利亚有能力的公民，那么他们也需要去了解我们的研究。

实际上很少人能够正确理解学龄中期的问题。我之所以要关注这个话题，是因为我待会儿要分享的一项研究就是关于学龄中期的。我们会告诉政府，世界银行的世界发展报告里面说到，学龄中期、人力资本和幸福生活在人生当中非常重要，这样去说服政府投入大量的金钱资助关于澳大利亚学龄中期儿童生活状况的研究。学龄中期是创造机会和培养能力的重要时期，也是那些不幸的人的第二个成长阶段。儿童到了学龄中期都会面临一些挑战。

学龄中期的具体所指在不同文化和不同时期是不一样的。一般说青春期，指的是 10 ~ 20 岁的这段时间。在澳大利亚，青年期始于 15 岁。所谓"年轻人"最小是 10 岁，最大不超过 25 岁。童年早期是 0 ~ 5 岁，儿童中期是 5 ~ 10 岁，青春期早期是 10 ~ 15 岁，那学龄中期也是 10 ~ 15 岁。我不知道在你们中国有没有这样的问题，很多专业术语最后说的其实是同一样东西。不过在澳大利亚，我们每次都要把概念界定得非常清楚才行。

人类随着社会的变化而变化，而学龄中期的定义也在变，这是它非常有趣的地方。我们已经不再生活在狩猎采集社会了。学龄中期和青春期的定义在高收入国家是经历过变化的。大家看在后面这一段，年龄是在增长的，变化比较微妙。很多年前女性在刚到青春期的时候就生了孩子，而现在在发达国家，这个年龄可能是 30 ~ 35 岁。所以童年的定义是在变化的，我相信中国的急速发展也会带来童年这个概念的变化。

接着我们看青春期。这个时期人会有很多生理上的变化，比如说肾上腺在 7 岁左右会开始成熟。带过女孩的人肯定知道，小女孩在 7 岁左右就会开始发育，情绪上也会有些波动。当然每个人发育的速度是不一样的，但儿童成长到青春期的时候肯定会经历很多生理上的变化。我们刚刚谈到说青春期在不同时间、不同地点都是不一样的，而快速成长期也是如此。这点很重要，和神经科学有关系。这里大家看到是一个关键时期，儿童如果精神压力不大的话他们的表现会很好；但是如果在这个成长期压力过大的话，对他们今后的生活是会有负面影响的。这时候儿童生理上的变化的确非常多。

我们澳大利亚的小学只有一个老师就很安全了，但到了中学可能就会有 10 个老师，所以他们会经历这样一个过渡期。那在中国你们的过渡期会是在什么年龄呢？可能不同的人不一样，在上学这方面可能近年来变化也比较多。

学龄中期的儿童也有很多情绪问题，大概 10 岁孩子的情绪就非常容易激动，但直到 20 岁之前他们也学不会怎么控制冲动。这样问题就来了，对吧？我们发现，孩子大约 14 岁时，会有很多自我伤害的情况。抑郁在成年早期也会达到顶峰，这个时候自我伤害好像倒是变少了。但 25 岁之前药物滥用也是常见的，在富裕国家相当普遍。这更说明我们必须得好好照顾这个阶段的年轻人了。

另外，社会因素的影响在这个阶段也会有所变化。原生家庭在每个阶段都很重要，而媒体的影响在这个阶段则变得更重要了，同伴的影响也是如此。而在学龄中期，教育倒变得不那么重要了。大家可以看到在这个时期儿童的变化有多少，这有助于我们好好思考一下在研究中需要关注的内容。我们需要去了解儿童，还要懂得如何激发他们的兴趣。如果要让儿童参与研究，我们在激发兴趣这方面方法必须要灵活，要让儿童说出真心话，而不是别人让说什么他们就说什么。

好，现在大家花大约 5 分钟讨论一下中国的主要家庭结构，谈谈学龄早期的一般儿童和贫困儿童的压力有些什么不一样，再有就是政策上对学龄中期、童年晚期的定义会怎么影响我们理解问题的方式。是不是有点太多了？（有些人回答"是的"。）那我们挑一个，就说第二点吧：中国的学龄中期儿童面临什么样的压力？

谢谢。这次我们来点有趣的。我先让组里全是男生的同学来回答，然后让组里全是女生的同学来回答，最后请一个混合小组来回答。你们觉得答案会是一样的吗？好，那哪个组全是男生？我觉得好像是后面那些人。好吧，只有一组人敢抬头看我，那就是说只有一组人愿意回答。能说说你们的想法吗？

学生 H：可能儿童面临的压力更多地来自学校——学习上的压力，因为他们会和别人比谁的学习好、谁的学习差，这样就会出现压力。另外，儿童的压力可能还会来源于政策，就是现在的二孩政策：5～10 岁的孩子很可能会有一个小弟弟或者小妹妹。然后家庭就会给儿童带来压力，父母总是会埋怨大的，关心小的。这种压力孩子可能承受不住。

学生 I：但生了也养不起。

那现在我请女生组的同学来回答一下。哪个组是只有女生的？好，我找到了，能请你代表你们组回答一下吗？

学生 J：其实我们并不是很了解中国现在的学龄中期儿童，是 5～10 岁，对吧？很多事情都跟我们当年不一样了，比如说现在的新科技——小孩都能接触到各种手机、iPad、网游等，我们其实并不知道他们到底在想些什么。另外，我们还觉得这个概念的定义可能不太准确，因为中国的儿童规定是要在七八岁的时候开始上小学的，按 5～10 岁来看都已经到中间去了，他们会面临来自学业、来自老师的压力。还有就是像我父母这样的人，他们都是独生子女，但我却有一个妹妹，这样的话我父母可能就不会懂得怎么处理兄弟姐妹之间的关系，孩子养育起来就会比较困难，这样也会给孩子造成压力。

真的很有趣，对不对？那现在我最后问一个混合组的同学，有没有同学想要回答一下？如果是坐在中间的人就更好了，这边也可以。

我个人觉得这还真的挺难的。我有一个 10 岁的女儿和一个 15 岁的儿子。我儿子小的时候不像现在的这些小孩，个个都有手机，天天都在上网，所以我不需要一直去管他上网的事情。他喜欢读书，喜欢玩音乐，喜欢武术，喜欢踢足球，喜欢和我一起下棋，一起看电视、看电影。我女儿现在 10 岁，我们很难管得了她上网，因为她有一个哥哥。我们家里至少有四台电脑和 iPad，都是连了网的，所以她天天都在看 YouTube。我不是数字原住民，我父母从来不用担心我科技产品的使用，所以我也没有这方面的经验。我作为家长把儿子带大了，感觉还不错，但我没有必要花心思去控制他的上网时间。到我女儿这里我就很挣扎了。我不是那种非常专制的家长，我比较倾向于考虑儿童的权利，我想听听他们的意见，所以我很难管得住她。

刚刚大家跟我说了一下中国的情况，我发现很多人在面临巨大的个人挑战。很多独生子女小时候，父母不需要去调解兄弟姐妹之间的关系，那这些人当家长之后也不会有任何这方面的经验。兄弟姐妹之间会打架，也会互相帮助、互相关爱，也会联合起来反对父母，所以你们将来养育子女会非常困难。各个地方的社会都在迅速变化，人人都想知道儿童现在到底该学些什么。他们该学编程吗？不，现在有人说编程已经是过去时了，机器人技术才是孩子该学的东西。全球各国的人都在为养孩子而发愁，都想知道怎么才能给孩子最好的东西。

因此我认为，收集孩子的经验和观点对很多研究来说是现在最重要的事情，因为现在的孩子经历跟我们不一样，我们的童年不足以帮助我们去选择要走哪条路。所以我非常认同要让孩子来帮助我们的做法——孩子也想要帮助我们——让他们帮助我们思考到底什么对他们是有益的，非常有用。还有一点，孩子并不总会说他们应该拥有最充分的自由。很多人都害怕这样的事情，说你去问孩子他们肯定只会说他们不想要任何束缚，最好天天都能吃棒棒糖，天天看 YouTube。实际上你要是真的去问他们，他们并不会这么说。孩子会告诉你，他们想要父母明确地告诉他们孰好孰坏，希望得到父母的保护。所以孩子们是非常能够给我们提供有用的信息的。

"澳大利亚儿童福祉研究"：一项方法论介绍

最后这一小时我想谈谈"澳大利亚儿童福祉研究"，因为这个项目捕捉到了澳大利亚儿童生活的不利条件，在全国范围内都具有代表性。这里的重点在于我们的研究方法，具体的结论我就不多说了。

我会把重点放到研究方法上去，因为如果你们在中国做了类似的研究的话，结论会和澳大利亚很不一样，所以研究发现讲得太多也没有意义。过程当中如果针对研究方法有什么问题欢迎大家提出来。这个项目最后产出了非常多的文献资料，包括具体的技术细节报告，每一个研究步骤是怎么操作的，这些在我们的网站上都有，最后会给大家看。如果想要问些关于方法的问题，尽管打断我，因为在澳大利亚，课堂吵恰恰说明课堂好。所以我在讲话的时候下面也在说话、问问题，这些都是允许的。

我们的这个项目叫作"澳大利亚儿童福祉研究"（the Australian Child Wellbeing Project）。大家在这里可以看到有个我们专门设计的标志，非常精美。光是去找合适的标志就花了我们不少工夫。我们和儿童做研究，也会和边缘社区的儿童做研究。上面有个小脸有点奇怪，看到了吗？一张笑脸、两只眼睛、一个鼻子，看到了吗？小孩子可喜欢了，而且一只眼睛还是闭着的。之所以要这样做，是因为在澳大利亚，我们的穆斯林群体越来越大，而需要考虑穆斯林关于人物形象描绘的习惯并做出相关的调整。我们想让穆斯林儿童也能接受这个标志，所以相关信息我们调查了很久。另外，你会发现这些颜色都不是红黄蓝这样的原色，而是色调稍微有点不同的颜色。这些都是我们专门挑选的、和澳大利亚的自然风光相匹配的颜色。所以我们在怎样体现这是澳大利亚的项目这方面下了不少功夫，每一部分都要体现。

项目组组长是 Gerry Redmond 教授，我和他已经共事很多年了；还有 Peter Saunders 教授，Yuvisthi 和他做过不少研究；另外就是我自己了。刚刚我们说到和儿童一起做研究、纳入儿童视角是非常耗经费的，这个项目就是花了巨资的，不过我们还是拿到了很多的政府资助。澳大利亚政府的研究委员会出了钱，很多其他联邦部门也参与了进来。这样做研究是非常有效果的，因为这些部门不光是投钱，之后还会把结果用到政策制定当中去。刚刚还提到了学龄中期，我之所以要讲这个概念，是因为我们当时就是拿它去说服政府来资助我们的——要资助大量的钱，这个研究相当昂贵。

研究做得好体现在很多方面，但我们认为最核心的就是儿童视角的引入。要弄懂 21 世纪儿童的生活，就必须得重视儿童视角。我们整合了很多研究方法——你们上过方法课了吗，就是定性、定量还有混合方法？好。你们知道综合混合方法吗？意思就是研究初期用定性方法来确定基本思路，调查过程中用定量方法，最后分析调查结果的时候又用回定性方法来理解数据。总的来说就是来回使用两种方法。

哪个国家的政府都不会对小范围的定性研究感兴趣，我相信中国也是这样。大范围的、具有全国代表性的研究才是他们喜欢的。所以我们一开始想要做的就是这样的研究，具有全国代表性，能够告诉澳大利亚政府，学龄中期儿童到底面临什么样的困境，那么在研究中期我们就需要一个定量研究来得出具有代表性的结论。不过我们不想照搬别人的研究工具，我们想要能够反映澳大利亚年轻人生活的工具，尤其是贫困的或者少数群体当中的年轻人。

举个例子，如果你对流动儿童的生活感兴趣，你的研究得是有代表性的，而且你还得把流动儿童和其他儿童做比较——比如说与留守儿童、主流群体儿童和中产阶层儿童做比较——这样政府才会对你的研究感兴趣。刚刚我们说到，中国儿童普遍都会面临学业压力，同时他们的家庭也经历着政策从一孩向二孩的转变，还有就是中国和澳大利亚儿童都在一个科技迅速发展的世界中长大。所以，我们一方面是要了解儿童的整体情况，另一方面也需要区分贫困儿童和资源更充足的儿童，后者能够抵御一些我们还没了解到的冲击。

回到方法上来，我们的研究是在定性和定量这两种方法之间游走的。刚刚屏幕上展示的儿童参与连续体，我没告诉大家为什么有的儿童视角没有运用到其中。儿童不是研究的设计者，我们研究人员才是。我们决定说学龄中期很重要，儿童福祉很重要，我们要用综合混合方法来衡量幸福。而儿童相对来说是信息来源，研究的所有结果，包括定性的、定量的，都来自儿童本身。我们没有让儿童去做数据收集，不过你们可以在自己的研究中这样做。我们有让他们参与数据分析以及数据在当地社区的运用。所以我们有一定的标准，但并不是每个部分都有用到儿童视角。而我想说的是，如果儿童也参与到研究设计中来的话，这种大范围的研究是很难进行下去的。

好，我们从定性方法开始讲。我们当时对贫困和弱势群体很感兴趣，所以我们就和一些儿童做了焦点小组访谈。我们选的是两组来自主流群体的儿童——主流就意味着不是弱势群体。然后我们又选了两组来自我们知道是弱势群体的儿童，也就是原住民儿童。英国人两百年前在澳大利亚定居，澳大利亚的原住民生活状况非常差，平均寿命比其他居民短20年，婴儿死亡率大概比其他群体多 10 倍。

我们对原住民儿童、残疾儿童、难民儿童都做了访谈。我们对难民的定义是持人道主义签证入境的人，他们可能来自索马里、苏丹、阿富汗。我们还访谈了"儿童看护人"（young carer），你们知道这个概念吗？在澳大利亚和英国，有"儿童看护人"这么一个概念，他们是那些要去照顾父母或者祖父母的儿童，原因可能是家人有病痛、残疾、精神疾病或者酗酒、吸毒等。中国肯定也有"儿童看护人"，但这个群体在澳大利亚是和一定政治利益相关的。家长不能照顾孩子，孩子反倒要照顾家长，起码比其他儿童要做得更多。

澳大利亚有一个非常强大的儿童保护机制叫"离家关护"（Out of Home Care），儿童如果被家长漠视或者虐待就会被带离家庭环境安置到其他家庭或者是福利院。这种儿童大概占 1%，而他们的教育成就在全体儿童中是最差的。

还有低社会经济地位（low socioeconomic status，Low SES）儿童、偏远乡村儿童。这些分类标准都不是互斥的，很多原住民儿童也是"儿童看护人"，他们的父母身患疾病；很多原住民儿童也是残疾儿童；很多原住民儿童也是低社会经济地位的，也居住在偏远乡村，同时也会在"离家关护"系统里面。这些分类都是为政策服务的，政府可以精准提供资助，但弱势群体的儿童通常都不会只符合一个分类。

事情很复杂，不过我们还是找到了对应群体的儿童来做访谈。我们当时请了一个漫画师，你们知道我说的漫画师是什么意思吗？就是画画画得很快的人。来，随便说个东西，适合儿童的东西。（同学们：书、鸭、狗。老师和同学们都笑了。）其他东西。（同学们：娃娃、玩具。）好，那我就来画个娃娃。（同学们被逗乐了。）再来一个。（同学：房子。）再来。（同学：食物。）好，中国家庭这些东西都有。

懂我的意思了吗？我们请了一个画画非常不错的人——不是我——然后让儿童告诉我们什么东西能让他们感到安全和强大。我们调查的结果是，房子很重要，医药很重要，消防车、友情、爱、治安、空间这些东西都很重要。然后我们让他们把这些东西划分成两个类别，接着再按重要程度排序。可以看到，家人和朋友在最上面，健康其次，玩乐、成就、社区、学校在后面，而很多贫困儿童会说最不重要的东西就是钱。这个发现非常有意思，对不对？要是孩子们这些东西都有了，他们就不会那么担心钱的问题了。

我们收集了这些弱势群体儿童的观点。主流群体儿童都认为学校给了他们非常大的压力，而所有儿童都认为家庭是最重要的东西。所有人都是非常一致的结论：家人和朋友对他们的幸福来说是最重要的。所以我们就认为，在设计问卷的时候就必须从儿童最关心的东西开始，填问卷的时候他们就能够很快理解问卷的意思。我们的调查对象很多都是弱势群体儿童，他们在学业上做得并不好，也不会每天都去上学，还觉得上学很无聊，让人打瞌睡。所以要想发现他们的世界观，我们就必须得设计一个他们觉得有意义的问卷。

我的建议就是如果你们想要设计一个关于流动儿童和留守儿童的问卷，最好是找到对这些儿童来说最重要的东西，这样他们开始填问卷的时候就会觉得，"噢，这说的不就是我吗，那我得继续做下去"。儿童要去上学，每天都会有大人跟他们讲"对了，这是正确答案"或者是"不对，这是错误答案"，所以儿童总是会想要去找"正确答案"。但在我们的研究当中我们不需要什么正确答案，我们想要的是他们的真实感受。要想达到这样一个目的，你就必须得反复跟儿童强调："这个调查问的是你，这个调查问的是你，这个调查问的就是你，而我想要知道你是怎么想的。"这样能够帮助他们按照自己的真实体会来回答，而不是他们觉得自己应该怎么答。

稍后我会展示我们的问卷设计，你就知道我们是怎么做到这一点的了。而问卷设计好之后，我们下一步是要确保它是具备国际可比性的，我们想让政府了解我们的研究。也就是说，除非现有的问题不能反映澳大利亚儿童的真实状况，我们一般都采用具有可比性的问题。不过我们做过原来的问卷之后发现，还是需要加一些新的问题来捕捉澳大利亚弱势群体儿童的生活体验。在这之后我们就拿着问卷到全国各个地方的学校去，而又因为我们想要了解的是贫困和弱势群体，我们调研的大多数学校是弱势群体儿童占多数的。如果我要做一个中国流动儿童的研究的话，我就会去找流动儿童集中的地方，并且确保调研学校有足够多的流动儿童。总之，我们从这些儿童身上获得了足够的样本，数据的质量也不错，这样一来我们得以在边缘群体和主流群体之间做一个比较分析，因为边缘群体的样本数量足够多这种分析才会有信度。

到了定性的部分——记得我们是来回使用定性和定量两种方法——我们发现很多来自主流群体、富裕家庭的儿童讲到家庭时都会说："我有一个姐姐，还有爸爸妈妈。"双亲而且是二孩或者三孩，这种结构的家庭在澳大利亚是非常典型的。一孩就不是了，有些家庭是这样，但更多的还是二孩或三孩。有趣的是，弱势群体家庭一般都会有五六个甚至七八个孩子。有些原住民家庭甚至经常是八个孩子而且异父或异母。所以这些家庭的结构是比较不稳定的。

所有儿童都说家庭是他们首要考虑的因素，而我们发现这些家庭通常都比较复杂、比较多样，不全是一样的，而且这些家庭（family）还不等同于他们的家户（household）。我想在中国，主流群体的家庭就是家户，除非是流动或者留守儿童。

学生 K：不好意思，老师，我不知道家庭和家户之间有什么区别。

区别就在于，如果你是一个流动儿童，你的家庭会包括你在北京的父母，但你的家户可能就只有家乡的爷爷奶奶。你可能并不会和父母在同一个家户下面，但和爷爷奶奶却是如此。另外一种情况是你不认同父母作为家庭的一分子，而只认同爷爷奶奶。我们一般假定对于主流背景、中产家庭的孩子来说家庭和家户是对等的，但弱势群体儿童经常不是这样。父母一方或者双方都离家在外，孩子就和这个或那个人一起住，孩子还可能会是其他家庭中的一分子。所以在调查过程中，我们不能想当然地觉得弱势群体儿童的家庭和家户是一个东西。

这是一个小孩的原话："我和妈妈、姐姐还有表亲一起住。周末哥哥也会回来，有时大哥还会带他女朋友回家。"这样的家户是不稳定的，家户的人口数量每周都在变化，有时所有人都会回到一块来，待上一两个月。

这是一个孩子画的家户。这是爸爸，妈妈不知道在哪里，而爸爸又不跟后妈住在一块。你们知道后妈是什么吧？（同学们说"当然"。）父亲和母亲分居，父亲又找了一个继母，两人相处了一段时间又分开了。但孩子是和继母住在一起的，不是真正的母亲。继母有时候去看望父亲，而各种各样的小孩在这之间来来回回。大家看，这种现象在澳大利亚的低收入家庭当中并不鲜见，原住民家庭当中也是很常见的。所以我们需要确保这些经常搬迁的孩子知道这个调查就是为他们设计的。

我们需要捕捉到家庭复杂性和多样性的调查问题。我们不想去臆测说这个家庭没有爱、这个家庭不亲密、孩子没有得到很好的照顾，因为很多这种家庭的孩子会告诉我们说他们是被好好照顾了的。这就是家庭凝聚力（family cohesion）的概念。你们知道这是什么意思吗？意思就是身边的人和你紧密相连、对你倍加关爱。另外就是我们想要有国际可比性的问题，政府可喜欢了。这也意味着我们能够把澳大利亚的社会政策和其他国家相比较，这非常重要。

我们设计的问卷放到了各个学校的电脑上，因为澳大利亚的每个教室都会配备电脑。这边也是如此吗？（有人说"不是"。）不是？那这就是你们研究过程中会碰到的问题了。我们用电脑是因为小孩子会觉得这样更有趣一些。你们可以用纸质问卷，但弱势群体的孩子不经常去上学，阅读能力不是特别好。放到电脑上的话我们可以给他们戴上耳机，然后耳机里面会放问题的录音给他们听。

这道题是问你和谁一起住。有些小朋友每天晚上都在同一个房子里睡觉，而有些小朋友有时或经常在不同的家里睡觉。你会发现我们的问题都非常中立。知道中立吗？我们不会因为他们是不是在一个房子里睡觉或者他们住在什么别的地方就去做出任何价值判断，这样他们才会告诉我们真实的答案。另外很重要的一点就是这个调查有进度条，能告诉你进度如何。你们现在可能都在看表，看看还有多久就可以下课回家了，这很正常。儿童在做问卷的过程当中也会有这样的心理。我们问卷的第一个版本没有进度条，很多小孩子填着填着就不做了。但要是他们能够知道现在做了多少题，他们就会继续做下去，并且会自己调整做题的速度。而且很多住所不固定的儿童是第一次做这种调查，第一次有人来关心他们的生活，他们会觉得这个问卷就是为他们定做的，这样他们也会想要继续做下去。如果这里你填只有一个房子，那就不会出现下面这个问题，而如果填了两个的话就会多出来这个问哪些人住在哪些地方的问题。这样我们可以更好地了解。

下面这个问题能够帮我们了解家庭凝聚力。在焦点小组访谈的时候，很多孩子跟我们说起家里面养的狗，很多儿童都说到了宠物的事情。所以我们就把宠物给列了进来，这样我们就能帮儿童选择他们觉得重要的东西，这样他们也会更想要去做这个问卷。这个问题是这样的，如果我和我妈住在一起而且我觉得我和她很亲近——其实母亲住在哪里并没有什么关系，母亲可以是住在北京，而孩子可以是住在哪里呢？孩子可以这样把他们（指家庭成员）拖过来，可以是一个人也可以是 5 个人。有人可能会讨厌养父，就把他放到同心圆外面，或者是这里，明白了吧？把家庭成员都放到不同的圆里面，这样我们基本可以判断有多少人是儿童觉得亲近的。我们发现要是再做一次这个问卷的话其实不用画 10 个圆圈，3 个就够了，10 个太多。有很多孩子就用最核心的两个，然后直接到最外面的那一圈，就完了。

刚刚这些问题的答案能够帮助我们——如果你想了解更多关于我们问卷设计的事情，你可以去找之前说到的技术报告，就在网站上，待会儿告诉大家网址——去发掘数据之间的关联，比如说和健康状况之间的关联。我们知道儿童面临的压力有时是非常大的。不开心、不安稳的时候，他们会有头痛、胃痛、背痛、易怒、焦虑、失眠、晕眩等和精神高压相关的症状。从问卷数据我们其实就能做分析，看这些健康状况到了强支持网络的孩子身上会不会有所变化。

身边有很多和你很亲近的人是什么样的感觉？我们调查里面有这样的关于家庭凝聚力的问题。这些问题都很典型，都是我们通过定性研究检验过的，比如说"你父母知道你晚上在哪里吗？"。我们假定如果家长知道孩子晚上去了哪里的话，亲子关系就比较强。家庭管理方面的问题有比如"家长会联系老师吗？""家长平时怎么管你？""要是你这样做了家长会罚你吗？"等这样关于家庭管理作风的问题。我们还问了关于朋友的问题——有没有一个最好的朋友或者朋友多不多——这样也可以看对健康状况有没有明显的影响。

我这里只放了很少一部分结果，因为我觉得——嗯，整个报告非常长，想看的话自己可以去找——但我今天最想强调的就是方法。我们可以看到，平均健康问题负荷这个数字越小越好，小的意思就是健康问题没有很多，没有头晕、失眠这些问题。只和 1 个人比较亲近的儿童一般有比较高的负荷——主流儿童是 11.5。和 6 个人及以上亲近的儿童，这个数字就降到了 6.8。另外，你会发现物质资料匮乏的儿童、生活贫困的儿童，他们的健康问题负荷总比主流群体儿童要重，但亲密的人更多的话数字会相应降下来。

生活满意度也是同样的道理。只和一个人比较亲近的儿童，他们的生活满意度比 6 个人及以上的要低。但你会发现 2～5 个人和 6 个人及以上这两组之间没有太大差别，差别在只有 1 个人这一组，我觉得这是因为孩子会担心这唯一一个爱他的人可能会生病、去世、搬走，总之可能会有不好的事情发生，而这对孩子来说没有缓冲的空间。另外，你会发现总体来看物质资料匮乏的儿童，他们的生活满意度相对低一些，他们没有足够的物质基础来让他感到幸福。

我们还做了一些结构方程模型。我们发现"儿童看护人"——那些照顾生病了的家长的孩子——如果他们只有一个朋友的话，这个朋友会对他们的生活产生负面影响，但如果有 5 个朋友的话，这些朋友就会产生正面影响。这个发现非常奇怪，但的确很一致，而我们觉得这意味着因为"儿童看护人"花大量时间照料家人，而维持唯一的友情会非常耗费精力。这些儿童一般都是女孩。有没有哪个女生是只有一个好朋友的？这在中国常见吗？你们都有很多好朋友吗？有很多好朋友比只有一个好朋友要容易一些。只有一个好朋友是非常累人的，而且这段友情会很不稳定，两人之间时好时坏。

之后我们又回到调研地让儿童帮我们分析结果。刚刚我们说到这个项目有让儿童参与数据分析。我们又回访了那些"儿童看护人"，我们问为什么只有一个朋友会不好，他们告诉我们说是因为一方面要回家照看母亲，另一方面朋友又说要一起出去玩一起逛商场，这样很难做。所以让儿童参与数据分析非常重要，因为你不能明白的东西孩子们是明白的。

我们还开发了一个 iPad 应用软件，带着它回访儿童，让他们给日常生活用品排个序，结果非常失败。我们花了大量的时间开发这个应用软件，也买了很多台 iPad，回到原住民、难民、低社会经济地位儿童那里去，你猜发生了什么？小孩把所有时间都花在了玩——用 iPad 上网——有些人成功了，有些人没有。使用 iPad、学着怎么用这个程序对于他们来说太有挑战性了，所以他们光想着怎么摆弄这个科技产品而没去关心问题本身。最后我们也只能回到传统方法上面去，也就是坐下来面对面访谈，有时是和两三个儿童一起。我们发现这样反倒比数码产品更有效。

每个研究项目都有得有失，而我觉得作为研究人员，我们经常闭口不提失败的部分，而只愿意告诉别人成功了的东西。我在这里建议大家谨慎使用应用软件，不过我发现中国人用这些东西比澳大利亚人多得多。去商店买东西你们也用手机，我们不是这样的。有可能中国儿童会更能接受应用软件这样的数据收集方式，但在澳大利亚只能说是时机尚未成熟。

回到关于家庭的问题上来，我们得到了关于学校、学业参与度、霸凌等问题的结果。这个调查能告诉我们很多东西。而在家庭方面，我们发现政府应该改变资助家庭的方式，关键是要看家庭大小。一个大人带着一个小孩是远远不够的，不能让孩子感到安全，一旦大人的收入能力出了什么问题，孩子就会变得非常脆弱。所以公共政策要让家庭变得更强大，强过只有一个成年人，并且要有社会网络。这是一个非常重要的发现。

我们还发现同龄人网络对社会幸福感以及健康状况有很大影响。诸如霸凌问题宣讲这样的宣讲会、体验会让儿童感受到包容，课外活动也是。这些对澳大利亚儿童来说都非常重要。我不知道在中国是不是这样，但在澳大利亚，儿童要懂得谈足球相关的事情才能在社交当中获得一定地位。而让贫困儿童也能参与到课外活动当中去是非常重要的政策发现，澳大利亚政府也正在出资让儿童能够多多参与这样的活动。也就是说，贫困儿童能够免费获得更多的资源，能够获得参与课外活动的补助。非政府组织也在给予支持。学校里发生的事情很重要，但同时儿童在家里做的、能够带到学校去的事情也很重要。

有家庭凝聚力的话，即使家庭成员住在不同的家户里，他们也能紧密相连。家庭成员能够和睦相处非常重要，而家庭管理问题也没有政府想象的那么严重。大多数澳大利亚儿童对家长目前管教他们的方式感到满意。

这是个非常大的研究项目，我们想要影响政策的制定，所以我们制定了一系列的策略来达到这个目的，有些是要让政府了解我们的结论。有些政府部门是我们项目的出资人，而我们作为研究结果的使用者要花大量的时间去首都堪培拉分享调查结果。

我们也会在中观层面上做很多工作。我们会让学校了解我们的发现。学校是儿童的汇集地，而在很多情况下，学校是联系到儿童的唯一方式。家庭很难触及，因为它们是分布在各个地方的，而学校则没有太大问题。我们分析好了学校层面的数据之后给所有参与学校发了一份学校层面的报告，包括学生表现、霸凌情况、课外活动、学生包容度和归属感、健康状况、家庭状况等。每个学校都收到了他们自己的报告。我们在报告各处都把结论和学业表现联系起来。我们有个系统叫 NAPLAN（National Assessment Program-Literacy and Numeracy，全国识字识数测评工程），给每个学校的教学表现排名。你们这里有这样的东西吗？我知道中国参与了 PISA（Programme for International Student Assessment，国际学生能力评估计划），上海在里面。我们尽可能多地在不同数据组，还有和其他调查之间建立联系。

我们做了很多边缘群体和主流群体之间的比较，并且确保调查具有国际可比性。我们还把调查价值分享给了当地社区。社区报告总共有四页，专门设计成儿童愿意读的版式。不仅儿童要愿意看，他们的家人、校长、当地警方等都可以看，去了解这些儿童对于生活幸福的看法。我们研究的目的之一就是要改变人们对贫困儿童的看法，所以分发社区报告是整个项目非常重要的一部分。

我们努力让研究的影响最大化。我们和政府、非政府组织协作，和澳大利亚其他研究项目合作，让大家知道我们的项目跟别的不一样。这是一开始就写进研究方案里的。另外，我们现在比较关注的是要把这项调查和其他具有国际可比性的调查放在一起比较，比如说 HBSC（Health Behavior in School-Aged Children，学龄儿童卫生行为调查）。你们知道这个调查吗？不知道中国有没有参与进来，但这是一项非常大的国际调查，主要关注的是学龄中期儿童在学校里的行为表现。总的来说，我们每个阶段都在想怎样才能让研究更上一层楼。

好，非常感谢，感谢大家的耐心聆听。你们想要问什么问题吗？

学生 L：谢谢教授精彩的报告，我的问题是，刚刚上面有提到说有9%的澳大利亚青少年有贫困问题，那其中又有多少是原住民呢？

　　原住民占整个澳大利亚人口 1% 不到，而原住民儿童应该占所有儿童的 0.9% 左右。几乎所有的原住民儿童都生活在贫困之中，但他们不是唯一的贫困群体。这个问题提得很好。大家要明白殖民这件事。如果来澳大利亚的话，对原住民问题了解得越多越好。这个问题是我们最棘手、最残酷的政策问题。政府向原住民社区投入了大量的资金，但好像根本没什么用。原住民的领导说这是因为政府没有足够重视他们的意见，白人总是把自己思考的方式强加在他们身上，简直就像是一种暴力。所以总的来说这个问题非常难搞。（学生 L：库克船长。）库克船长（注："库克船长"是 18 世纪澳大利亚的英国殖民者），没错。

　　甚至去原住民社区做研究都很困难，非常困难。他们根本不相信研究人员，他们觉得我们做的事情会给他们带来伤害。要年复一年地去和他们建立联系、建立信任才行，这在澳大利亚研究者的职业生涯中是非常重要的事情。我觉得这在全球范围内都是如此，而唯一的解决办法就是亲自去这些社区里面和他们沟通。像发回研究报告这样的事情都算是标准操作了。要做研究，我们必须得有学校伦理委员会的批准。你们这里有吗？他们会问你的研究会造成多大的不良后果，会不会对研究对象造成伤害。在澳大利亚你必须要回馈给原住民社区，必须要告诉他们你的发现，所以我们就去做了。现在我每做一项研究都会这么做，因为对原住民群体好的肯定对大家都好。但你绝不能调查了当地人之后再也不和他们联系。标准做法是，进入原住民社区，询问他们对研究结果的看法，他们说好或不好，然后你回去写一份报告给他们。

　　学生 M：进入原住民群体调查会很困难，那怎么跟他们建立关系呢？

　　没错，的确会很困难。我来告诉你一个有趣的故事。研究人员必须得到原住民社区的批准才能在他们那里进行研究，而他们又对大学来的人非常警惕。所以我们去见了长老——我知道中国人喜欢讲老人的智慧，原住民社区也是如此。我们先和同我年龄相仿的卫生、教育、社区工作者见面，接着是孩子，然后是其他所有人，最后我们才能去见长老，问他们要许可。我们当时开了个会，每个人都进来，坐在一张大桌子旁边，听我们说一大堆，他们问我们一些问题，然后我们离开。过一阵子我们回来拿批准信，却发现根本没有什么信，他们不愿意给我们这封信。所以我们又来一次，再次跟他们沟通，然后我们离开，但还是没有信。然后我们又来了。下次来的时候，我们遇到了后面一批来宣讲的人，他们都是老年护理人员。你知道养老院都是给老人、患失智症的人、行动困难的人开的，而原住民社区的老年群体掌握决定权，但年轻人必须尊重长辈——中国也是这样。所以没有人能够把谁的母亲从长老委员会中剔除出去。所以最后的结果就是，这些长老都老得不能决定事情了，而子女却还不能把他们从长老委员会中剔除。这些事情很困难，但研究人员必须学习怎么做这套工作，必须得知道，长老委员会里的人可能连笔都拿不起来，你必须找到一个可以给你写信的人，也不能侮辱长老说他们太老了，不能写信。所以这可能是一个非常困难的过程。

另外，还有一件事情就是我们在原住民和难民社区发现有些父母不希望我们与孩子交谈，而是希望我们去和他们交谈。所以我们必须得先进去访谈父母，即使我们对父母不感兴趣，我们也不得不去了解他们的观点并告诉他们我们的理解。接着我们可以再去一次，去和亲子双方一起访谈，这样父母可以知道我们在问孩子什么问题。最后我们第三次去家访才能和孩子们单独交谈，因为第三次父母已经信任我们了。刚刚是谁说这样做研究真的很费钱的？的确如此。与孩子们的良好交谈是不会让父母失望的，不然你就犯错误了。父母对孩子来说非常重要，所以要想找上儿童，你必须得非常尊重父母。不过，这总归是非常愉快的事。

学生 N：谢谢。您刚刚提到澳大利亚政府以前是有儿童贫困政策的，但为什么现在又没有了呢？您能不能描述一下其中的过程？

澳大利亚像美国一样，每四年一个选举周期，这是我们民主的一部分，意味着政府每四年都会变一次。一个好政府——比如说奥巴马，已经就任 12 年了，对吧？选举周期一个接着一个，最后他必须离任。澳大利亚也是如此。上一任总理约翰·霍华德执政了三个周期，也就是 12 年。但通常澳大利亚选民只会让一任政府持续两个任期甚至是一个任期，然后就让他们下台。执政党轮换时，新的党派就想要做一些新的事情，改变政治话语。所以，虽然保罗·基廷任下的政府已经做出了儿童减贫承诺，但是他下台之后新一任总理又变卦了。现在我们政府只谈人力资本的发展。

中国的强项在于政府能够制定长期政策。流动儿童和留守儿童的政策如果以十年为期的话，改变是真的有可能会发生的。而我觉得这也是为什么中国在世界舞台上地位会急速上升，现在已经是个非常强大的国家了。我认为这是因为你们有这种长远打算的能力，你们的制度允许长期执政。这在有些情况下是个问题，但更多的我觉得是个优点。

学生 O：谢谢老师。儿童贫困和家庭贫困有什么区别呢，我们怎么才能区分针对儿童和针对家庭的社会政策？

这个问题很不错。我觉得如果我们去问孩子的话，他们会说不希望有什么区别。但在澳大利亚，政府很乐意把钱投到孩子身上，而不喜欢投入家庭。这背后的逻辑是说，成年人应该能够赚自己的钱并负起责任来。但政府很乐意为孩子们投入资金。孩子又会告诉你说他们想要家人也过得好，而不仅仅是他们自己。还记得钱的排名是多么低吗？儿童希望他们的家庭有稳定的住房，家人有体面的工作，而且能得到照顾。所以我认为没有太大的区别。我在"离家关护"系统里面做过很多工作，里面的孩子都是被父母忽视或虐待的。这些孩子跟我说希望家人能够照顾他们，所以其实他们不讨厌家人。很多孩子还花很多工夫想要回到家里去。如果你问他们政府资助的事情，他们会说让政府给他们的父母提供咨询，帮助父母。如果父母吸毒，就帮助父母戒毒。家庭观念在澳大利亚非常重要，中国可能也是这样。你去问流动儿童或者留守儿童，他们就不会说给我一大笔钱，他们会说让我回家，确保我和家人能够在一起。

学生 O：那也就是说，儿童贫困和家庭贫困是一个东西？

是的，但并不完全是这样，因为家庭总是要保护儿童的，而家庭贫困和家户贫困其实也不一样。从传统来说，贫困的测量一般是在家户层面上进行的，但正像我刚刚说的，家户和家庭不一样，和孩子住在一起的人并不一定是孩子的唯一照料人和资助人。

贫困、社会剥夺与福祉

Yuvisthi Naidoo

　　当知道我从澳大利亚来的时候，你们中的一些人可能会对我的外在族裔特征感到疑惑，所以让我先讲讲我的个人背景吧。我出生在南非，但是印度血统。在我 14 岁的时候，我移民来了澳大利亚。尽管是澳大利亚公民，但我仍对印度、南非等发展中国家保有记忆和联系。

　　这次讲座分为三个部分：第一部分是有关贫困，第二部分是社会剥夺，第三部分是福祉。

贫　困

"贫困"之话题缘何意义重大？

　　贫困——我们不能不强调研究它的意义而直接开讲这个问题。在给出我的理解之前，我想问问在座诸位，为什么研究贫困如此重要？当然没有人想要生活在贫困中，除了这个显而易见的事实外，请问大家有没有关于这方面的想法？

　　我们研究贫困是因为对于人类、文明人、文明社会来说，贫困的存在在道义上被广泛认为是错误的。我们认为这是对生而为人之尊严的侵犯，是对一个文明公正之社会的破坏。我们自始至终坚守着这个道德指南，所以尽管贫困是一直存在的，我们也要用尽一切方法去减少贫困人口。联合国《世界人权宣言》第二十五条对这个理念做出了神圣的诠释："人人有权享受为维持他本人和家属的健康和福利所需的生活水准，包括食物、衣着、住房、医疗和必要的社会服务。"换句话说，人们基本生存的需求都是有权被满足的。

但这不仅仅是满足基本生存的问题。贫困阻碍了人们对于一个圆满而有意义的人生的追求，禁锢了他们自我实现的力量。著名学者阿马蒂亚·森对此曾给出了一个精确的概括："一个人完成他或她认为有价值之事的能力……这里强调的是一个人达到各种各样功能（活动和状态）的自由——他或她真正在乎的东西。显而易见，我们认为最有价值的事情也是我们最想实现的，但是个人自由还包括我们个人自决之自由，自己决定我们想要什么，什么有价值，以及选择什么。"

通过回答谁处在贫困中这个问题，通过调查导致贫困的个体环境，我们才能找到消除贫困的根本途径。我们不断帮助人们从基本生存向着自我实现的更高层次需求进发，去发挥他们的能力，实现他们的目标。

立足于这个理念，贫困研究有五个主要目标：一是定义贫困，找到更多新的衡量方法；二是辨识和刻画贫困人口——只有当我们认识到贫困的主体，且能够描述可被称为贫困的生活状况，才能真正去谈消除贫困；三是尝试发展政策机制或者有针对性的干预措施来减少乃至消除贫困；四是对贫困项目开展评估，从而确保那些政策带来预期结果；五是通过研究，持续关注贫困群体，跟进政治经济、社会福利等议题，因为作为一个边缘化的群体，他们往往缺少社会话语权和政治力量。

定义贫困

在这个部分，我会先讲讲贫困的不同定义。在这个节点，需要一直牢记的是 Ruth Lister 的一段告诫之言："我们怎样定义贫困，对与其相关的政治、政策制定和学术讨论至关重要。许多阐释和解决措施的运用都与此有关，还有价值判断。因此，这个定义可以被理解为一种政令、一种社会科学规则，是许多复杂问题的根源。贫困并没有单一的'正确定义'。"

世界银行对"贫困"给出了最广义的概念："贫困指个人福利的明显被剥夺状态。"这里"明显被剥夺"传达了一种理念，即贫困群体缺少实现个人幸福的能力。当然，以制定政策和开展项目为目标的话，这类定义很难帮助我们真正衡量贫困。它更是一种全球公认的宣言，广泛而深刻。

我觉得爱尔兰扶贫机构（Irish Combat Poverty Agency）的定义很好："如果人们的收入和可支配资源（经济、文化、社会上）不足以支持他们拥有一个社会广泛认可的生活水平，那么这样的人可以认为生活在贫困之中。"

这种定义不是把贫困局限于收入不足，而是将缺少经济、文化、社会资源也囊括进去。我们的生活水准是与周围的人和社会密不可分的。所以讨论赤贫在一些发达国家是没有意义的，比如澳大利亚。大部分人一天可以赚 20～40 澳元，那么从购买力来说一二美元是无关紧要的。

最后一个定义帮助我们精确了贫困的范围，这是一个具有实际衡量价值的概念。国际劳工组织是这样定义的："最简单来说，当个人或家庭的生活水平（根据收入或消费而言）低于某个特定标准，即可视为贫困。"[1] 这里很重要的一点是，即使我们能够根据收入或消费水平来定义贫困，它也往往只是个指标。换句话说，尽管作为一个指标，它可以用来刻画计算贫困群体，在扶贫政策和项目的发展中起衡量作用，却并不一定代表贫困群体的实际生活经历。我们会在后续讨论中继续强调这个问题。

贫困轮

为了理解贫困这个概念的复杂性，厘清其不同层面的联系，Paul Spicker 在《定义贫困：12 个要素的聚类分析》一文中提出了"贫困轮"（Poverty Wheel）这个概念[2]。

在图 1 中，他把各种定义要素进行了分组，其目的在于给人们以启发，帮助人们思考贫困不同方面之间的联系与关系。我们习惯上把贫困定义为一个绝对化的概念，比如食不果腹、露宿街头，再比如有些人认为收入水平低也是一种贫困。而在这里，我们给出了三个维度，分别是物质水平、经济状况、社会地位，我们要去思考的是这些维度及其内部因素之间的联系。

---

[1] ILO. "The Framework of ILO Action Against Poverty." G. Rodgers (ed.), *ThePoverty Agenda and the ILO* (Geneva: ILO International Institute for Labour Studies, 1995).

[2] Spicker, P. "Definitions of Poverty: Twelve Clusters of Meaning." *Poverty and International Glossary* 1 (2007): 229-243.

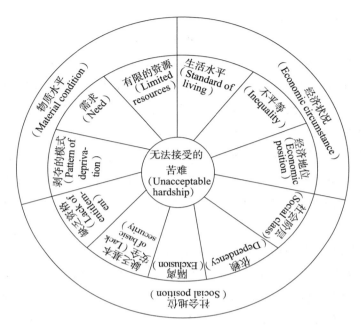

图1　贫困轮示意

举个例子，物质维度上，贫困表现为基本需求无法得到满足、资源匮乏和不同模式的剥夺；经济维度上，贫困由低下的生活水平、高度的不平等和人们经济地位差异造成的社会结果组成；社会地位维度上，贫困被理解为个人的正当权利和人身财产安全缺少保障、严重的社会隔离、对福利制度的高度依赖，以及社会阶层不同带来的辖制。重要的一点是，这些不同维度之间不是界限分明的，不是彼此独立的，而是联系紧密、相伴相生的，它们内部的这些次一级的要素也都可以互相联系起来。比如，遭受社会隔离和缺少个人权利都可以和资源匮乏联系起来，不同形式的社会剥夺和其阶级地位息息相关。此外，社会和文化关系也会对贫困的不同维度造成影响。

我们从这些定义中了解到，贫困是一个包含各种含义的复合概念。但是，从概念到衡量的转变涉及一个稳定的关注范围的缩小，特别是作为衡量工具的贫困的具体操作化。因此，我现在关注的是传统的对收入贫困的衡量，也就是在世界银行、联合国开发计划署、经合组织等全球报告以及贫困统计的一般报告中经常使用的那种。

贫困不仅仅是经济条件上的，同时还包括物质水平，这两者有很大不同。比如你有一定的收入，那么它是你的经济条件；但是你可能能够维持一个不错的生活状态，因为你有一个园子来自给自足，或者你的家庭和社区可以给你一些无偿支持——我们叫作非物质性的帮助——那么即使你的收入不高，你的物质水平相对却不算低。再比如，你有个小孩，但你不用花钱找托管，因为你的母亲可以帮你照顾他。物质条件并不一定与你的经济水平有关，而在于你如何维持一定水平的生活，怎样获得那些在一个社会生存所必需的事物或活动。低收入群体和被剥夺群体之间经常有重叠，但我们不能因此而推测二者之间的必然性，尽管这两个因素之间息息相关。

"贫困轮"给了我们一个更广阔的视角去理解贫困这个概念，而不拘泥于每日开销或收入水准。它表现了贫困产生的不同因果关系，探寻人们身陷贫困的实际情况，而这可能无法量化。因此，要注意的是，我们判定贫困与否的方式并不一定完全体现贫困，那些判定只不过是用来帮助我们刻画贫困人群的工具而已。

贫困研究的目标之一是确定有多少人处于贫困之中，以及哪些特征共同确定谁处于贫困之中。确定和描述它们是在澳大利亚开展扶贫工作的必要条件。例如，福利待遇的受益资格往往被界定为贫困线以下的群体，对这些群体的刻板印象往往是失业或没有完成学业的人；而通过认识到这一点，可以制定增加就业和确保完成中等教育的政策机制。从长远来看，忽视这些特征比对这些人群抱有刻板印象的风险更大。

当我们思考"相对贫困"这个概念，你会发现它与不平等的社会环境息息相关，与个人和他人在社会上的地位有关。这就是基本需求的绝对缺乏和与其他人比较的相对差距之间的区别。这与文化有一定的关系，在"贫困轮"中，社会排斥、依赖与阶级阶层就体现了这点。宗教并不一定要包含在这个体系中，因为它在各种文化中都对人们产生方方面面的复杂影响，没有信仰也不代表贫困。

你们中有多少人是定量研究人员？在下一节关于收入贫困的内容中，我会讲得慢一点，因为有人告诉我，定性研究人员发现这些数字很难理解。

综上，我们可以看出，贫困是一个具有许多意义的复合概念。若想真正实现从定义它到衡量它的飞跃，需要依据其实际衡量上的操作方式，缩小它的概念范围。所以我现在要谈下，在世界银行、联合国开发计划署、经合组织等国际组织的报告中，以及一些过往的贫困数据汇报中，我们是怎样衡量和判定收入贫困的。

收入贫困——核算贫困人口

当人们的收入或消费水平低于某个数值——所谓的"贫困线"——那么就可以被认为是贫困人口。这种阐述就带来了很多潜在问题：这条线由谁设定？是否会发生改变？如果收入围绕这条线上下波动，要怎样去解释这些人？他们是否一会儿是贫困人口，一会儿又不是？要明白的是，这条贫困线的确定是有其政治和社会因素的，是考量过这些因素后出台的政策。

现行的对于贫困的定义假设最低收入能够满足个人基本生活消费所需（包括饮食和非饮食等）。但是，对于这条贫困线的判定显然是在区域内或跨区域间难以达成共识的。之后我们会回到这个话题。

划定贫困线主要有两个方式：相对贫困线和绝对贫困线。要明确一点，尽管二者都是"贫困轮"的复杂产物，但它们之间"最核心的差异在于社会需求的根源，而不是贫困的定义本身"[1]。

绝对贫困线

第一个特征，通常情况下，基本生活消费支出是划定绝对贫困线的基础，而衡量这个支出的方法有很多。比如美国著名的奥什科贫困线（Orshanky Poverty Line），就是以基本需求开支为基础。1963 年，美国农业部请求 Michelle Orshanky 为临时或紧急的财政紧缩状况设计食物方案。方案涵盖的是生活在美国的人们最低所需消费，时至今日其内容也没有变动，唯一的调整不过是通货膨胀后物品的单价变化。

另一种方法是通过"家庭预算标准参考"。在澳大利亚，通过社会政

---

① Spicker, P. "Definitions of Poverty: Twelve Clusters of Meaning." *Poverty and International Glossary* 1 (2007): 229 - 243.

策研究中心的坚持，我们前后出台了三组"预算标准"①。为了得到这个标准，我们派出一组研究员到社区，通过对每个物品的调查来推算当今澳大利亚人的生活消费。比如，他们会考虑一个四口之家一日三餐所需，以及衣物、鞋、学费、交通费用等。这些研究方法非常详细，也非常耗时。最终研究中心给出了这样三组不同的预算标准，分别是：LC"低消费"，适合经济情况困难的家庭；MBA"适度足量"，除去日常开销外尚有余额；CAS"舒适且可持续"，当有更多可支配财产时的预算。在英国，他们实行另一种预算标准——MIHL，即"健康生活所需最低收入水准"。当然我们也有受个人主观能动性支配的消费选择和标准，这主要是依赖个人来决定可以维持自己生活所需的收入水平线。

第二个特征是每年它们通常都代表相同的购买力。定义收入贫困的起始值有其自身价值，而不是随着平均生活水平的变化而调整，这种购买力——可购物品和服务——是保持不变的。

第三个特征是绝对贫困线在不同方面的对比是固定的，因此很重要的一点就是我们要明确比较的对象，我们要知道在比较些什么。例如，世界银行的绝对贫困线（我将很快讨论）认为两个生活水平相同的人要么是"穷人"，要么是"非穷人"，而不考虑时间或地点，或在相关领域内有无政策变化。如果你想为一个国家进行贫困状况分析，那么相应地，绝对贫困线的选择应该契合该国。打个比方，贫困线在非洲可能定为每天 2 美元算合适，在澳大利亚定为每天 20 美元也可以，但要是将每天 2 美元这个基准线用于澳大利亚就不可理喻了。世界银行的国际贫困线依据 2011 年物价定在了每天 1.90 美元。它主要被一些国际组织用于不同国家间的比较，却并不太适用于各发达国家之间或国家内部的贫困研究。

总结一下，如我之前所说的，绝对贫困线的主要问题就是不同区域之间比较（比如国家贫富差异、城市和地方之间的差异）造成的关联性。比如在中国，究竟是全国用一条贫困线呢，还是考虑到大城市与农业或边远

---

① Saunders, P., Chalmers, J., McHugh, M., Murray, C., Bittman, M., and Bradbury, B. "Development of Indicative Budget Standards for Australia." *Policy Research Paper* 74 (1998).

地区的生活水平的不同，根据地域实际情况各自测量出一条贫困线呢？另外一个重要的问题就是相对物价差异的精确性，毕竟同一商品在不同地区或国家的售价不一样。有人认为考虑到实际购买力，各种基础需求的定价与时间地点和人群无关，而这就要看这个无关性的前提条件，比如不同时间段，或者受访人群。

虽然绝对贫困线尚存许多问题，尤其是富裕经济体之间贫困线的差异，但是这个概念的提出其实主要是为了将贫困这一话题提上国际和国家议程，不是吗？研究人员根据绝对贫困比率对国家进行排名，可以发现有些国家每年都高居榜首，这样我们就知道有些经济体存在威胁民众基本生存需要的社会结构性问题。没有比较，就发现不了事实。

世界银行对绝对贫困线的定义仅仅是一个定义，即随着时间的推移而无变化，只是根据通货膨胀和购买力平价进行调整。然而，绝对贫困线从货币的角度，与由使用相对贫困线方法而确定的贫困阈值息息相关（正如我将很快向你们展示的那样），只是随着时间的推移，它仍然是固定的，并且只针对通货膨胀进行调整。

相对贫困线

与绝对贫困线不同的是，相对贫困线通常被定为等价变换后的家庭可支配收入（或消费支出）平均值或中位数的50%～60%，其数值的来源一般是国家调查数据。平均值大家应该理解，中位数就是将一组收入数据进行排序，取中间的数值。由于家庭大小和组成不同，需求和经济实力也就不同，考虑到这点，研究人员们会使用技术手段对得到的调查数据进行等价变换。比如，单身和两口之家比较，后者的电费或者食品杂货支出就一定是前者的双倍吗？或者一个家庭是夫妻二人带两个小孩，其支出便以四倍计吗？并不尽然。儿童的需求会比一个成年人的稍小一些。我们要根据家庭需求和经济实力的不同，对收入或消费进行调整，因此这里需要引入等价量表。等价量表有很多不同的种类（如平方根、人均、经合组织修正版）。

我这里用的是经合组织调整后的等价公式。

$$EQ = 1 + \left[(ADULTS - 1) \times 0.5 \right] + (CHILD \times 0.3) \qquad (1)$$

$$EQ = 1 + \left[(2 - 1) \times 0.5 \right] + (2 \times 0.3) = 2.1 \qquad (2)$$

式（1）是这样的：家庭里只有一名成年人计算 1 分，剩下的每个代表 0.5 分，18 周岁以下的未成年人代表 0.3 分。在式（2）中，假如是夫妻二人带着两个孩子，那么就是 2.1 分，即这个四口之家所需为一个成年人的 2.1 倍，而不是单纯以 4 倍计。将得到的家庭收入数值除以家庭大小，就能得到平均个人收入。每个家庭组成和大小虽然不同，但是其平均个人收入的计算能够帮助我们更直观地对个体进行比较。

我想强调下，这个公式只适用于群体而非个体。绝大部分的经济调查数据以家庭为单位，所以如果你想知道个体情况的话，还有许多其他的计算方式，比如对人数做平方根运算，可以用家庭经济总数除以人数，得到大概的人均数值（许多国际报告就是这么做的）。

在展示结果之前，有些关于相对贫困数值的需要讲讲。贫困本身具有相对性，与所处社会和时间点紧密相关，因此我们去谈某个国家或经济体是否贫困也要有所比较。它还与社会不同等相关，即收入或消费在总人口之间的分配。尽管我们认同个人基础所需得不到满足是一种贫困，但其社会参与和获得个人福祉的能力也要考虑在内。

通过绝对贫困和相对贫困两种计算方式，我们可以得到一系列贫困数据。首先是"贫困率"，也称作人口指数，即生活在贫困线以下的人数在总人口中的占比。一旦我们通过以上介绍的方法得出了个人平均收入值，得出低于此值的人数，那么除以总人口数就好。这是大部分国际报告中展示的贫困数据的来源。不过，就像我之前所说，有的人收入远低于贫困线，也有人收入非常接近于这个数值，这个差异却无法在以上测算中表达出来。比如，贫困线是 100 美元，一个人收入 98 美元，另外一个人收入只有 20 美元，两个人收入都低于贫困线，不过显而易见，他们的贫困程度不同。因此，为了知晓贫困程度，我们要看个人收入与贫困线之间距离的远近。这个概念就是"贫困差距指数"，即总人口的个体收入与贫困线差值的平均值。第三个常用指标是"贫困组成"，即贫困群体的人口构成。这样我们就可以了解哪类人群更易陷入贫困。比如在澳大利亚，失业者、残疾人、单亲更易受贫困威胁。

下面是用来测量贫困的复杂群体指标。比如 FGT 贫困指数，就将贫困人口间的不平等因素考虑了进去。平方差距指数（贫困严重度）是将贫困差距的简单加权和作为贫困线的比例，这里的权重就指贫困差距所占贫困线的百分比。比如贫困差距数值是贫困线的 10%，那么其权重即为 10%；若占比为 50%，则其权重为 50%。与之不同的是贫困差距指数，其本身是个平均数，因此可以独立地进行比较。因此，通过对贫困差距指数做二次幂运算，实际上提高了远低于贫困线群体的权重。

国际收入贫困比率

下面我们来看看 OECD 在 2016 年报告《社会一瞥》（Society at a Glance）中给出的一些国际收入贫困比例。

图 2 是 2014 年的国际相对贫困指数，图中给出的数据是该国低于调整后的可支配收入所得中位数的 50% 以下的人口比例。数据表明，2014 年 OECD 的相对贫困比例平均为 11%，也就是白色条形。贫困比例最高的是以色列和美国，在 18% 左右。美国比例较高显而易见，因为美国是世界上

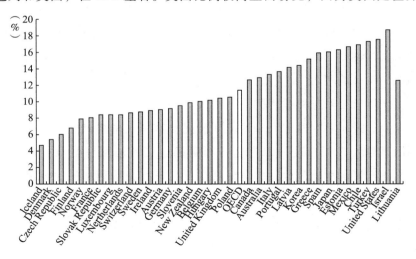

图 2　2014 年收入低于中位线 50% 以下的人口比例

资料来源：OECD. *Societyata Glance 2016*：*OECD Social Indicators*（Paris：Organisation for Economic Co-operation and Development，2016）。

几个不平等程度最高的国家之一。目前媒体上常说的基尼系数，在一些极富裕和发达国家就出乎意料的高。不出所料，像一些斯堪的纳维亚国家，比如冰岛和丹麦，享有较好的社会福利制度，其相对贫困比例就非常低，只有5%，相应的收入不平等的程度也比较低。澳大利亚的比例大概是12.8%，在OECD国家中排名第14。这并不值得我们骄傲，毕竟澳大利亚是个繁荣民主而进取的国家。我们应该扪心自问，缘何还有如此高的收入不均。

下面我们就来谈谈"贫困均等值"问题。必须找到正当的理由，才能选择正确的计算方法。OECD这样做是为了方便国家间互相比较的持续稳定。有趣的是，一位澳大利亚SPRC学者，Bruce Bradbury[1] 就提出，澳大利亚将均等数值用于决定单身或双人养老金的发放，而这一数值是错误的。他得出结论，一对老人实际需求是单身所需的1.7倍，而不是1.5倍。额外的0.2%造成了实际收入的很大不同。由于他的努力，最终政府改变了政策。贫困研究可以直接带来政策上的改变，这就是鲜活的例子。

总而言之，图中柱形指的是从2007年到2014年的相对贫困率变化，而棱形指的是绝对贫困率的实际变化。绝对贫困线被定为2015年实际收入中位数的一半。因此，2005年的数值直到2014年都保持稳定，除了针对通货膨胀的调整。而其保持稳定的原因是，可支配的商品和服务消费，即贫困线的实际购买力，是一直不变的。我们之前也讲过，世界银行采用的国际贫困线就是对绝对贫困的一个估值。

希腊、爱尔兰、意大利和西班牙的绝对贫困比率相对较高。你们觉得共同因素是什么呢？这是因为这些国家都遭受了国际金融危机，物价上涨，贫困家庭的可支配收入相对也就变少。只有在智利和韩国可以看到贫困比率下降。

图4展示了澳大利亚过去14年的贫困比例变动趋势。

---

[1] 澳大利亚新南威尔士大学社会政策研究中心（SPRC）副教授，作者的同事。——编者注

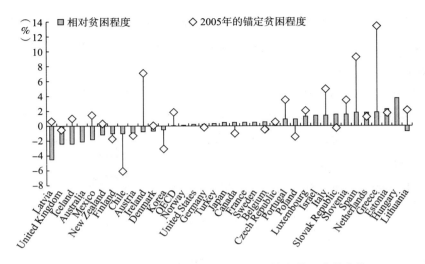

图 3　2007 年至 2014 年间相对贫困率和锚定贫困率的变化

资料来源：OECD. *Societyata Glance 2016*；*OECD Social Indicators*（Paris：Organisati-on for Economic Co-operation and Development，2016）。

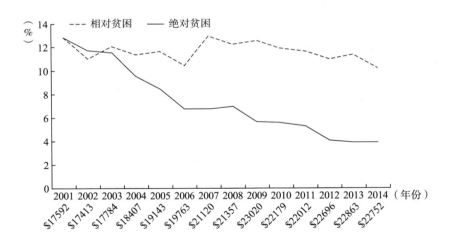

图 4　澳大利亚贫困比例趋势

注：该数字底部的美元价值是每个财政年度的相对贫困线，以 2014 年 12 月的价格表示。

资料来源：2016 年 HILDA 数据报告。

相对收入贫困比例依据家庭收入均等值中位数的一半而定。家庭收入均等值是一个家庭的税后年收入。绝对贫困是在相对贫困线到达某个时间点后确定的。图中的是在 HILDA 调研的初始。

主要问题是，首先，相对贫困线自 2001 年的 17592 美元到 2009 年的 23020 美元，涨幅巨大，因此相对贫困线 2014 年的数值略低于 2009 年。其次，相对贫困线下人口比例一直在波动，但有三个阶段特征鲜明：2001 年 12.9% 至 2006 年 10.5% 的缓慢下跌；2007 年陡升到 13.0%；在这之后，缓慢下降至 2014 年的 10.3%。这些变化，尤其是 2006~2007 年的主要原因，在于许多社保对象收入非常接近中位收入的 50%，因此政府相对较小的福利举措给收入贫困比例带来了巨大的改变。

图 5 展示了澳大利亚每种家庭形式各自的收入贫困比例。

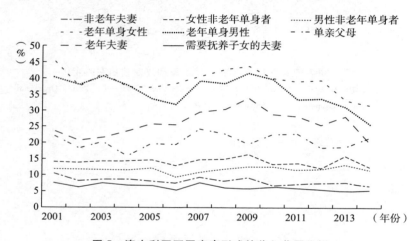

图5　澳大利亚不同家庭形式的收入贫困比例

资料来源：2016 年 HILDA 数据报告。

不同家庭形式收入贫困比例差异巨大。老年人，尤其是独身的，收入贫困比例一直很高，尽管 2009 年有所下降。不过要注意，老年人一般来说比年轻人更可能有自己的房子，而收入贫困测量方法并不将合法持有住房带来的非货币型收入，也就是非房屋拥有者需要缴纳的房租纳入参考范围。因此这个比例更容易夸大老年人的生活困难程度。审视物质贫困的测量法证明，与测量所得结果相比，老年人的实际贫困程度要更低一些。

单亲家庭的收入贫困比例也居高不下，在 18%~23% 内波动，从 2001 年到 2014 年间比例保持稳定。2014 年，单亲家庭的收入贫困比例为 21.5%。比较而言，已婚夫妻或未婚伴侣所组成的家庭，无论是否有子女，都保持着较低的收入贫困比例。

收入贫困比例的局限性

我们已经讨论了一些局限性。我将它们分为方法论和世界观两种。Naidoo 也做出了阐述。第一个方法论上的局限在于大多数收入贫困比例的基础都是可支配收入，即现金流入，无论是劳动力所得收入、所领取的福利和救济金，还是各种投资所得。然而，它并不包括福利和服务的全部经济价值。一种解决方式就是估算非现金福利和服务的货币价值，比如医疗和住房补贴、估算租金、休闲时间、家庭内部支持——不论何种形式，只要其能够将价值在家庭内部流转，并对可支配收入有所加持。像澳大利亚这种福利国家，我们的税率高，且是累进税，即收入越高，所缴纳的税率越高。政府税收进行再分配，支持各种公共事业，比如教育、医疗等；对于供不起房的人，还有住房补贴。如果这些不算上的话，实际上就没有把人们所得的经济资源算全。

第二个方法论上的局限是如何正确处理不同需求与经济实力的问题。由于等价变化的家庭大小和构成差异，并没有一个简单的解决方法。有许多种计量方法（澳大利亚 Henderson、英国 McClements、OECD、平方根），却无一堪称完善。比如，如何将家庭内残疾人口的需求进行等价？同一国家的城乡不同造成的巨大家庭收入差异要怎样处理？

第三个方法论上的局限是收入贫困数值确定的非客观性。现有的各种计量方式，比如 Henderson、美国 Orshanky、等价可支配收入中位数的 50%～60%……究竟谁可以保证数值的准确性呢？

在我的博士论文（现已发表于社会政策期刊）中，我提出了一系列经济学矩阵，以可支配收入为基础，考虑进非现金形式的资源福利价值，最后将资产价值按年分配。通过这种方式，个人资产这种存量就转变成了流量，变成了一段时间内固定的年率。我的研究结果表明，尽管与其他群体比较，老年群体有更高的收入贫困比例，但一旦考虑进其他经济资源支持，这个比例就会降下来。这是因为，他们享受公共医疗和养老金等更多社会福利，持有房产，因而财富水平更高。一些国家没有将这种财富积累计算进去，而这才是故事的另一面。

从概念上看，第一个主要的局限在于收入代表购买力，只是生活水平的间接指标。真正想测量研究的是生活水平，而以收入水平代之，其潜在假设是可支配收入和消费开支之间具有高关联性。但是消费开支变动图谱表明，没有收入的人也可能花费很多。然而如果用消费水平测量贫困，那么存在的问题是，记录消费开支代价甚高，耗费时间巨大，因而困难重重。

第二个概念上的问题是收入贫困测量方法并没有全面概括贫困群体生活的本质。政策不能完全联系实际，这就回到了贫困轮的问题。如果我们只考虑收入因素，那么就会忽视人们实际生活的影响。完全依赖家庭调查数据也带来了很多测量问题：家庭采样模式——家庭形式作为组织个体是怎样进行收入分配的；数据采集时间模式；数据的精确性，尤其是个体经营和收入后10%群体的收入和消费数据；如何保持数据的统一性和不同调查之间的协调性。比如，澳大利亚测算的可支配收入单位是否同样代表芬兰的，或韩国的呢？

我将进入下一个部分，即社会剥夺。

社会剥夺

社会剥夺概念的潜在假设是贫困是多维度的，不仅仅指低收入，其衡量方法同时还要落实于贫困人群的实际生活水平和经历[1]，这就是我们要尝试理解贫困人群的真实生活的原因。与贫困一样，社会剥夺有其概念性定义与测量性定义。

Peter Townsend 在其1979年出版的《英国穷人》一书中对社会剥夺给出了概念性定义：个人，家庭和群体身处贫困，其情况发生于可供获取食物、参加活动，以及维持习惯性或社会约定俗成的社会条件和设施等资源之匮乏[2]。其资源与平均水平相比较太过匮乏，以至于在某种程度上被排斥于正常生活方式、习俗，以及社会活动之外。

[1] Saunders, P., Naidoo, Y., and Griffiths, M. *Towards New Indicators of Disadvantage: Deprivation and Social Exclusion in Australia* (Social Policy Research Centre, University of New South Wales, Sydney, 2007).

[2] Townsend, P. *Poverty in the United Kingdom* (Harmondsworth, 1979).

　　然而，Townsend 最初对于社会剥夺的应用引来了争议。首先，因为它不能成功区分人们享有的实际生活的主观性选择与客观性条件。（比如，没有拥有某件东西，是无法供给被迫放弃，还是个人决定不要它？）其次，其阐述中的特定客观对象是 Townsend 自己选的，不具有客观性。

　　针对这些问题，Mack 和 Lansley 给出了以下定义：当人们被迫接受缺乏社会约定俗成的必需品的现实时，即可视为被剥夺①。显而易见，"被迫缺乏"直接将缺失物品与缺乏货币资源联系起来；"社会约定俗成"暗指对于生活资源的社会共识；"必需品"则强调所缺乏的物品在参与社会活动中不可或缺。

　　社会剥夺的一个主要特征就是在困乏与磨难之外，贫困以一种相关联的概念被重新解读。第一，它在某个特定时间点、某个特定社会中的含义与该社会历史条件下的标准息息相关。第二，它从根本上对低生活水平和低收入水平做出了区分。如我们之前所说，其他资源也可以满足需求，并不仅仅是收入。实际上，低收入可能还会带来对物质的较低需求。这一点在我们做的很多有关澳大利亚老年人剥夺的研究中都能体现出来。这就是为什么数值显示，许多老年人贫困比例较高，但剥夺比例较低——他们实际上已经适应了这样一种简约的生活方式。他们可能认为许多东西是必需的，但他们不持有可能不是因为买不起。第三，这个阐述给出了依据其社会功能对需求做出排序的方式。不过这种排序方式也引来了很多争议，之后我们会针对上次的小练习进行有关讲解，会更明白一点。第四，不要将剥夺与经济紧张或困境的迹象混淆。只有当某种物品被社会普遍认可为必需品，如达到 50%，或有时甚至是 60% 以上，才会成立；有些研究还会划定到 90%。而后者并不需要社会共识来决定是不是必需品。比如美国 Mayer 和 Jencks，或中国 Saunders 和 Lujun 的研究，这些研究所涉及的物品并不需要多数共识。

　　从 Mack 和 Lansley 在 1983 年提出的 Breadline Britain Series 开始，过去 30 多年间，国际上的剥夺研究在英国、澳大利亚、爱尔兰、新西兰、南非、日本层出不穷。我能想象到，国家剥夺研究将会给研究中国不断变化

---

①　Mack, J., and Lansley, S. *Poor Britain* (London: George Allen & Unwin, 1985).

的贫困问题带来很多洞见——毕竟中国有很复杂的社会现状，比如城乡差异、户籍人口与流动人口之间的差异。剥夺指数逐渐开始应用于大型跨国性研究，比如欧盟收入与生活水平研究，以及国家调查，比如澳大利亚家庭收入和劳工动态、英国的家庭资源调查。

剥夺的实际运作方式

我们要怎样开始测量呢？先看下实际操作性概念：当人们被迫接受缺少社会约定俗成的必需品的现实时，即可视为被剥夺。首先我们要从调研中明晰什么是必需品。一般来说，这里将 50% 视为基准线。然后我们找出那些无法负担必需品的人。之后我们就可以分辨被迫缺乏与主动放弃的区别，前者是那些支付不起的人的特征，后者是自己不需要的人的特征。

随着收入贫困的应用，我们有了一系列剥夺数据来计算剥夺发生概率。人口中处于剥夺状态的人占比多少呢？我们可以通过许多剥夺指数来研究。这需要将人们被剥夺的多种物品加和，然后计算出缺少两件及以上，或一件及以上的人的占比。我们可以对比剥夺和收入贫困之间重叠的部分，来看低收入与被剥夺之间的联系。之后我们就有了一个数据，叫作"持续贫困"，是将低收入和剥夺基准值结合而成的新的收入贫困线。这也是目前前沿研究在做的。

在澳大利亚，SPRC 一直工作在剥夺研究的第一线。自 2006 年到 2017 年，SPRC 一共运作了三个不同的调研。第一个澳大利亚剥夺研究以焦点访谈的方式，在低收入家庭和社区服务部门工作人员中调查了解贫困与社会排斥的经历。访谈聚焦于调查人们所认为的能够在澳大利亚过一个得体生活的必需品。这也是有别于过往那些从未有基层生活实践的研究人员的家长式作风。访谈小组和国际研究的结果提出了一系列生活必需品，并且可以被实际测试。在第二个研究中，我们做了一次信件调查，邮寄对象是全体 18 岁以上的澳大利亚成年人。2006 年、2010 年和 2017 年，我们一共开展了三次。2017 年的结果刚于今年（指 2018 年）2 月得出。

我们究竟要怎么定义剥夺状态呢？如图 6 所示，栏中第一个问题就是"它是必需的吗？"，答案是"是"或"否"。第二个问题是"你是否拥有

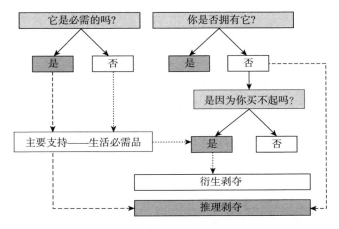

图 6　SPRC 剥夺调查——共识的方式

它?",答"是"或"否"。如果你的答案是否定的——你没有这个东西——接下来你就要回答第三个问题"是因为你买不起吗?"。第一个问题,帮助我们了解其是不是社会共识的必需品,并对它们进行排名,一般来说都是共识度高于50%的。比如说,如果这间房间里的所有人认为一个安全舒适的住所是必需的,那么就会被认为是一项必需品。如果只有20%的人认为 DVD 播放器是必需品,由于不是多数,那么这项物品就不会列在内。

对于所有得到认可的必需品,我们计算尚不拥有它们的人数。一些研究者对第三个问题存疑。他们认为,被调查者可能不能对剥夺状态有一个清晰的自我认知,分辨不出究竟是自己无法拥有还是不想拥有。毕竟有些人可能无力支付,但因不想被认为没有能力而将这归因为自己不想拥有。避免以上所有问题的一个方法就是推理剥夺,即不考虑能力问题,如果一个人缺少某件为大众和其个人所承认的必需品,即认为是被剥夺的。也就是说,一组里的所有人都认为这件物品是很必需的,那个人也是如此,但是他们并不拥有它,我们就假定他们是被剥夺的。

针对三个调研的样本数量——CUPSE 2006、PEMA 2010 和 ALSS 2017,最后一轮的样本回复率有些问题,所以不得不在 ALSS 中使用 PEMA 的样本。2006 年和 2010 年,我们得到允许,使用澳大利亚大选投票名单,将我们的问卷随机发放下去。2017 年,政府部门不再让我们使用这种方式,所以我们只得用回 PEMA 调研的结果。ALSS 的调查并不代表澳大利亚，不过没事，因为我们仍可以针对 2006 年、2010 年和 2017 年的普通回复者研究剥夺模式的变动。

访谈小组有一系列主导性的问题，但是这些问题是开放讨论的，比如在住房、教育或社会参与方面认为什么是重要的。我们启发人们思考，但不会给出一列结果选项，因为我们要以实践检验理论，即检验这些访问的结果是否和其他国家开展的调研有一致性。

推理剥夺之所以合理存在，是因为负担能力本身是模糊的，饱受争议。所以实际上要做的是在调研中采用国际上可靠的最优方式规避风险。现在国际上很多研究者都在做这项工作，期望可以提高剥夺测量方式。当一个新的研究方式出现的时候，困难重重，尚不成熟，然后随着它的发展，人们发现了它的价值，便开始完善它，让它更科学。推理剥夺这种方法在澳大利亚还是比较新颖的，调研结果还没有在政策层面进行实际探索。

我们还在做的一项工作是对多维剥夺指数中使用到的物品进行衡量，毕竟电视机和一个安全舒适的住所不可相提并论，后者比前者重要得多。目前我们正在研究别的衡量方法，如采用心理学文献中的一些理论，开展一系列可靠性和可加性测试，来看是否可以利用这些东西进行剥夺建构。

我们再看不同的剥夺测试，来看它们中的项目类似或是不同的地方。将 2010 年和 2017 年澳大利亚必需品做比较，2010 年我们将固定电话和手机分别算作必需品，2017 年就将它们合为一项"电话（固定或移动）"，因为很多人不再使用固定电话。我们还移除了传真收发机，因为它们之间的关联性不再那么紧密。我们还增加了一项"新科技物品"，因为我们很难完全阐述笔记本电脑、桌上电脑、iPad、iPhone 等电子科技通信产品间的差异。关于什么物品列入清单，仍有很多讨论，但是无法反驳的是，我们的生活条件一直在改变，我们所认为的种种必需品也在增减，因而我们的清单也要随之改变。比如，2010 年的打印机在 2017 年没有囊括在内，但是我们仍将空调系统和太阳能电池板算在内。实际调研提供的清单囊括60 多种物品，覆盖卫生医药服务、社会活动、教育等层面，在这里我只展示了一个缩影。

这组比较数值使用了 CUPSE 2006 和 PEMA 2010 的调研数据。由图 7
可以看出，与 2006 年相比，固定电话（公共电话和家庭固话）的需求明
显下跌。家庭电脑、手机和家用网络在 2010 年需求较大。这是目前个人日
常生活对科技及其产品需求的真实写照。要强调一下，这些数据在散点图
的第二和第四象限中没有分布。如果有的话，这说明几年间物品本身的必
需性发生了改变。至于构成生活的基础物品选择，一直保持稳定状态，这
强有力地表明了剥夺研究方法的第一步是有理有据的。

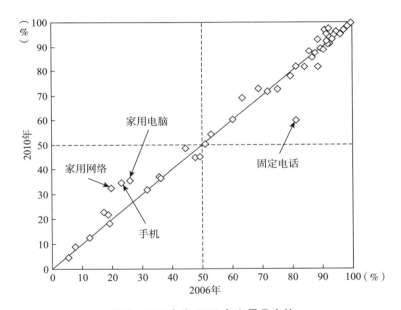

图 7　2006 年和 2010 年必需品支持

资料来源：Saunders, P., and Wong, M. *Promoting Inclusion and Combating Depriva-
tion: Recent Changes in Social Disadvantage in Australia* (Social Policy Research Centre, U-
niversity of New South Wales, Sydney, 2012)。

从表 1 中可以看出，中国香港和澳大利亚两个社会所认同的必需品非
常不同。比如中国香港一列中，中医诊所就比较重要；或者以计程车的出
行方式来往医院（在澳大利亚我们一般选择开车）；或在春节给红包和压
岁钱——这些都具有显著的文化特质。还有对于流动人口来说，回乡返城
也是需要的。

表 1 澳大利亚与中国香港地区的必需品之比较

单位：%

项目	占比
澳大利亚：	
必要的医疗	99.9
御寒衣物和寝具	99.8
每日至少一顿丰盛的饭菜	99.6
购买处方药	99.3
牙医治疗	98.5
拥有一个安全舒适的住所	97.3
子女可参与学校活动及集体外出	94.7
子女每年接受一次牙科检查	94.3
子女能够发展一项爱好或休闲活动	92.5
与他人保持日常社交	92.5
门窗闭锁安全性高	91.6
天花板和水槽完好无损	91.5
家具完好无损	89.3
为子女及时更新课本及校服	88.5
住所内至少有一个房间有暖气	87.4
每个孩子拥有独立的床	84.0
拥有一部电话	81.1
有 500 美元的应急存款	81.1
拥有一台洗衣机	79.4
家庭保险	75.1
每年至少给家人朋友准备一份礼物	71.6
掌握电脑使用方法	68.7
机动车辆综合保险	60.2
每年有一周外出度假	52.9
拥有一台电视机	50.9
每个孩子拥有独立卧室超过十年	49.1
拥有一辆汽车	47.8
有 2000 美元的应急存款	44.4
每周享用一顿大餐	35.9
每两周一次夜生活	35.6

续表

项目	占比
有能让客人留宿的独立客房	31.5
有一台家用电脑	25.9
拥有一部手机	23.0
家庭入网	19.7
一台干衣机	18.9
一台打印机	18.6
一部 DVD 播放器	17.2
一台自动答录机	12.3
一台洗碗机	7.6
一台传真机	5.3
中国香港地区：	
住宿、饮食和服装	
一个安全的居住环境	99.4
家中有足够大的空间，不必整天待在床上	97.3
在住所内拥有独立卫浴，不需与其他家庭共享	93.3
屋内有至少一个窗户	98.7
空闲时能去茶馆	73.8
每天吃早餐	95.0
每周至少一次吃到新鲜水果	96.5
每年能买一两件新衣服	89.9
拥有一套正装	86.7
冬季有足够御寒的衣物	99.5
医疗保健	
长者可接受适当的照料服务	94.6
需要时能够搭计程车往返于医院	80.1
能够定期接受牙科检查	66.7
能够到中医诊所就诊	81.5
紧急情况下能够不到公共门诊排队而选择到私人医生处就诊	89.9
能够购买处方药	86.8
社会交往活动	
能够搭乘交通工具拜访亲友	95.5
回故乡探望	87.1

续表

项目	占比
参加婚礼时能够送上一份贵重的礼物	88.3
春节时能够给亲友发红包	91.0
拥有一部手机	88.8
假期有休闲娱乐活动	71.9
教育培养	
有机会学习如何使用电脑	82.5
参加职业培训	72.1
学生能够购买参考书及练习册	76.6
学生每年都能穿合适尺码的校服	75.4
学生能在家使用电脑和互联网	76.4
学生能参加课外活动	74.2
职工家长可在必要时使用儿童照料服务	65.9
基础设施	
冬天能洗热水澡	99.2
需要时能配一副眼镜	96.9
家中有一台冰箱	98.9
家中有一台电视机	95.9
家中有制冷空调	87.9
有一台相机	57.9

资料来源：Saunders, P., Naidoo, Y., and Griffiths, M. *Towards New Indicators of Disadvantage*：*Deprivation and Social Exclusion in Australia*（Social Policy Research Centre, University of New South Wales, Sydney, 2007）; Saunders, P., and Lujun, S. "Poverty and Hardship among the Aged in Urban China." *Social Policy and Administration 40*（2006）：138 –157。

比较有意思的是，澳大利亚所公认的必需品有食物、衣服、医疗卫生等；而中国香港则强调家居的质量——二者唯一的共同之处在于御寒衣物。并且在香港，医生开药或医疗医护服务的排名并不是那么高，难道是因为人们更喜欢求助于亲戚朋友，或者中医诊所？在澳大利亚，我们希望每年有一周外出度假，这一比例大概是 52.9%，而在中国香港则不到50%。这种对比工作非常有趣，因为你会发现实际上找到一致的事物是非常困难的，这类研究必须考虑文化背景因素。

在我向你们展示数据结果之前，让我介绍一些 HILDA 剥夺单元。

CUPSE 2006 和 PEMA 2010 项目的首席学者 Peter Saunders 使用了坚实可靠的数据结果来影响政策制定者，从而令剥夺研究方法更具有可信性，提供更多传统收入贫困线研究方法所不能给予的见解。因此，自 2014 年开始，澳大利亚家庭收入劳工动态研究开始将剥夺单元囊括进去，且每四年更新一次。对于研究员们而言，这无疑是一次巨大的成功，因为这意味着我们可以开始跟踪研究剥夺了，可以向一个稳定持久的，包括低收入和低剥夺二者的贫困研究方法进军。这部分结果来自 HILDA 2014 年的调研数据，我们 2017 年才可以开始分析。HILDA（Household，Income and Labour Dynamics in Australia Survey）是澳大利亚国内开展的一个主要纵向研究数据组，由政府出资支持，墨尔本大学负责承接执行。自 2001 年开始，研究小组就跟踪一些个体，询问一系列与社会经济和生活方式有关的问题，覆盖了地域、收入、财富、健康、社会关系、主观幸福感、儿童照顾、社区和退休等方面。

第一列展示了 HILDA 单元包括的 26 项生活物品或条件，依据百分比降次排序。最后 4 项是没有过半数的——拥有一台电视，每年一周度假，家庭入网和每年至少送亲人或密友一份礼物。余下的 22 项分别属于五个大类：医疗卫生服务（3 项）；住房住宿需求（5 项）；衣食和紧急情况的基本需求（5 项）；社会联系和沟通需要（4 项）；满足孩子需求（5 项）。这不仅跟收入有关，还包括社会参与和社会排斥。大部分来看，这些事物的必需性都超过了 80% 的认可。超过 97% 的 5 项事物与另外两个 SPRC 研究结果保持高度统一（见表 2）。它更能证明澳大利亚研究者观点的稳定性（以及用来引出这些观点的方法的稳健性）。

表 2　使用 HILDA 的剥夺认定

单位：%

项目	基本需要	缺乏
必要时的医疗服务	99.7	1.0
御寒衣物和寝具	99.6	0.1
每日至少一顿丰盛的饭菜	99.3	0.1
购买处方药	99.0	0.5

续表

项目	基本需要	缺乏
需要时的牙医治疗	97.4	4.9
一个安全舒适的住所	96.9	0.3
冬季至少保持屋内一个房间的温暖	95.4	0.7
门窗安全	94.5	0.6
每个子女每年接受一次牙科检查	94.4	3.3
天花板和水槽完好无损	86.1	2.3
一部电话（座机或手机）	84.3	0.1
子女能够发展一项爱好或休闲活动	84.2	3.4
家具完好无损	82.8	0.3
子女能够参加需付费的学校旅行及校园活动	82.2	2.1
每个孩子有独立的床	79.7	0.8
有至少500美元的应急存款	79.4	11.3
每月至少一次和亲友聚会	79.4	2.4
拥有一台洗衣机	79.1	0.3
家庭保险	61.7	7.7
机动车辆综合保险	59.1	4.4
每年为学龄子女购置新校服	57.3	6.7
拥有一辆机动车	55.9	2.0
每年至少送亲人或密友一份礼物	48.6	—
家庭入网	47.4	—
拥有一台电视	44.9	—
每年一周度假	43.6	—

资料来源：Saunders, P. , and Naidoo, Y. "Mapping the Australian Poverty Profile: A Multidimensional Deprivation Approach." *The Australian Economic Review* 51 (2018): 1 - 15。

在列表中，拥有较高剥夺率的事物是那些阶段性需求较大的财务支出：有至少500美元的应急存款；家庭治疗保险；牙医治疗和牙科护理费；每年用于学龄儿童校服的购置费；机动车辆综合保险费。由此我们可以看出，尽管人们可以应付日常事务，但一旦突然发生紧急或意外状况，他们就无法负担其开支，这种冲击无法缓冲。

我2017年也目睹了贫困之人那种摇摇欲坠的危险境地。一个年轻人追尾了我的车，他的车完全报废了，而我的车大概遭受了等价于15000美元的损坏。他让我为他向保险公司说谎，因为他没有上过机动车辆综合保险。我没有同意，但我理解他的处境，并为之感到难过。他是个劳动者，从外省开了一小时车才到悉尼。他买了车，却无法负担保险费，而这车又不可或缺，因为从他的租住地到打工地之间没有公共交通。所以这次事故过后，他不仅没了车——无法负担一辆新车，没了工作——他是临时工身份，还没了钱——他需要向保险公司缴纳 15000 美元的修车费用，因为他自己没有保险。我们可以看出，这一连串的事情是怎样让一个人的生活土崩瓦解，直至滑入贫困之中。剥夺比例在澳大利亚相对很高这一事实，表明人们可以应付生活的需求，但并不一定成功。当生活出现问题时，他们无法应对，然后便是贫困的恶性循环。

如我之前所说，社会剥夺研究的一个主要聚焦点在于剥夺与收入的关系。如 Fusco，Guio 和 Marlier 所说："两个同样收入的个体可能有非常不同的生活水平，如果他们的收入不能完全地反映出他们每个人所享受的各种资源（储蓄或借贷、社会补贴、公共财产和服务等）或个人需求（健康、儿童抚养、交通等）……这些不同因素表明了一个事实，即贫困威胁与物质剥夺迹象之间的关系极其复杂，无论从定义上还是建构上来讲，极可能在弱势群体的识别方面造成数值的差异。"

本质而言，收入贫困和物质剥夺考量的是不同的东西。假定二者百分之百关联是误导性的。一个重点问题是，是否存在某条收入线，其剥夺程度突增，从而以此为基础形成一个新的贫困线。另一个则是研究剥夺与收入贫困之间的重叠群体。被认定为收入低下致贫的人群是否也同样被剥夺？最后一点是将这些贫困与剥夺的数值研究转变为持久系统的政策措施。现在我来讲讲要怎么运作。

剥夺阈值是否存在？

回答第一个问题，是否有一条特定的收入线，在这条线以上，剥夺会显著下降。这组数据展示了平均剥夺指数在不同收入组间的变动，其中收入组的数值取这组数的中位数而不是收入百分比，平均剥夺指数取调查对象被剥夺的必需品数量之和的平均值。在图 8 中，每个必需品的权重相同，不过也不必须如此，可以使用偏好权重（认可其必需价值的人数百分比）

或流行权重（拥有该项的人数百分比）。当你使用收入十分位时，将它们换算成百分比。使用收入十分位的一个问题是，它所代表的是同等份额的人数，有时会使收入十分位区间规模不便观测。如果收入分配有明显偏移或关键时刻有所聚拢，那么无疑容易误导研究结论。将一组数值的中位数百分比定为该组的数值，这无疑解决了以上问题。这一模式表明剥夺阈值在中位数的 40% ~ 59%，即图 8 中白色条形。第一个数值太低，无法依次确定合理的贫困线；第二个数值与澳大利亚所用贫困线相吻合。

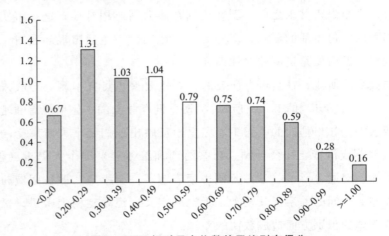

图 8　EDY 相对于中位数的平均剥夺得分

资料来源：Saunders, P., and Naidoo, Y. "Mapping the Australian Poverty Profile: A Multidimensional Deprivation Approach." *The Australian Economic Review* 51（2018）：1 - 15。

收入贫困与剥夺之间的关系

下面我要来比较分析一下不同收入贫困与复合剥夺的测算方法的结果，并就此结合二者进行测算。表 3 中，前两列数据表明，收入贫困比例在收入中位数的 50% ~ 60%。之后两列给出的是最低三条基准线，来说明剥夺发生比例。平均剥夺指数是每个年龄组剥夺数目与组里平均数的总和。倒数第三和第四列展示了使用 50% 和 60% 收入中位数为基准的收入贫困群体与剥夺群体的重叠部分在收入贫困中的占比（P + D/P），后两列将贫困和剥夺群体整合出一个稳定的贫困测算结果（贫困与剥夺作为样本示例）。

表3 收入贫困与复合剥夺的测算方法

年龄段	贫困人口比例		多种剥夺的发生率			平均剥夺分数	重合率		综合措施	
	POV50	POV60	DEP1（≥1）	DEP2（≥2）	DEP3（≥3）		POV50 & DEP2	POV60 & DEP2	POV50 & DEP2	POV60 & DEP2
15~24	9.3	14.6	28.5	14.9	8.2	0.60	42.7	40.2	4.0	5.9
25~34	5.8	10.8	21.3	10.7	5.4	0.42	37.1	32.7	2.2	3.5
35~44	6.3	11.5	21.6	11.8	6.9	0.47	42.0	33.9	2.7	3.9
45~54	6.8	10.3	23.8	13.5	8.1	0.53	49.7	45.6	3.4	4.7
55~64	11.2	16.3	16.2	8.4	4.4	0.33	24.7	25.9	2.7	4.2
65+	23.4	39.4	12.1	4.8	2.1	0.21	7.5	7.9	1.8	3.1
总体	10.5	17.2	20.7	10.7	5.8	0.43	26.4	24.5	2.8	4.2

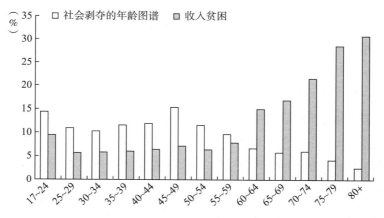

图9 社会剥夺的年龄图谱（DEP2）和收入贫困（POV50）

资料来源：Saunders, P., and Naidoo, Y. "Mapping the Australian Poverty Profile: A Multidimensional Deprivation Approach." *The Australian Economic Review* 51 (2018)：1 – 15。

最出乎意料的结果是，收入贫困比例呈U形分布——年轻人中比例较高，而老年群体（高于64岁）中达到了劳动年龄组（25~59岁）的2.5倍。大多数老年人如我们所知，依赖社会养老金生活。反之，剥夺比例和其平均剥夺指数在年轻群体和中高年龄段工作者（45~49岁）中较高，之后随着年龄的增加呈现递减趋势。收入贫困与剥夺的数据结果所呈现的分歧在这一数据中更明显：中低年龄组中，二者有着惊人的差异。这种整合测算方式还可以看出，老年群体的贫困与剥夺的发生概率是低龄组的一半。

　　尽管这些数据本身不能验证哪种剥夺测算法更好，不过问题来了，是什么导致了这些结果的不同呢？对此，我们还需努力研究，不过过往文献提供了一些解答思路。一种解读为，房屋拥有权长期以来被认为是澳大利亚退休收入系统的第四大支柱，而前人也曾提出一些关于不动产在收入测算中的重要性，所以一个可能性就是现在采用的收入贫困测算法没有把住房支出囊括进去，因此收入贫困比例在绝对和相对意义上的年轻群体中得到提高。另外一种解读就是不同年龄阶段呈现的偏好适应有所不同：相比于年轻人，老年人更容易调整他们的偏好和欲望，对于未有之事物也不会竭力占有。想一想你的祖父母辈，他们是不是习惯了较低的物质需求，他们的消费欲望会比你低一些吧？当人们适应了某种特定的生活方式，他们会尽力调整自己。原因还有可能在于事物选择偏好的不同——一些事物比较而言更贴合年轻人的需求，但没有它们，老年人也不会视为被剥夺。一个比较好的例子就是年轻人对于新科技产品的需求更大，而对老年人来说，则是社区中心提供的服务更契合心意。不过这些事物都没有被收录进剥夺指数的测算范围。重要的是，尽管测算结果在很大程度上与所采用的测算方法有关，以上分析还是向我们证明了一点：劳动年龄一首一尾两个群体的心态和偏好不同，生活方式和水平也有所差异，因而他们对于相关政策的反馈截然不同。

　　总结一下第二部分，我们讲了社会剥夺研究目前所面临的问题和调整。其中有些是主观判定上的不同：第一，什么才能够被列入必需品清单？第二，如何定量多数共识——50%～60%，甚至90%？第三，如何对必需品进行排序？孰轻孰重？还记得我说过，大多数人都会同意，电视机的重要性不会像一个安全舒适的住所或医疗那样高。大多数人都会说它们的重要性不一样。所以我们是否应该选用一些替代的方法，比如人群偏好或是普及度呢？第四，如何确定剥夺阈值，从而进行对剥夺和收入贫困之间关系的测算与表达呢？缺少一项、两项，还是多于三项的必需品呢？此外，更多问题聚焦于偏好适应给测量结果带来的风险，即究竟如何区分非拥有状态下的个人主观选择和被迫剥夺。还有，怎样对待人们对生活环境的适应性因素？无论从理论概念还是实际应用方法层面，如何将剥夺和收入贫困的测算方式结合起来，从而对贫困研究产生更具实效的影响？

福　祉

最后一部分，我们开始讲下福祉，对目前发展中的福祉研究做一个粗略总结。本次讲座一开始我们提到了贫困的概念，即"福祉被剥夺的现象"，仅仅了解那些生活在贫困线以下，被剥夺必需事物的群体是不够的，要想更全面地解读贫困，我们还要了解拥有全面的福祉的表现、在实际生活中的体现，从而真正理解人生。不过与之前的讨论一样，福祉这个概念也是复杂而具有争议性的。

我比较青睐 David Seedhouse 给出的解读："……'福祉'要么是空泛的概念，要么就是至关重要，含义独特丰富的词语，或者也可说它本质上是具有争议的——其含义和内容取决于使用者和使用的缘由。"①

此外，McGillivray 和 Clarke 也曾强调，"福祉无法意会言传，无法直观测算"。这一阐述似乎别有深意，在过往文献研究中确实如此。

Sarah White 也对福祉做出了概念性定义。② 她尝试将福祉内容的不同侧面联系结合起来，从而给出以下解读：行而无错，乐在其心；行而有益，福在其身（doing well, feeling good; doing good, feeling well）。她又从三个独立的维度进行了解读，分别是物质、关系与主观。可以看出，这与前面提到过的贫困轮概念的三个层次有异曲同工之处，它们都涉及社会关系层面的内容。

物质层面上，福祉包括资产、福利和生活水平；关系包括个人关系和社会联系，比如个人与国家；主观层面上，更多的是在讲个人对于自己生命状态和质量的评判，以及个人价值观、意识形态等。形象来说，这三个方面就像金字塔结构：物质和关系是基石，个人主观在塔顶。它们彼此独

---

①　Seedhouse, D. "'Well-being': Health Promotion's Red Herring." *Health Promotion International* 10 (1995): 61-67.

②　White, S. C. "Analysing well-being: a framework for development practice.", *Development in Practice* 20 (2010): 158-172.

立又统一，前两者是基础，而个人主观则是上层建筑。因此，White 还强调，福祉的获得是一种过程，目的地不同，这一途径可以是熙熙攘攘奋发向上的，也可以是协调统筹全面推进的，还可以是个人充分发挥主观能动性的。

Martha Nussbaum 针对公民权给出了人类的十项功能性能力①：

1. 生存——能够活到正常的生命期限；

2. 身体健康；

3. 身体完整；

4. 判断力、想象力和思考能力；

5. 感情；

6. 实践动机；

7. 与社会建立良好关系；

8. 其他种类的能力；

9. 消遣；

10. 对个人环境的控制能力，包括政治方面和物质方面。

这份列表里，有些能力无法被量化，不过总体而言它让我们对个人福祉有了更深刻而实际的角色定位。它涵盖了生而为人的基础生活需求（比如食物、住所、健康等）以及更高层次的需求（比如情感联系、政治诉求和物质占有、智能创造力、休闲娱乐）。

最后，考虑到福祉本身多维度的内容和复杂矛盾的性质，阿马蒂亚·森这样写道："你可能有钱，但没有健康。你可能身体不错，但过不上自己想要的生活。你可能过上了理想的日子，却并不快乐。你可能每天过得开心，却缺少自由选择的权利。你可能拥有一定程度的自由，却成就甚微。"

我认为关于福祉这个概念，Seedhouse 给出的第三点解读在实际中体现得比较准确。它是宽泛而灵活的，不仅涉及人们的外在环境，如物质占有、生活方式和社会关系，还包括对于生命质量的主观看法。要知道，政

---

① Nussbaum, M. C. "Well – being, Contracts and Capabilities." in L. Manderson (ed.), *Rethinking Wellbeing* (API Network, Perth, 2005).

策和研究领域对于福祉这个概念已经从收入、消费和物质资源这种狭窄看法向社会意义上的个人实现转移。上周在多伦多举办的国际代表大会上，研究组委会 RC55 决议将福祉、生命质量、幸福和生命满意度等因素囊括进社会经济政策议题的研究和测算当中。在众多发达经济体的研究领域当中，这种趋势越发重要。

学界对幸福感研究有两个重要的理论贡献：能力方法和主观幸福感。

阿马蒂亚·森因其工作成就获得诺贝尔经济学奖。他提出了"能力方法"，一种强调个体自由与生活选择的经济理论。这个概念非常好，不过不好理解，也不好操作或量化。这个方法主要是在一组能力范围内核定和组合不同功能，功能在这里指代人们努力存活下来的能力组合。能力组合反映了"所有人们能利用和能达到的功能组合，他们可以从中挑选一组"。商品指代的是能够提高功能性机会的经济的和非经济的资源。"评估区间"即能力组合——由兴趣所决定的范围，比如生活水平和贫困。经济资源是一种输入性价值，这种物质条件是实现功能的条件之一，但取决于个人能否将其发挥作用的转化能力。他主张用能力组合而不是资源或效用，来测量和对比人的福祉。你能否将能力转变成最后的功能活动取决于你的选择和你做出选择的能力。在能力方法的理想状态下，我们要分析你的能力；不过这不太现实，因为需要考虑到你所有的潜在可能性选择，这不足以来测算物品。

能力方法理论通过将社会学视角引入经济学范畴，来为表达和政策话语权的转变提供工具。如你所知，它对国际和国家社会发展进程起到了巨大作用，比如联合国人类发展指数、OECD 社会指标报告、澳大利亚发展进程评定、德国贫困与财富报告等。不过，对能力进行衡量，即真正将这个概念性理论应用于实践研究，还是充满挑战的，因为很难预测出所有潜在的功能活动。这种方法的研究应用目前看来还很不成熟。

对于福祉研究的另一个贡献是主观福祉概念。这与自我认知、生活状况所引起的个人幸福和悲伤有关。同样，与之前的理论类似，这个概念非常模糊，值得推敲。令人们困惑的是，什么样的问题可以诚实反映出我们的主观感受？毕竟每个人都有自己对于生活的看法和做事的理由。在方法论方面，主观福祉主要与以下紧密联系的三个部分有关：深层次的自我满足——对生活的认知评估（个人想法）；较高的正能量——情感评估（个人感觉）；较低的负能量——情感评估（个人感觉）。因此，主观福祉实践致力于对生活、对个体经历进行评估，包括如经历、抱负、成就、社会联系、失败、道德等生命状态造成的种种或自满或自苦的心灵感受。在家庭和个人调查中，通常有两种研究途径——以满意度调查为主的认知评估和以幸福度为主的情感评估。

有很多理论性工作，尝试研究出主观福祉的测算方法或主观福祉问题回答的根源。Ryan 和 Deci 曾提出享乐和个体繁荣两种视角来看待福祉[1]。前者视角下的福祉指的是从心到身经历的快乐和幸福，它是短暂易逝的；后者视角下的福祉包括"实现个人欲望，释放个人天性的过程"，在古典文献中有很多体现，比如佛教和印度教教义，以及儒家思想中都有解读。

这些结果，其实与自上而下和自下而上的理论方式有关。自下而上以生活外部状况为出发点，比如人生经历等帮助个体实现了基础需求，则幸福可期；自上而下则强调个人头脑内部所运行的机制能够帮助人们实现幸福，比如个性和世界观等。还有些理论与适应有关，比如"复合差异理论"中，个人将自身与多重标准相比较——一个人想要什么、过去有什么、与其相关的人的情况如何[2]。还有解读这些结果的理论，比如"主观福祉的动态平衡"强调尽管整体性人生满意度持续实时波动，它最终会稳定在某个固定点（一直是0~11区间中的6~7)[3]。人生满意度评估受一系列心理手段制约，而这由个性决定。

要强调的是，这种主观评估是确保社会发展的重要组成部分。我举个例子，把我们之前所讨论的三个点结合一下。表4比较了贫困和非贫困群体、剥夺和非剥夺群体的平均人生满意度分数。

---

① Ryan, R. M., and Deci, E. L. "On Happiness and Human Potentials: A Review of Research on Hedonic and Eudaimonic Well – being." *Annual Review of Psychology* 52 (2001): 141 – 166.

② Michalos, A. C. "Multiple Discrepancies Theory (MDT)." *Social Indicators Research* 16 (1985): 347 – 413.

③ Cummins, R. A., Eckersley, R., Pallant, J., Vugt, J. V. and Misajon, R. "Developing a National Index of Subjective Wellbeing: the Australian Unity Wellbeing Index." *Social Indicators Research* 64 (2003): 159 – 190.

表 4　剥夺、贫困和人生满意维度（平均值）

满意维度	贫困状况 （60% of median income）		剥夺状况 （DEP2）	
	贫困	非贫困	剥夺	非剥夺
对生活满意	7.7	7.9***	7.1	8.0***
对（以下条目）感到满意				
家庭	8.0	8.0	7.2	8.1***
就业机会	5.7	7.0***	5.6	7.0***
财政状况	5.8	6.6***	4.5	6.7***
安全	8.0	8.3***	7.6	8.3***
社区归属	6.7	6.8	5.8	6.9***
健康	6.6	7.4***	6.3	7.3***
邻里关系	7.6	7.8**	7.0	7.9***
自由支配时间	7.2	6.7***	6.3	6.9***

注： *$p < 0.05$， **$p < 0.01$， ***$p < 0.001$。

资料来源：Saunders, P., and Naidoo, Y. "Mapping the Australian Poverty Profile: A Multidimensional Deprivation Approach." *The Australian Economic Review* 51 (2018): 1–15.

主要发现在于，处于被剥夺或贫困状态时，人生满意度平均值相对来说一直较低。这种趋势如此明显，在一般性问题（"你对自己的人生感到满意吗？"）和特殊性问题中都得到了验证。结果哪怕相差 1 及以上，在实际生活满意度和个人福祉问题上都代表了更大的差异，因为这种数据本来就倾向于趋紧均值。唯一的例外是贫困维度上的家庭和社区归属。这是一个很简单的例子。其他例子还包括做回归分析，在控制一系列变量后，观察贫困或剥夺状态是否对人生满意度造成影响。

本次讲座的最后一部分，让我们来简单谈下在主观福祉和能力方法下社会指标的发展。以国内生产总值为代表，社会状态带来了一系列问题，而社会指标运动因此应运而生。它涉及社会的种种方面，不断发展和接受评估。早期研究和工作开始于 20 世纪 60 年代的美国，那时肯尼迪总统发表了精彩的演说，强调 GDP 不能说明一切，不能代表污染程度、孩子的抚养状况和国民健康情况。1966 年 Bauer 发布了《美国社会指标报告》，1968 年 Sheldon 和 Moore 也发表了相关研究成果。70 年代，一些国家研究相继出版，比如瑞典的《生活水平调查》、英国的《社会潮流报告》、法国

的 *Donnees Sociales* 刊物等。80 年代和 90 年代这种趋势减缓，但是最近 15 年间，在 OECD 世界论坛上，《伊斯坦布尔宣言》的发表又掀起了社会指标的研究热潮，比如《知识与政策》与《经济成就和社会进步之委员会评估》。

社会指标为我们提供了一个整合的、多学科的框架，注重强调不同维度间的联系。比如，它可以综合经济、健康、教育、社会联系、人际关系、主观福祉、环境、工作和社会参与等维度。它提供了一个灵活的概念性和方法性框架，从而带来了更多选择，这些主观性或客观性指标不仅组成了一个控制台，还可以整合成复合指数。这些指标可以用来指代积极或消极的状态，比如可以在研究中令贫困评估与积极的生活状态相结合。就像在能力方法中所展现的那样，指标是因或果，而不是输入输出值。

表 5 是社会指标方式的一个例子——儿童福祉框架。

表 5　儿童福祉框架

维度	领域
健康	新生儿健康 免疫接种 健康行为
主观福祉	自我定义的健康 个人幸福 在校幸福
人际关系	家庭关系 同龄人关系
物质	剥夺 相对收入贫困 无业
教育	学业成果 受教育机会 青年的活力
行为与风险	暴力与暴力行为 早夭 风险行为
住房与环境	过度拥挤 当地环境质量 住房问题

Bradshaw 围绕儿童权利给出了 7 个维度：物质、健康、主观福祉、人际关系、行为与风险、教育、住房与环境。每个维度里又有不同方面，每个方面有一列指标。这些指标分类构成了小方面，小方面分类构成了大的维度，最终这些维度又一起构成了儿童福祉框架的内容。联合国儿童基金会曾给出 6 个维度，包括 16 个方面 40 个指标。通常来说，要做的是建立一列维度，然后将它们细分成可定义的方面及其对应的指标，之后就可以用它们来进行国内以及跨国、跨时间和跨人口族群的比较研究。

回顾过往剥夺和收入贫困有关的研究，社会指标方法也有其需要解决的问题。首先，便是大框架的确定，包括维度、方面和指标的编纂。比如，"什么样的理论基础？有什么鲜明特质？怎样定义？能在个人层面得到完善的经济和非经济性数据吗？如何保证数据和内容的可靠性与准确性？统计这些维度是否可行？它们内在是否不可比较？（因此，仪表盘方法是唯一的选择）"。其次，还有许多涉及权重机制的问题和关乎生活水平的基准线设定问题。我在这里就讲这么多，不过推荐给大家一些研究方法：Bradshaw 的儿童福祉指数；Jensen 的 ELSI 方法；Halleröd 和 Zaid 的回归法。

参考文献

ILO. "The Framework of ILO Action Against Poverty." G. Rodgers (ed.), *The Poverty Agenda and the ILO* (Geneva: ILO International Institute for Labour Studies, 1995).

Lister, R. *Poverty* (Cambridge: Polity Press, 2004).

Naidoo, Y. "Comparing the Implications of Expanded Income-based Measures of Living Standards with an Application to Older Australians." *Journal of Social Policy* (2018).

OECD. *Societyata Glance 2016: OECD Social Indicators* (Paris: Organisation for Economic Co-operation and Development, 2016).

Saunders, P., Chalmers, J., McHugh, M., Murray, C., Bittman, M., and Bradbury, B. "Development of Indicative Budget Standards for Australia." *Policy Research Paper* 74 (1998).

Sen, A. K. *The Idea of Justice* (Cambridge: Harvard University Press, 2009).

Spicker, P. "Definitions of Poverty: Twelve Clusters of Meaning." *Poverty and International Glossary* 1 (2007): 229 – 243.

Wilkins, R. Household Economic Well-being. R. Wilkins (ed.), *Families, Incomesand Jobs, Volume 8. A Statistical Report on Waves 1 to 14 of the Household, Income and Labour Dynamics in Australia Survey* (Melbourne: The University of Melbourne, 2016).

World Bank Institute. *Poverty Manual* (Washington: The World Bank, 2005).

Halleröd, B. "Sour Grapes: Relative Deprivation, Adaptive Preferences and the Measurement of Poverty." *Journal of Social Policy* 35 (2006): 371 – 390.

Mack, J., and Lansley, S. *Poor Britain* (London: George Allen & Unwin, 1985).

Mayer, S. E., and Jencks, C. 1989. "Poverty and the Distribution of Material Hardship." *The Journal of Human Resources* 24 (1989): 88 – 114.

Pantazis, C., Gordon, D., and Townsend, P. *Poverty and Social Exclusion in Britain* (Bristol: Policy Press, 2006).

Saunders, P., and Lujun, S. "Poverty and Hardship among the Aged in Urban China." *Social Policy and Administration* 40 (2006): 138 – 157.

Saunders, P., Naidoo, Y., and Griffiths, M. *Towards New Indicators of Disadvantage: Deprivation and Social Exclusion in Australia* (Social Policy Research Centre, University of New South Wales, Sydney, 2007).

Saunders, P., and Naidoo, Y. "Mapping the Australian Poverty Profile: A Multidimensional Deprivation Approach." *The Australian Economic Review* 51 (2018): 1 – 15.

Saunders, P., and Naidoo, Y. "Poverty, Deprivation and Consistent Poverty." *The Economic Record* (2009): 1 – 15.

Saunders, P., and Wong, M. *Promoting Inclusion and Combating Deprivation: Recent Changes in Social Disadvantage in Australia* (Social Policy Research Centre, University of New South Wales, Sydney, 2012).

Townsend, P. *Poverty in the United Kingdom* (Harmondsworth, 1979).

Cummins, R. A., Eckersley, R., Pallant, J., Vugt, J. V. and Misajon, R. "Developing a National Index of Subjective Wellbeing: the Australian Unity Wellbeing Index." *Social Indicators Research* 64 (2003): 159 – 190.

Diener, E. "Subjective well – being." *Psychological Bulletin* 95 (1984): 542 – 575.

Michalos, A. C. "Multiple Discrepancies Theory (MDT)." *Social Indicators Research* 16 (1985): 347 – 413.

Nussbaum, M. C. "Well – being, Contracts and Capabilities. " in L. Manderson (ed.), *Rethinking Wellbeing* (API Network, Perth, 2005).

Ryan, R. M. , and Deci, E. L. "On Happiness and Human Potentials: A Review of Research on Hedonic and Eudaimonic Well – being. " *Annual Review of Psychology* 52 (2001): 141 – 166.

Seedhouse, D. " 'Well – being' : Health Promotion's Red Herring. " *Health Promotion International* 10 (1995): 61 – 67.

Sen, A. *The Standard of Living : The Tanner Lectures, Clare Hall, Cambridge* (New York: Cambridge University Press, 1987).

Sen, A. "Capability and Well – being. " in M. Nussbaum and A. Sen (eds.), *The Quality of Life* (Oxford: Clarendon Press, 1993).

Stiglitz, J. E. , Sen, A. , and Fitoussi, J. *Report by the Commission on the Measurement of Economic Performance and Social Progress* (Paris: National Institute of Statistics and Economic Studies, 2009).

White, S. C. "Analysing well – being: a framework for development practice. ", *Development in Practice* 20 (2010): 158 – 172.

科技变迁与贫困

李秉勤

我今天要讲的题目是《科技变迁与贫困》。这一届暑期班是扶贫主题，因为我最近一段时间在做"技术变迁与社会政策、社会发展之间的关系"的课题，所以今天结合我的研究来跟大家梳理一下科技变迁与贫困的关系。

我以前是学经济学的，我注意到一个有意思的现象是，科技变迁的话题在经济学领域一直在讨论，没有觉得是一个很新的话题。但是，后来转到社会政策领域，做这个话题的人非常少，即使有人提到，也只是作为大的社会背景（比如工业化的历史、产业升级的历史）一带而过。我几乎不记得任何一门社会政策的课程，包括我以前教过的社会政策创新的课程系统地关注过科技变迁。

我们最近想做与科技创新和社会发展有关的课题，要回顾一些文献，发现可以回顾的内容很少。于是我们就在《亚洲公共政策》（*The Journal of Asian Public Policy*）期刊上做了一个特刊《亚洲的科技创新与社会发展》（*Technological Innovations and Social Development in Asia*），邀请全亚洲的学者都来投稿。我发现虽然投稿的人很多，但是实际做出实证性成果的人很少。我前些日子参加了在英国布里斯托开的东亚社会政策年会和在德国不来梅开的社会政策动态研讨会，发现都没有这个话题相关的主题，也没有人就这个领域发言。这些现象说明一个问题：社会政策、社会福利在对科技创新所带来的社会变迁的认识上是有滞后性的。这个现象从逻辑上是合理的，因为历史上绝大多数的社会政策是对社会问题做出反应，而不是进行防范。可是，如果我们关注社会风险的研究，就会发现在现代社会中，问题的出现往往是无法预知的，出现的速度快，而且影响巨大。等问题出现之后再想如何应对，往往很多人已经受到了多重伤害（焦虑、健康损失等）。因此，这个话题在社会政策领域大有可为。

我不知道大家有没有学过经济学，我找来一些经济学的基础文献，今天咱们在很短的时间内做一个梳理，我希望我讲完以后大家提出来的新问题比我梳理的文献能够回答的问题更多。从研究的铺垫来说，社会政策领域在这个方向上的起点是比较低的，可供借鉴的文献需要从其他领域去发掘，但是面临的挑战和问题是实实在在的，对年轻学者来说，有可能做出很多突破性的贡献，特别是基于中国的实践。我希望通过这个讲座，能够唤起大家对这方面研究的兴趣。

"功能性社会政策"的分析视角

我的讲座分几大部分。大家都学社会政策，对社会政策的基本理论应该比较熟悉了。我今天沿着社会政策里面一个特殊的视角来讲，即所谓的"功能性社会政策"的分析视角。如果有一些学员是来自不同的社会政策视角的人，可能会对功能性的视角有很多批判。其实，我对这个视角也有很多保留意见，但是我觉得它在科技与社会政策的讨论中是比较好梳理的一个视角。将来大家还可以接着我的工作来从其他视角梳理。

接着，我会讨论一下科技变迁和贫困之间的关系。既然是科技和贫困的关系，我要强调一点，这里我有一个核心的想法，就业本身是消除贫困的第一大重要手段，所以咱们讨论的过程中会涉及它到底跟就业是个什么关系，目前国际上到底怎么讨论这个问题，它存在哪些争议。这样，就业、收入、贫困这三个视角，它们三者之间的结合实际上可以成为一个轴：一是就业收入非常丰厚，收入巨大；二是就业收入一般；三是虽然就业了，但是收入却很低；四是不就业，收入也很低；五是不就业，但是有不少福利，还能满足一定水平的生活需要；六是不干活，实际上钱还挺多。这几种情况，我把它作为一个轴来看。这几种情况结合在一起，通过功能性社会政策手段，再通过科技和贫困之间的关系的结合，就会发现可以组成非常连贯的一套思路，即对传统的社会政策体制提出批评，甚至对福利制度、福利国家体系提出一系列的批评。福利制度需要非常大的调整和修改才有可能应对科技创新带来的挑战。我今天讲的过程中也会谈到国际上目前提出来的修改有哪些类型。

现在先简单复习一下功能性社会福利制度。如果你从一种比较功能性的视角来看社会政策和福利国家制度的话，它是什么概念？（答：解决社会问题，提高福利水平。）是什么样的社会问题？（答：贫困。）贫困本身是一个社会问题。还有什么其他的社会问题，或者不一定是社会问题？（答：保护人的权利，减少社会冲突。）

进一步问：保护人的权利是功能性的吗？所谓的功能性，顾名思义，就是你在想这件事情的时候看它要达到什么目的，获得什么样的回报，而不是为了做这件事情而做这件事情。即使看保护权利，其实它不一定与功能性的视角相矛盾。比如，在权利形成阶段往往是通过功能性的社会政策话语来让人们认识到满足某种社会需要的重要性。当社会意识到某种需要得到保护对社会很有好处的时候，就为日后通过法律的形式把对这种需要的满足确立为权利提供了依据。在很多国家的社会政策历史上，都经历了这样的过程。除了在一些后发国家，人们可一开始先看其他国家有什么样的政策，所以前期在证明解决一个社会问题的功能性那个阶段不用再做很多论证了。但是，不能忽视的是，这个想法可能在其他国家已经探索过了，所以我们可以拿过来用，少走一些弯路。但是，即使如此，在跨文化和跨越发展阶段的情况下，在一个国家被普遍接受的观念，到另外一个国家也还是会受到挑战甚至不被接受。为什么会如此？我想恰恰是有可能这个后发国家中相当多的一批人没有看到那样做对他们的社会能带来什么样的"好处"。所以，对于权利的探讨，即使是普适权利，也往往要在特定环境下得到公众的认可，而这个认可的过程，则是需要有功能性的思考来补充。

比如，马克思主义学者和经济学家对当时资本主义社会矛盾的判断其实没有太大的区别，他们的区别在于通过什么手段来解决社会矛盾。功能性的社会政策，即在英国由费边体系传承过来的社会政策，认为当时资本主义社会的矛盾非常大，通过一定的社会政策来化解这个矛盾，缓解社会压力。二战以来，在英国这样的国家之所以提出社会政策，是因为军人上了战场，发现穷人家出身的孩子战斗力很差，身体状况太差，必须要提高他们的健康状况，进而改善他们的战斗力。同时，在工业化的过程中也提出对工人的需求，跟战场上的战士是差不多的。战斗力不行，生产效率不行，那就必须对他们进行维护。对生产者的维护，到底怎么做才合适，体现在哪儿？这本身也是功能性的视角。

奥康纳[①]继承了一定的马克思主义社会政策传统，但是又进行了一定的调整：社会政策的存在就是为了解决资本主义体系本身造成的一定矛盾，从本质上看是为了积累和合法化。发达资本主义社会的福利国家要确保经济体系的持续、稳定和有效运作，确保社会阶层和群体的整合，以及维护社会秩序，几乎所有支出都同时发挥两种作用：一种是确保这个人能够持续、稳定和有效率地工作，从而缓解社会压力；另一种是对福利国家本身。我们讲福利国家的合理性、合法性，主要是指福利国家自身存在的合法性。这是从哪儿来的呢？纳税人认同了，福利国家才能有钱，才能支出。功能性社会政策基本上是这两大块。

功能性社会政策有三大分支，比较早的是科尔等人[②]提出的。他从功能主义视角提出，社会保障和福利国家的发展是工业劳动力建设的关键一步。与"传统的"前工业社会相比，福利国家出现在工业化的某个阶段，以满足工业社会的不同需求。随着工业化的进展，更广泛的家庭关系往往被打破，工人们要求国家和企业分担维护费用。这样便发展出了疾病津贴、事故赔偿、失业保险和工业工人的养老金等社会福利制度。

后来瓦伦斯基[③]、里姆林格[④]等人又把城市化、维持社会秩序的功能也加进去。看这时候的文献，跟中国现在发展的轨迹非常接近，也很有比较

① O'connor, J. "Is Sustainable Capitalism Possible." *Is Capitalism Sustainable* (1994) 152 – 175.

② Kerr, C., Harbison, F. H., Dunlop, J. T., & Myers, C. A. "Industrialism and Industrial Man." *Int'l Lab* 82 (1960): 236. Kerr, C. *Industrialism and Industrial Man: The Problems of Labour and Management in Economic Growth; with a Postscript.* Penguin Books. 1973.

③ Wilensky, H. L. *The Welfare State and Equality: Structural and Ideological Roots of Public expenditure.* 1975.

④ Rimlinger, G. V. *Welfare Policy and Industrialization in Europe, America, and Russia.* John Wiley & Sons. 1971.

意义。

后来功能主义的社会政策有了一定的发展：社会投资理论。这两年中国社会政策也开始谈得特别多了。其实，中国很早就有社会投资的理念了，比如"养儿防老"。当然，后者是从家庭来说的。如果放在社会政策领域的话，实际上就变成了一种社会投资的概念，比如"十年树木、百年树人"。本质上看，就是要做一件事，不是只看眼前利益，而是要关注长期利益，它就变成了社会投资。

为什么在现在这个阶段，特别是 2008 年以后欧洲对社会投资提得更多了？这是因为人们意识到，作为社会政策，进行社会投资的考虑有两个。第一，福利制度本身很难维持了。2008 年以后，由于政府债务问题，原来的福利制度合法性受到挑战，需要重新找一个话语体系来支持福利国家的合法性，也就是福利国家代表人民花钱的合法性。这个时候提出社会投资，强调投在教育、投在儿童保护等，有助于提高劳动力的生产效率。而且对劳动力的塑造和维护是可以由福利国家来帮助实现的。[①] 第二，在这个过程中，科学技术发展了，对人的知识需求变得非常大，旧有培训模式有问题，对劳动力能力的转换提出了挑战。当国家负责出钱做这个事情的时候，它便成了社会政策，即投资型社会政策。[②]

功能性社会政策还有一个目的是维持社会稳定，把社会政策作为对经济生产的一种支持。资本主义体系维护经济发展、促进经济繁荣的过程自身就会产生很多社会矛盾，这些社会矛盾需要有社会政策来支持。

社会政策与减贫：一个功能主义的视角

刚才讲了功能主义视角下社会政策的三个部分：一是积累人力资本为生产服务，二是劳动力的再生产，三是合法性的讨论。当然，劳动力的再生产，除了生儿育女的再生产之外，还有对劳动力技术能力的提高和更

① Cantillon, B. "The Paradox of the Social Investment State: Growth, Employment and Poverty in the Lisbon Era." *Journal of European Social Policy 21* (2011): 432 - 449.

② Morel, N., & Palier, B. (eds.). *Towards a Social Investment Welfare State*?: *Ideas, Policies and Challenges* (Policy Press, 2011).

新，即所谓社会投资。

下面再进一步加入贫困。它跟功能主义的社会政策又是什么关系？

贫困的根源是什么？我原来学社会政策的时候，讲贫困的课程里对就业的讨论不是特别多，很多是关于贫困的测度、社会不公的程度等。可是在那会儿（20世纪90年代），多数人是就业的，而且是比较稳定的就业。但是现在，情况发生了变化，能够有就业机会就很好了。很多人连稳定的就业都没有，特别是年轻一代。

在这个时候，我们可以把贫困和就业之间的关系拉出一个框架。首先是讲贫困的原因：缺少收入。收入的来源可以是就业，也有可能是财产。这里我们先不谈转移支付。从就业收入来看，进一步细分：决定一个贫困者是否能够通过就业脱贫的因素有几方面：就业意愿、就业能力、就业后的收入水平。图1绘制的就是这样的关系。

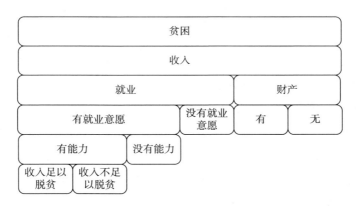

图1　通过收入脱贫的渠道

下面再进一步，我们把技术创新在其中的作用加进去。当然，不是说它只对贫困有好处，技术创新完全有可能产生新的贫困。

世界银行做贫困研究主要是从经济的视角，经过这么多年的实践提出，就三个方法是管用的。

一是经济增长应该是包容性的增长，是劳动力友好型的也就是说要能够实现雇佣劳动力的经济增长。这个很有意思，多年前我和一位学者有过争议。他当时说："好多地方引进外资，引进来都是大规模、上亿美元的工厂，一个工厂就雇三五个人，采用高科技，虽然也实现了经济增长的效果，但是最后雇的人特别少，这个到底是好还是不好？"我当时说："你干预人家市场干吗？能引进就不错了，你还要人家引什么样的？你想引那样的，能引得来吗？"但是多年过后，现在反过来再想一想，觉得当时那位学者的说法还是挺有道理的，原因就是引进的资本占了很多土地，地方政府又有很多优惠政策、提供很多公共资源，最后却没实现什么就业效果。弄来点机器生产，产品都出口，出口的钱又流到投资人手里，跟当地老百姓有什么关系吗？这确实是个问题。

二是投资人力资本，特别是针对那些因无法控制的情况而无法从基本服务中受益的人。

三是保障。确保贫困和弱势群体免受可能使他们陷入贫困的冲击，例如恶劣天气、流行病、食品价格变化和经济危机等。

那么，科技创新和经济增长到底有什么关系？经济学里谈了很多年，很多内容其实是技术型的讨论，我简单总结一下，道理大家都能看明白。

首先，创新可以带来就业，特别是从长期来看，创新对就业有好处。这是熊彼特[1]最早提出来的。他把创新和就业联系起来。后来好多学者在这个领域里做研究，大致认为技术的改进可以增加就业。除了通过生产新产品带来新的就业机会，它还可以通过重新组织生产过程带来新的就业机会。什么叫技术变迁？怎么就叫技术发生变化了？提高生产效率，降低人力在生产成本中的比重，就是技术改变了。提高生产效率、降低人力在生产成本中的比重通过什么实现？你可以用新的工具，用新的工具从核心道理上是什么概念？在经济学里就是几种指标：一是资本或者设备，二是土地，三是劳动力。放一个最基本的生产函数，这三者之间的比例关系发生变化，通过不同的配比，在这个过程中实现效率的改变就是技术变迁的本质。举个例子：原来用1的资本，用1的土地，再加上1个工人，生产出1的产品。经过调整，技术发生变化，可能用了1个机器，资本变成了1.1，但是劳动力还是1，土地也还是1，最后生产出来变成1.5了。这就是发生了技术的变化。

其次，除了新产品是创新，还有生产组织方式的创新。国外很多人喜

---

① Schumpeter, J. A. *Business Cycles* (New York: McGraw-Hill, 1939), pp. 161 – 174.

欢说中国没有创新能力，好多东西都是照搬他们的，但是近年来越来越多的人也开始认识到中国在生产过程领域的创新。它指的是企业，甚至行业的组织方式上的创新。中国的生产有靠廉价劳动力来实现的因素，但是也不是所有国家靠廉价劳动力就能实现中国现在的生产效率。这是为什么呢？其他重要的因素还包括怎么组织生产。各领域的创新本身也是技术上的创新，但是这种创新往往不是挂出我有多少个专利能够回答得了的问题。

把上述问题都整合起来，一连串的因果关系就出来了：如果最终的目的是要增加 GDP，能够有更多的钱再进一步投资，能够让这个过程中有更多的储蓄，这样就实现了科技对经济增长的作用，个人有更多的储蓄，减少了贫困。

发言：我想问一下您说的贫困是哪种贫困，减少谁的，或者说是减少哪种贫困，您的定义是哪种？我看了您的技术变迁，我们在中国讲精准扶贫的时候，会讲他有能力和意愿，这种把他扶起来；还有一种社会政策去兜底的时候，是因为他没有能力，比如可能是身体残疾，一级残疾、二级残疾。但是还有一类，他虽然具备劳动能力，但是他之所以贫困，就是因为他不愿意工作，这种人贫困，您用技术去变迁的时候，可能效果是非常弱的。所以我想知道，您的贫困情怀讲的是什么贫困情怀。

李秉勤：你这个问题提得非常好，再回到刚才我讲过的内容，你说的这几种在图 1 里都包括了。这就是一张地图，即使没有工作过的那些人，我把他也用就业这个变量来计算的话，就业状况是 0。但是，就业和收入的变量合并在一起的时候，可能还有资产收入、社会服务和社会保障带来的收入等。这样看，所有的贫困类型就都包括在内了，有永远没工作过的这种人，或者是没有能力工作的，或者就是不愿意工作的，或者在工作中有进入市场障碍（比如歧视）的。

发言：我很想问的是，您讲的这个技术变迁是什么技术变迁？比如大数据技术，它是一种技术，这种技术在企业应用，可能会经历很多阶段以后才最终影响到贫困，这两个变量之间的作用过程是非常长的，您怎样去界定它一定有影响而不是其他因素的影响，或者有这种影响的时候，可能它的影响是非常弱的。

李秉勤： 我讲的时候是比较笼统的，把所有的可能性都包括在内了，包括所有形式的科技变迁。科技创新在历史上一直都有，关键是要看所处的阶段。目前我们特别关注跟数字技术、互联网相关的科技创新。中间的过程机理确实可能会比较长。讲座时间有限，不可能再进一步细分。目的就是提示大家，科技创新是一个重要的因素，所涉及的领域和角度也很多。将来大家愿意深入哪一块去进一步研究，可以自己选择去做。

发言： 有个问题，您刚才说，科技创新对劳动力始终是有益的。我们知道，劳动力的素质有高有低，它是不是只对高层次的有利，对学习慢的或者了解科技进步比较少的这群人可能非常不利呢？

李秉勤： 这里讲的不是任何一个科技创新就对所有人都有利的概念，里面有几个层次。很多劳动经济学的学者都有过这方面的讨论：科技发展到一定程度，出现了大量创新的时候，可能开始出现扰动，但是长期来看还是有利的。我们短期观察到的扰动就是其中一些人失业了，但不排除其中有一些人又找到新工作，或者经过简短培训又回到劳动力市场了。可能有一些人学习能力也不行，那就只好放弃了。也有一些人还不放弃，选择自主就业，干点别的，又通过这种方式进入劳动力市场。所以即使在短期内也有一个过程：科技创新冲击劳动力市场，其中一部分人失业后又回到就业岗位。不过，在短期内科技创新也有可能对劳动力有好处，有几种情况。

（1）制造出新的产品来。如果新产品和原来的产品没什么关系，是全新的需求，并不影响其他产品的消费，有更多人去买，需要更多人生产。这是对劳动力需求的增加。还可以根据产品之间的性质有进一步的分析。第一，新产品是对原来的产品的替代，像 iPhone 和其他手机不断升级，这本身也是技术创新的过程。通过创新，原来的产品没有吸引力了，所以花更多的钱放在新产品的生产上。但是，这还不能保证就业增加。什么时候对劳动力的需求会增加呢？人们对新产品的需求超过对原来的产品的忠诚，实际上就是这两种产品之间的竞争。新产品或者新技术如果还比不过原来的产品，不但替代不了，生产出来还没很多人买，则即使增加就业也不一定能持续。第二，如果生产出来的这个新产品和原来的产品是互补的，由于有了新产品，可能让人们买原来的产品更积极了，这对劳动力市场也有可能是友善的。

（2）生产效率提高。生产效率提高的作用有几种可能性。一是生产效率提高了，产品更有竞争力，卖到其他国家，反而就业增加了。这是市场扩大带来的劳动力增加。二是生产效率提高造成用工减少得特别多，同时人们对原来的产品放弃得特别快，劳动力的净需求减少了，则技术更新对劳动力是不友善的。

另外还有一个"长期"的概念。什么叫长期？多长叫长期？以资本、劳动力和土地来说，在短期内，资本一发生变化，劳动力反应不过来，就会造成各种问题。所谓的长期是，其他要素可以发生相应的变化、调整，最终的结果是一个长期的结果。说科技创新是对劳动力友善的意思就是，得给劳动力和其他生产要素一个适应的过程。所以，从长远来看，科技创新对劳动力是有好处的。

追问：如果这样看就可能都受益，但是谁受益多、谁受益少，这个差异会拉得越来越大。

李秉勤：对，有可能。

追问：对底层或者下层的，我们知道现在中国在这个部分里面是绝大部分，那个部分是一小部分，从长久来看，我们的政策出发点该是什么？

李秉勤：你说的问题我后面会接着讲。但是，这里强调一下，前面的铺垫还是很重要的，如果没有这个铺垫的话，不知道它的来龙去脉，和经济学领域的学者对话的话，会觉得对不上话茬儿。

发言：淘宝就是，比如你不需要这么多衣服，但是看到我就买了。

李秉勤：对，淘宝也是科技创新，是整个市场层面的创新。

发言：如果是一个国家单体来讲的话，这个逻辑好像是成立的，但是如果把全球化作为单体的话，前两次工业革命可能是少数人到多数人，生产方式是劳动密集型，后两次到我们现在进行的这次革命其实是技术密集型，它所需要的高精尖人才越来越少。如果再把信息化加进去，这个单体国家比如美国是这样子，他在本国之内的技术投资越来越多，比如他的技术投资 2017 年增长了 7.9%，但是劳动密集型企业全部外迁到中国和东南亚国家，他本国中产阶级以下其实是受累的，所以他的技术投资虽然促进了经济增长，但是并没有造成贫困人口减少，反而使贫困率从 2010 年开始到现在一直是15%，有时候增有时候减，就是他的科技投资和经济增量并没有直接给贫困人口减少做出贡献，反而在我们看来是违背这个线性逻辑的。

李秉勤：经济学也是分类的。一类是属于一般的经济学原理，并不考虑市场的边界问题；另一类是把边界纳进来的经济学，比如国际经济学、区域经济学就是讲市场是有边界的，如何在子市场之间寻求平衡。在这个过程中，比如过去我们讨论中国，中国是一个特大的市场，产品主要由国内的人在消费，至少在过去美国也是这个状况，而且过去的资本跨国流动也没那么多。先有这么一个基本的结构以后，再进一步把里面的所有假设一个一个地放松。也就是说，当没有劳动力流动或者没有资本的跨国流动的时候，它产生的效果是什么样的。我前面讲的这些还没有真正涉及资本跨国流动的问题，后来讨论全球化的学者就涉及了。它的影响怎么体现出来呢？劳动力友善（labour friendly）这个概念有可能是相对的。在某地友善的，在更大范围内就不一定友善。再加一个全球化的假定，在中国对劳动力友善的，在其他国家不一定友善。再换一个视角，可以加跨国劳动力的情况，还可以加税收方面的限制等。所以，你刚才讲的美国这个例子，虽然在美国似乎是和基本的原理相违背，但是当你把全球劳动力市场视为一个市场的时候，可能那些创新确实造成对劳动力友善的效果，虽然对美国的劳动力并不是很友善。我这里介绍的只是一个基本的思考方法。也就是说，我们对市场的认识、界定也是很重要的。

刚才这几个问题都提得挺好。其实你们把我后面要讲的问题已经提出来了，前面的那些假定可能维持不住。我们在澳大利亚前些日子开的科技创新和社会政策会议，当时澳大利亚的学者一片悲观，中国的学者都非常乐观，为什么？就是刚才你说的这个问题，在中国很多劳动力受益于科技创新，可是在澳大利亚很多人的感受是不同的。当然还有科技在其他方面的影响，后面要讲。归根结底，站在不同角度、不同地方，同一个现象的影响可能是不一样的。如果从全人类的视角来做经济学，可能对科技创新就不那么担心。很多经济学家并不担心科技创新的就业影响，他们说我们往往低估了人们在技术转型过程中的就业创造力。之所以低估，是因为我们缺乏想象力，比如现在有这么多机器生产造成的裁员。因为人们现在眼看着眼前的工作没了，再去想一个什么新鲜的事情去做，想不出来。可是，光说人们缺乏想象力不够，现在很多人面临的问题就是想就业却不行，急需解决这个燃眉之急。可是，这种问题也不一定是所有人的问题，再问下一代人，他们和我们的就业理念都不一样了。很多人根本就没打算稳定就业，没有想要找一个干一辈子的工作，这个不行再想别的招儿。这时候他们的想象力已经远远超过我们的想象了，所以再问他们科技创新对就业的影响，可能跟我们的认识真的不一样了。从学者的角度来说，需要关注的是，我们的研究是一个什么出发点。

科技变迁对劳动力的影响

我们说科技变迁对劳动力的影响，就是刚才说的替代的效果或者互补的效果。但劳动力增长不一定准能实现。

数字经济与劳动力

除了简单的创新以外，还有大规模的、成体系的，在短时间内出现的成批的变化，这往往被称为工业革命。第一次工业革命就是把生产环节机器化，通过大机器生产代替原有的手工业。第二次工业革命就是用电力实现大规模生产。第三次和第四次工业革命离得很近，就是用电子和信息化技术实现自动化生产。第四次工业革命就是现在，自动化生产又和数字经济结合在一起，重点就是跨越边界，包括各种边界，把不同领域里的资源、技术和影响都联系在一起。

跨边界是什么概念？新的数字机器人和 3D 技术，为什么和以前不一样？一是速度，变化的速度特别快，日新月异。中国现在对工业革命的影响体会是很深的。和历史上的工业革命相比，现在的变化速度是空前的。二是它是指数级的变化，不是线性变化的，深入每一个行业。无论从生产到管理，再到销售，从政府到市场的治理，似乎所有的行业它都能侵入。最核心的特征就是跨界。一个传统生产行业，正做得风生水起，忽然出现一个新的企业，原本就不是做这个行业的，忽然就闯入了这个行业，带来的冲击猝不及防。

从劳动的角度来看，一个很重要的方面是劳动力角色的重新定位。某个劳动力到底是什么定位，现在也出了问题。首先是工作量发生变化。比如，20世纪80年代的时候一个博士生要做计算机分析得到计算机房去打卡；到90年代末的时候，已经开始使用台式电脑；再到21世纪初，用一个笔记本电脑就已经能把论文写了。我读博的时候有深度访谈，那会儿还要卡带录音。我当时做了很多深度访谈，我是学经济的，不知道怎么分析，我就手动把那么多数据都录入SPSS软件计算。这样，读博要花很多时间做最基本的数字和文字处理，现在做数据分析花的时间就要少很多。现在博士论文都要发表，以前就没有要求发表，时间上也不可能，这就是生产效率的变化。1990年，底特律三家最大的公司的总市值为650亿美元（实际），拥有120万名员工。现在硅谷三家最大的公司的市值总计为1.09万亿美元，仅有137000名员工。这说明新产业对劳动力并不是很友好，但是就业者每个人挣的钱可能要比以前多很多。这就是前面提到的不平等的一个核心问题。

发言：有些工作容易被取代，有些不容易被取代，像艺术家，就很难被取代。

李秉勤：艺术家确实很难被取代。但是如果你留意的话，艺术品的生产环节已经发生了变化。以画家村为例，当然我不是说画家村的生产能取代艺术家。而是说，艺术品的复制因为技术的变化而变得更有效率而且不一定要由艺术家本人来完成。在过去的时候，能够把艺术家的画复制得很好的人自己也要懂艺术。但是画家村实现了对艺术大规模生产的一个技术上的转换，用的是劳动密集型的技术转换，不是用机器去做的，是用人，一人画一笔，也能生产出来一幅逼真的画，在过去就相当于把人手当作机械手来作画。历史上，艺术品的大规模生产是受到限制的。画家村实际上用新的技术流程取代了艺术家自己来重复生产的过程。在这个过程中，工人的劳动力成本比画家更低，而艺术品复制行业的进入门槛下降。

另一个方面是，数字经济改变了就业的组织形式。个人的服务可以在网上进行交易了，就是类似于Uber那样的互联网平台。结果是很多业务本来是在公司体系内做，现在变成在网上做了。其实很多大公司在过去有点像官僚体系的运作，等级层次很明确，不能随便越级。现在有了大量的通过平台经济实现的外包业务，公司变成了多个外包项目的管理机构，组织上层级也相应地减少，公司的组织机构也越来越多地根据项目来设定。

另外，就业类型也会发生变化，现在即时经济（just in time economy）得到了更多的关注。"即时生产"的管理模式在20世纪70年代首先在日本出现。为了减少浪费，企业只在生产需要时提供零件来减少浪费。相比之下，过去的库存管理系统的思路是有备无患、以防万一。过去，一家公司要搞一项业务需要做很多系统的规划，现在不一定要这样做了。我现在有一个活儿，可以先上网找找，看有没有人愿意干。我的公司可能做做组织管理，把它细化，分成不同的具体的任务，然后我上网，招人来做。

这种模式于是和我们前面提到的就业障碍联系在一起了。过去很多人之所以无法就业，可能是因为有家庭照顾的责任，比如生了孩子的妇女、需要照顾病人和老人的家人。在过去可能无法就业，但有了互联网就有可能了，无法上班的人可以在家工作了，可以更自由地支配时间①。如果不跟公司一块儿干，而是单干，那自主性就更强了。很多学者认为，这种就业方式对工作和生活的平衡有好处，对子女的照顾也有好处。

但是，也要看到就业的安全性下降了，人们非自愿失业的时间增加了，员工没有法律保护，这是值得探讨的问题。目前要依靠雇主缴费的社会保障体系面临挑战：一个人怎么就算在平台上就业了？谁保护他？如果他现在不存养老金，几十年以后谁管他的生活？传统的特别是跟雇主挂钩的行业，社会政策的持续性就出问题了。现在国内网上也有一些讨论，开始关注互联网经济的税收难度加大。除了税收来源减少之外，没有缴费记录的人如果将来需要社会保障也是一个挺大的问题。

另外一个可能性是，如果更多的人利用互联网平台在自己的主要就业之外增加收入，他们不用像以前那样担心失业就一点收入都没有了。一个人即使失去了正式的工作岗位，也可能有额外收入。对政府来说，从社会政策角度，缓解失业带来的压力可能会有所减小。

---

① Hall, J. V., & Krueger, A. B. "An Analysis of the Labor Market for Uber's Driver-partners in the United States." *ILR Review* 71 (2018)：705–732.

到底什么样的人会用互联网这个平台实现就业？有一些学者开始调查什么人上互联网来自主就业。他们发现，在国外，往往是一个人实在没有别的办法，才上互联网（来自主就业）。如果想对员工进行社会保护，首先得找到谁是他的雇主。当整个经济体系里的社会保护主要是雇主和员工共同缴费，当大批人的工作都建立在互联网就业上时，就相当于一大批人掉到传统的社会保障体系以外了。这时候第三方保护就得跟得上。

即时性的就业有可能影响到创业者的行为。比如，有一个美国最新的研究①，是关于 Uber 的网络邮递对创业的影响。原本说有了互联网以后，创业更多了。这个研究者跟踪 Uber 引入的地方，他发现很多人都去做Uber。但是，这对创业有负面的影响。比如，小公司新成立以后要做广告，他就去找那些广告。发现只要一个城市或者社区引入 Uber 以后，新公司广告下降了 14%。除了新公司广告以外，众筹大量减少，因为众筹有时候也是为了支持新公司。所以 Uber 的引入导致个人创业的可能性减少了。Uber提供的是一种低质量的就业。创业从某种意义上说还是属于比较复杂性的就业。在 Uber 引入的情况下，创业反而被低质量就业创造的新机会冲击了，这时候再判断这个平台对就业是好还是不好，似乎不是那么直观了。

还有一类是闲时经济（freetime economy）②。有研究发现，每当大学放假的时候，大学生去外面创业赚钱的就特别多③。这就是劳动力的闲时经济。

现在因为有了互联网经济，创业门槛也降低了。所以无论是创业者利用闲暇时间融资还是有闲置资金的人都在这个环境中受益，而且创业者的门槛也因此降低了。①产品开发：数字服务和产品的构建模块已经变得很成熟，便宜且容易获得，以至于它们可以轻松地组合和重新组合。②市场测试：低成本且快速地再现观察用户反应，再到 Beta 版本的生产，周期大

---

① Burtch, G., Carnahan, S., & Greenwood, B. N. "Can You Gig It? An Empirical Examination of the Gig Economy and Entrepreneurial Activity." *Management Science*（2018）.

② Bonfiglioli, S., Martinotti, G., Mareggi, M., Zajczyk, F., Rostagno, C., Boffi, M., ... & Ruspini, E. *Social research in urban time policy: Methodological aspect.* 2016.

③ Agrawal, A., Catalini, C., & Goldfarb, A. "Crowdfunding: Geography, Social Networks, and the Timing of Investment Decisions." *Journal of Economics & Management Strategy 24*（2015）: 253 – 274.

大缩短。③融资：资本密集度低，并从更广泛的资本池（包括人群）中获取资金。比如，剧场一般如果要拍一个话剧，上来先融资，但是话剧的筹备周期很长，不少资金要闲置一段时间，很多专业剧场就把那些闲置资金先融出。通过众筹去投其他的产业，让闲置资金得到周转①。④营销和销售：通过在线渠道推动营销和销售。认识到这种降低的门槛的作用，年轻人创业信心增加，更愿意为自己工作，成为企业家。最近一项针对12000多名千禧一代（18~36岁）的全球调查，68%的受访者认为他们有机会成为一名企业家②。

现在创立公司的成本越来越低，互联网也将创业的基础工具标准化了，创业者写商业计划书的时间可能大大缩短。在这些领域里都有直接的外包服务，这就等于有更多的人可以通过额外的时间、多余的时间来做平常他无法做成的事情。对现有的就业群体来说，闲时经济收入对正式就业收入是一个补充。这样，我们过去说的因为收入低，就业之后仍然处于贫困状态（working poor）的人，如果他有更多的时间，也有可能获得更多的收入。但是，我们也要看到，就业仍然贫困的人往往从事的是工作时间长、劳动强度大的工作，或者承担了繁重的家庭照顾负担而无法抽身。这样，他们所能支配的闲暇时间也有可能比其他人少，那么就有可能在闲时经济中出现一批"时间贫困"（time poor）的人③。

互联网使市场的概念整个发生了变化。这个所谓的市场可以跨越国界。比如澳大利亚，由于大量生产行业跑到中国，很多人都抱怨。但是他们最近做了一个调查，发现现在澳大利亚很多人都利用互联网来进行零工就业。零工就业最主要的来源不是澳大利亚，而是国外，有可能不少还是来自中国。可能其中不少是论文写作，或者是文件翻译、英语服务。很多

① Voss, G. B., Sirdeshmukh, D., & Voss, Z. G. "The Effects of Slack Resources and Environmental Threat on Product Exploration and Exploitation." *Academy of Management Journal* 51 (2008): 147 - 164.

② The Foundation for Young Australians, The New Work Order, http://www.fya.org.au/wp-content/uploads/2015/08/The-New-Work-Order-FINAL-low-res - 2.pdf.

③ Peetz, D. "The operation of the Queensland workers' compensation scheme." https://www.worksafe.qld.gov.au/ - data/assets/pdfile/0005/159125/workers-compensation-scheme - 5 - year-review-report.pdf.

互联网相关的服务是可以跨越国界的。过去澳大利亚做这个的比较少，可能是澳大利亚相对地理位置上比较隔绝，互联网起步比较晚，不像欧洲的外包那么活跃。现在零工就业更多了以后，澳大利亚得到的外包零活更多了。现在澳大利亚主流媒体是反全球化的，觉得全球化对他的负面影响太大了，把生产型工作都给弄走了，但实际上全球化的互联网经济已经成为就业的重要来源，这也是全球化的积极影响。

经济的组织模式发生了变化，直接对年轻人受到的教育产生挑战。大学教育该怎么办，现在这是一个问题。澳大利亚大约70%的年轻人（15～24岁）的职业在未来10～15年内将受到自动化的严重影响。近60%的澳大利亚年轻学生就读于受自动化影响较大的领域。其中58%的25岁以下的学生就读于未来10～15年将受到自动化严重影响的领域。木材贸易、园艺和印刷技术等行业将有超过一半的人失业。所以年轻人越来越觉得大学教育得不到回报。出来以后找不到工作，那干吗花那么多钱买这个文凭？在中国可能影响还不是特别大，雇主还是比较认可文凭的。在国外很多时候不认文凭了，特别是零工就业，不看你的文凭了，就看工作经历，干过多少项目，你能胜任就雇你来。所以表面上是就业门槛降低了，但是也隐含大学教育不符合市场需要的问题。

政策应对

关于政策应对，很多国家都出版了报告。讲得非常具体，对这些国家现在面临这种变化到底采取一些什么样的反馈、什么样的政策进行了分析。我们没有时间讲这么细。世界银行前些日子出了相关的报告①，其中也包括中国。你们可以看一下，就是说工作变化。图2把世界各国推动就业、创业的政策思路梳理了一下。

我简单地举几个例子，一个是要减少数字文盲率。这个非常有意思，在澳大利亚是一个很大的辩论。原因是澳大利亚很多学校发现学生上课总

---

① "The World Development Report（WDR）. The Changing Nature of Work，" http://www. worldbank. org/en/publication/wdr2019.

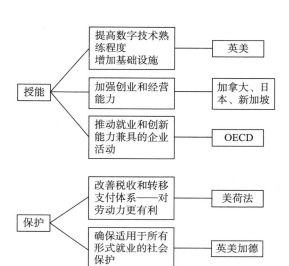

图2 世界各国推动就业、创业的政策思路

在玩电脑，老师就提出来学生分神，没法学好，要求在 9 岁以前，在教室里不能出现电脑、手机这些电子产品。我看到中国的网上对这样做法的评价还挺好，对于爱上网、上瘾无法自控的人来说，这似乎是一个不错的解决办法。但是也有人对这个做法提出了异议：以后的人会把数码技术当作语言来学，是数字动物，如果不让他们一上来就接触，把数字技术变成"母语"，等到 9 岁以后，已经超过小学高年级才开始接触，数字技术对他来说就如同学外语一样，和说母语的人相比，那就成了很大的劣势。那怎么办，就是越早接触越好。但是，怎么样解决这种矛盾，让年轻人能掌握数字技术，却没有网瘾、分神等问题，这确实是一个挑战。

学习的过程中要从问题出发。培训技术时，大学老师要关注现在企业关心什么，当然这就有点变成技术培训的概念了。很多人都在讲大学的目标不应该是这样的，但是有一个问题，我也是逐步转变了思想的。大学需要更多的关注就业、关注企业的需求、关注学生解决问题能力的教育。大学已经不是只培养将来毕业有志于做学术研究的人的机构了，因此需要对劳动力市场有更充分的认识。

图 3 是英国计算机教育论坛（The UK Forum for Computing Education，UKForCE）提出的几个概念，是讲数字技术的掌握程度。

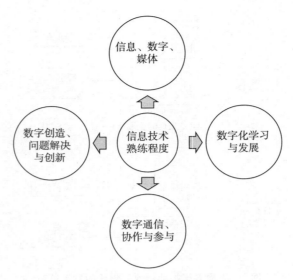

图3　数字技术的掌握程度

　　它把人们对数字技术的把握分成四个阶段：一是"数字麻瓜"，就是没有什么基本的背景知识，工作不需要太多的技术，他对技术也比较抵触；二是"数字公民"，就是对技术很适应，用技术不光是上上网，还要懂得和人交流，能够找到信息，能够进行交易；三是"数字工作者"，会用数字系统，会分析大数据；四是"数字开发者/制造者"（digital maker），会制造App、大数据系统之类。

　　一项值得做的研究是看看中国数字人才和经济的匹配度。这个已经有一些国家做过了，可以上网去查。当然这些研究的核心就是要分析某国的产业结构。比如，英国有300多项行业，需要什么样的技术人才？根据这个预测，比如再下面2~5年，再下面10年，产业升级换代了，又会面临什么样的人才需求？澳大利亚人口那么少，但是行业种类很多（400多个），可能就是做小生意的人特别多。前面说过的澳大利亚的就业报告就分析了，大约有90%的人将来至少是数字公民，他才有可能在某个行业里就业，否则待不下去。所以这时候政府需要做什么呢？2~5年，政府就得大幅度提高这些人的数字技术熟练程度。60%以上的人都得是"数字工作者"，所以我现在就赶快查，我怎么把自己武装成"数字工作者"，否则两个五年之内我就有可能失业。

　　还有一个是如何进行教育的问题。教育要变成问题导向。这个我感受很深，大家学社会政策，其实社会政策的出发点是什么，和其他研究学科的差异是什么，从方法论上讲。

　　发言：有价值观。

　　李秉勤：好多学科都有价值观……从方法论上讲，社会政策是问题导向的。就是说，在其他学科可以从理论到理论，从理论来搞实证，而且做的过程中不一定非要关注实际问题。研究社会政策的时候，必须要有一个问题，即首先要提出一个问题。社会政策的课程上来就要讲，什么样的问题才能构成社会问题，什么叫社会建构，怎么样来解决这个问题，怎么样应对，需要什么样的政策来配合。

　　社会政策其实是以问题为导向的教学的一个很好的例子。但是，社会政策里边对问题的解决还是有弱点，因为不是所有的问题都是可以靠政策解决的，可能反而社会工作的问题解决做得更多、更多元。现在的大学教育希望至少先有问题导向的出发点，要从提出问题、解决问题的兴趣出发，养成发现问题和解决问题的思维习惯，将来就有可能在劳动力市场上培养问题意识，并以解决问题为目的进行创造性活动。即使将来从事学术研究，问题导向的思路也更加有助于人们跨越学科壁垒。本来社会问题就需要多视角、多种方法论共同探讨。学科壁垒阻碍了人们的思维，在以跨界为核心理念的第四次工业革命中本身就为跨学科的合作制造了障碍。

劳动力市场之外的人

　　现在终于谈到前面的同学最关注的问题了。除了那些已经进入劳动力市场的，还有好多人没有工作呢。没有工作的怎么办？咱们还是从功能性的视角来看。查文献，无外乎这几大块：一是创造就业，二是提供技能，三是减少对工作积极性的打击，四是减少进入劳动力市场的障碍。

　　首先，创造就业。怎么样让没有工作的人有工作？一个常见的做法是让工厂都得关注增加就业。外资要进入？那好，必须引进多少就业机会，才允许外资进来，否则的话，光拿很多钱进来开工厂，占用土地和公共服务，又不雇人，也不给地方带来很多税收。抱歉，不能在这里干。前些日子我在给非洲学生讲课的时候，他们很多人提到中国的企业出国了以后把自己的员工都带出去。当然最近这几年似乎有了一些变化，这是前些年的时候。当地人就觉得你们来用我们的资源、用我们的市场，你带来钱了，但是最后又都自己赚走了，我们还是没有工作。因此，他们对这种做法很反感。我记得以前看过一个BBC的纪录片，里面提到韩国就是这么干的，也引起各国包括东南亚和非洲国家的抗议。我觉得中国企业确实应该在这方面有更多的考量。反过来说，我问非洲的学生：中国也引进外资，为什么没有那么多你们说的情况？中国以前搞合资，规定中外合资比例，还要求中层管理人员得是中国人，这其实就是政府的政策。这总是作为经济政策来讨论的，但要我看这其实就是社会政策，因为考虑的不一定是投资者利益的最大化，而是外资所在地的社会利益最大化。可是有意思的是，搞社会政策的人很少去讨论这些话题，反而是经济学讨论得很多。

除了让企业做劳动力友好型企业，还有就是要鼓励创业。一个人创一个业就是一项工作，投入可能还挺小。但是，以创业为导向的经济就要在培训过程中搞问题导向，否则他根本不知道创什么。不仅要教会人怎么使用技术，还得教会他怎么寻找到问题，并用技术来解决问题，通过问题的解决过程来实现创业。所以整个教育体系，就不光是大学，甚至包括中小学都应该这样做：给学生一个任务，要学会解决的思路。

其次，提供技能。对那些没有就业的人，除了大学教育以外，还要有其他什么培训的渠道？前几天中国好像又出了一个政策，要花多少钱在高等教育的投资上。我当时的第一反应就是这些钱全是花在正规大学上了。这有一大问题，真正需要就业的人很多不一定能上到最好的大学。钱越往那儿集中，外面的人得到的支持越少。另一个问题是正式教育和非正式教育的边界变得模糊了。我举一个很励志的例子。前些天我去调查中国身心障碍者就业情况，跑到南方去，在广州那边。这些年轻人都是肢体残障者，他们都在搞设计，在网上接活儿。我问你们是在学校学的这些吗，他们说没有。他们不希望再做按摩了，就是通过微信，由其他的身心障碍者带着，学平面设计，通过微信群自己组织学习，有什么新的学习内容大家一起分享，共同提高。这就是社区型学习。这种社区型学习在国外为在岗人员的技术转化提供了很好的支持，能让老员工快速更新技术。社区型学习变得更活跃，雇主的变化也不能忽视，很多雇主已经不单纯看文凭了。文凭当然很重要，是一个信号，但除此以外，其他的培训，非正式的、正式的，还有个人技能的展现和积累，将来会越来越重要。

美国就有这么一个例子，现在政府开始出资搞以社区为基础的学习。为什么呢？人们认识到市场上需要懂数字技术的人越来越多了，各行各业都需要。但是，如果只去雇用刚毕业的大学生，不一定能解决问题。比如，我原来是搞工程的，有很丰富的工程领域的工作经验，现在企业需要懂工程又懂数字技术的人。新来的毕业生不一定二者兼顾，而我又不可能再去上全职的大学，而且我也不想失去工作。那怎么办？就有一些以社区为基础的培训，把很多有其他领域工作经验的人聚集到一起，大家一块儿学数字技术。组一个群，这些人可能本来都是高级工程师了，自学能力又很强，自学自教。这时候政府出一些钱，支持他们自己学习，等于降低了学习门槛，真正把教育搞成了终生学习，同时也是变相地支持了雇主。总体上看，社区学习的作用体现在以下三个方面。①扩展学习的途径。与社区合作伙伴合作，引入或扩展培训选项并提供资源，以便更多人可以访问技术培训。②转变招聘做法。通过提供工具帮助他们为非传统培训的求职者提供展示他们具备完成工作技能的机会，与雇主合作。③建设包容性的科技社区。支持社区在雇主、培训提供者、求职者和其他的在地组织之间建立关系，扩大教育可及性。

再次，减少对工作积极性的打击。从政府层面来讲，主要就是减少遏制就业积极性的社会政策。遏制就业积极性，税收是重要的一块。就是说，人家好不容易找到工作又收税，把挣来的钱又收走了，干还不如不干。这在社会政策领域早有探讨：贫困陷阱。放到数字经济的背景下，可以对我们刚才提到的零工就业有所启示。零工就业的税收到底该怎么搞？我听好多搞社会政策的人说起来要加强税收征管，听得我心都寒了。以前社会政策领域在没有数字经济的时候就有过类似的讨论。从事非正式经济的这些人收入很高，可是没有纳税，他们还享受着福利，这是福利的欺诈、造假。我当时就跟我的同事辩论这个事。我说，一个人在正规的劳动力市场上找不着工作，通过邻里关系找到了做点儿零活的机会，挣了点钱。政府还把这个当犯罪惩罚，或者恨不能税收给收回去，那可不是让他没法就业了吗。现在有了互联网，零工经济更发达了，灰色经济似乎规模更大了。这么多人都不纳税，似乎确实是一个比以前那种社区做点小工的就业形式的经费更多，有可能更大范围地影响到税收。那么，到底怎么样一方面减少就业障碍，另一方面又不至于鼓励经济的非正式化，也就是大家都不纳税，也都没有通过税收来保障社会权益，这是一个巨大的挑战。新型经济的好处都在这儿摆着，政策制定者要三思，社会政策学者也需要思考。

还有一个问题就是，不管怎么努力帮助人们就业，也不是所有的人都能随时有工作。而且随着科技的发展，机器取代人，整个社会需要的劳动力越来越少了。于是"普享津贴"（Universal Basic Income）的概念就提出来了。所谓的"普享津贴"其实是对现有福利制度的一个批判。福利制度总是我说给你点钱，你又得找工作，你还得送孩子上学，还得减少酗酒，福利的惩罚性和附带条件越来越多。比如，在澳大利亚，政府认为酗酒是一大社会问题，就用有条件的转移支付来管制，比如把银行卡和转移支付结合在一块儿。享受福利的人只要一去买酒，系统就能认出来是领福利救济的人：要么阻止你，不许你买，要么把你的福利砍掉。"普享津贴"就没有这些附带条件，在早年它其实是为了降低管理成本的政策。雇那么多人来给福利对象挨个发放福利，还做什么个案，每一个人有个案就要雇一个行政人员，他的工资大大超过他提供服务的人的实际收入，福利提供的成本越来越高。像里根、撒切尔夫人这些主张自由经济的人都支持，别那么费劲了，直接给人家钱就完了。美国六七十年代还做了一些实验，在几个地方。但是有一个缺点，他们发现有些地方离婚率提高了，可能是因为当时的政策设计成为离婚的动力，由于政治原因，就把普享津贴否决了。

前些天网上都在流传芬兰给了多少钱，觉得实验效果特别好。可是最近芬兰也放弃了，原因是给钱太少，看不出效果来，要再进一步增加支出，政府决定撤退了，所以现在不做了。现在怎么办？加拿大也有一些类似的实验目前还在做。现在有人跑到肯尼亚做这个实验去了。肯尼亚人收入水平偏低，所以拿出来做实验的钱也不是那么多，替代率高，效果应该更好。它定在 1/4～1/2 的月收入，看穷人的工作积极性是否会因此受到影响。有了基本的保障，会不会给他更好的生活和工作，结果好像确实比较积极。首先对孩子上学有一定的好处。但是要 5～10 年才能看清效果，所以现在下结论为时尚早。

最后，减少进入劳动力市场的障碍。时间有限，我集中说说身心障碍者的就业。为什么要说这个？我觉得这可以说是中国目前就业领域很大的一个特点。很多身心障碍者意识到他们在就业市场其实是有优势的。我去看了不少这种企业，虽然他们现在面临的障碍还是很多的，但是你可以看到一些苗头，这些苗头应该值得搞社会政策的人更多关注，不仅对身心障碍者，而且对整个社会都有好处。

规划师设计完城市规划平面图以后，在过去要有很多人制图，制图是个很大的工程，现在有一些企业里已经是残疾人在做了。还有各地的呼叫中心，现在我们打电话过去，对方可能是个盲人。我去看的 1+1 企业，工作者全是盲人，他们的工作做得非常好。这里有几个侧面：①互联网给他们搭建了这个平台，减少了需要直接面对的社会偏见；②科技创新也有可能让他们克服残疾带来的缺陷，和正常人一样工作，或者可以说他们就是正常人了；③互联网给他们带来了自主学习的机会；④新技术的使用有可能会把身心障碍者的"障碍"转化成就业优势。举个简单的例子，身心障碍者调换工作频率低，工作专注。盲人通过特殊设计的软件使用互联网的操作有可能比普通人效率更高。当然，互联网经济没有解决所有的问题。比如，物理的环境还不是特别好，别说上班了，出门都费劲儿。比如现在有些残疾人企业，对他们来说最困难的是什么，他找不着员工宿舍，因为租房子的人都害怕，觉得你们这么多残疾人，万一出点事怎么办？但实际上那些人的独立生活能力非常强。如果我没有亲眼见到，我自己可能都不能相信。所以，互联网经济和科技创新还需要有相关的社会意识和物理条件的支持才有可能发挥更大的作用。

再有，互联网的使用、大数据的使用和互联网科技手段的使用也有可能增加人们自身对贫困的理解。有可能通过技术，人们对贫困的研究和理解变成参与式。学者进到村里，又不了解村里的情况，自以为受过更好的教育就更懂，可是往往评价效果也不那么好。现在有了互联网和一些科技手段，通过参与式贫困评估和规划的概念，让贫困的人拿着 VCR 进到他的房间里，把他房间里的情况大致看一下，他有什么、没什么，每天能干什么、不能干什么，让这些穷人来做自评，在这个自我评价的过程中产生大数据。这里边有学者参与，也有用户直接参与。

结　语

今天我们在很短的时间里把平时需要一整门课讲授的内容很粗浅地介绍了一下。请注意，我们的出发点是功能性的视角，即扶贫的首要渠道是获得收入，而获得收入的核心是就业。所以我们花了很多的精力来理解科技创新与就业的关系。总而言之，科技创新有可能改善就业，也有可能造成失业。社会政策不仅要应对传统经济中的失业问题，也有可能利用新科技带来的机会更好地解决原来的失业问题，还有可能通过鼓励科技创新创业，在就业创业过程中另辟蹊径。同时，科技创新还有可能帮助提高人们参与就业的积极性，帮助就业有障碍的人克服这些障碍，通过这些途径实现减贫。但是，这些就业途径要得到预想的效果，往往也需要有相关的社会政策来支持。教育是其中最为重要的部分，税收和福利制度也起着很大的作用。

希望今天的讲演能够引起大家进一步学习的兴趣。毕竟这个领域还比较新，很多问题并没有一致的看法和答案。希望大家能和我一样抱着好奇、兴奋而又将信将疑的心态来看待科技创新，这样我们才能从中发现问题、解决问题，同时寻找新的机会。

脱贫攻坚与精准扶贫：政策和实践

汪三贵

同学们，下午好。很高兴有机会跟第二届社会政策前沿暑期讲习班的同学交流中国的扶贫问题。大家要是关注时事的话，贫困问题最近可能是你听到最多的，每天打开新闻就会讲到脱贫攻坚的问题。今天我讲的主要就是脱贫攻坚与精准扶贫，我们到底有什么政策，这些政策在全国是怎么实施的，实施中面临的问题是什么，这是今天我们讲的最核心内容。

中国"扶贫"中的贫困定义

讲到贫困，你要扶贫，首先得知道我们对贫困怎么定义。我想，前面的老师肯定讲到测量，贫困测量的时候需要什么贫困定义，我们也知道贫困不是只有一种定义，而是多种定义。中国的贫困跟大多数发展中国家的贫困采用的是一个定义，即绝对贫困，绝对贫困最基本的核心含义就是人的基本需求没有得到满足。你作为一个人，最基本的生存需求没有得到满足，那就处于绝对贫困状况。

绝对贫困是一个世纪以前提出来的，早在1901年的时候，英国学者朗特里研究绝对贫困的时候提出的就是人的基本生理需求没有得到满足，只包括吃、穿、住，就是满足你能生存下去的需求，这样的需求没有得到满足，就认为你处于绝对贫困状态。人的基本生理需求包括多个方面。

首先要吃，要有食物。我们每个人要有基本的营养。按全世界通行的标准，包括世界银行的标准也好，中国的标准也好，一个人一天平均下来，你的热量不能低于2100大卡，当然这是平均水平。如果你低于2100

大卡,我们就说你的营养问题都没有解决。当然除了热量以外,我们也需要蛋白质,一天需要 60 克到 65 克蛋白质,这都是我们最基本的需求。

除了吃以外,我们当然还需要穿衣。因为我们多数人生活在温带地区或者寒带地区,需要穿衣、需要保暖,当然作为社会人,我们需要体面,也需要服装。地区文化差异很大,我们 4 月去凉山的时候,按照我们内地人的标准,这个地区基本的穿衣问题并不算完全解决,但这主要是由于传统文化的影响。你去看了以后,那个衣服首先不破,能够保暖,但当地文化中大人的衣服都不洗,只给上学的孩子洗衣服。这就是传统文化的影响,很难短期内通过扶贫政策来改变。但是不管怎么着,中国的扶贫标准里面"两不愁三保障",解决穿的问题是很重要的方面,所以我们基本的穿要解决。

还有安全的饮水。人体的 70% 是由水构成的,饮水不安全,是导致我们健康问题很重要的原因。发展中国家很多儿童的死亡都与不干净的饮水有关系,像痢疾这类疾病。所以,要解决人的基本需求,保证健康、饮水安全是非常重要的。

除了吃穿以外,还有住房,你要遮风挡雨,再差的房子也需要有一间。我们去非洲看,非洲是热带地区,房子可能没有防寒的功能,但是你需要挡雨,所以再差也会搭一个棚。

上面的这些需求,通常讲都是我们基本的生理需求。当然我们知道,人是社会的人,不仅有生理上的需求,还有社会性的需求。你要正常地生存下去,光有上面讲的这些是不行的,特别是在现代社会。

你如果大字不识一个,你想你在这个社会里能正常生存吗?在城里不用说,你出门都很困难吧,坐一个公交车都很困难吧,你干任何事情都要问别人。现在是信息时代,你一天要花多少时间跟人家沟通,在微信上面、在手机上面,如果你不识字,连基本的交流能力都没有,你在这个社会中是很难正常生存的。我们以往讲,特别是经济学讲教育主要是人力资本投资,你获得了更高的教育、更多的专业教育,你在单位时间里面有更高的生产率,所以你的工资水平会更高,你的收入会更高,这是从经济学的角度讲。从另一个方面讲,基本的教育跟吃穿是一样的,是在这个社会中正常生存必不可少的。另一个需求就是基本医疗。只要是人就会生病,你要保证健康，需要基本的医疗服务。我们发现穷人很大一部分都是因病致贫，基本的健康不能得到保障。

在这些基本需求中，任何一个方面的最低水平没有得到满足，我们就说他处于绝对贫困状况。所以，解决绝对贫困就是要解决人的基本需求，水平不高，至少要达到这个社会所要求的最低标准。

脱贫攻坚的总目标和基本策略

在中国的语境下谈扶贫，主要针对绝对贫困，解决人的基本需求，我们再看中国现阶段的扶贫政策为什么提出"两不愁三保障"。我们现在扶贫是十年一个周期，现在的这个十年是从 2011 年开始的。我们现在脱贫攻坚的目标是 2011 年中国政府在《中国农村扶贫开发纲要（2011－2020 年）》（以下简称《纲要》）里提出来的。《纲要》明确提出我们到 2020 年的目标是：要稳定实现扶贫对象不愁吃、不愁穿，也就是"两不愁"，以及保障义务教育、基本医疗和住房，也就是"三保障"。大家看这"两不愁三保障"是不是完全围绕基本需求展开的，所以我们讲，我们现在扶贫的目标就是解决绝对贫困问题，重点是针对"两不愁三保障"，即吃、穿、住、教育、医疗，当然吃的中间包括饮水问题。这是到 2020 年，我们脱贫攻坚针对贫困家庭、贫困人口要达到的目标。

当然我们国家对贫困地区也有要求，我们的贫困分布区域性还是比较强的，西部地区占了中国贫困人口的 50% 以上，中部贫困人口占比为 36.8%，东部地区占比刚刚超过 10%，达到 11.3%。分布区域性还是很强的，所以我们对贫困地区的发展也有要求。对贫困地区的发展要求就是我们的区域差距不能越来越大，要求贫困地区的发展速度要快于全国平均水平，基本的生活质量要慢慢接近全国平均水平。具体指标就是要求贫困地区的农民人均收入增长要高于全国农村平均水平，所以你的收入增长速度比别人要快，尽管绝对差距还在扩大。北京、上海人均月收入好几万元，增长 1%，跟西部地区才几千元的人均月收入增长 1% 不一样，所以绝对差距在相当长的时间里还会扩大，但是我们讲收入差距都是讲相对差距，只要你的速度快，相对差距就会慢慢缩小，就跟我们在追赶发达国家一样。

另外一个对我们的生活质量影响很大的就是公共服务，尤其是教育和医疗。为什么大家都愿意往大城市跑，大城市有什么好的？雾霾这么重、这么拥挤，但是年轻人还都不想出去，集聚这么多人，其中原因之一就是这些地方公共服务要明显好于全国平均水平，像北京、上海，你看病也好，教育也好，各个方面方便，服务水平高，花同样的钱，你得到的福利会更高，并且政府在这方面的投入也高。所以这些基本公共服务对生活质量的影响是非常大的。公共服务的很大一部分福利差距，除了从人口或家庭方面的测量外，在我国还存在于城市和农村之间、发达地区和贫困地区之间。所以国家要求，贫困地区基本的公共服务指标要接近全国平均水平。

所以说，到2020年扶贫目标分两个层次：一个就是对于贫困家庭和贫困人口，另一个是针对贫困地区。贫困家庭和贫困人口解决的就是"两不愁三保障"问题，贫困地区解决的就是缩小生活质量差距和收入差距问题。这是2011年提出来的。

脱贫攻坚是一个综合性问题。扶贫很难、很复杂，所以我们国家采用的扶贫基本策略是全方位、综合性策略。

第一，我们把精准扶贫、精准脱贫作为基本策略。我们现在基本的策略发生了重大变化，我们强调"精准扶贫"，扶贫要到家庭、到人，不管贫困人口在什么地方，哪怕在北京郊区，也得扶，贫困县当然也要扶。根据2020年实现脱贫攻坚的目标，所有这800多个贫困县全部要摘帽退出，当然要退出都需要经过严格的评估，2017年全国退出了28个县，2018年计划退出125个县，昨天云南的最后一个县刚刚完成评估，当然分析还没有做，只是实地调查完成了。中国人民大学今年具体负责河北11个贫困县退出的第三方评估工作。所有的贫困县退出都需要评估，评估什么？评估就是看贫困人口的"两不愁三保障"是不是达标，收入是不是达标，稳定超过贫困线。我们现在全国的贫困线标准是人均2952元。"两不愁三保障"要一项一项地去看，抽的这些贫困户里面是否全部达标了。如果你没有达标，那么贫困发生率超过一定的标准你就退不出来。我们基本的要求就是到2020年贫困县全部摘帽，所以后面几年的任务非常重，明年、后年，每年起码都要有300多个县退出，因为2016~2017年这两年加起来还不到200个贫困县退出摘帽。

第二，除了精准扶贫以外，要使一个国家的贫困人口减少、一个区域的贫困人口减少，基本的经济社会发展是不可缺少的。从全球来看，这些年来，贫困人口减少最多、最快的地区都是经济发展最快的地方，也就是东亚地区，东亚里面中国的贡献又最大。哪个地方经济和社会发展慢，哪个地方贫困人口减少是很困难的。光靠扶贫是不行的，因为我们知道，生活质量提高、福利水平提高，经济和社会发展起关键性的支撑作用。一方面，经济发展本身能带动收入水平提高，带动生活质量提高。另一方面，即使要针对性地扶贫，没有钱怎么扶？只有通过经济和社会发展，有更多的财政收入，政府才有资源去扶贫，所以我们还是要强调经济和社会的发展。

第三，精准扶贫与片区开发要结合。贫困地区发展中面临一系列重大限制因素，比如高速公路、铁路、大型水利工程、大型环境保护，像这样的项目，靠精准扶贫是不行的，它必须是专门针对这些区域大型的建设项目，这恰恰是政府通过片区开发来解决的问题。但是光靠片区开发也不行，甚至扶贫到县、到村也不行，贫困人口不能平等受益，往往是贫困地区能力强的人、条件好的人受益很多，贫困者受益少，所以现在我们要求是这两个层面要结合起来，从大的方面解决贫困户的发展环境问题，使贫困户发展更加有条件，基础设施好了，道路修通了，整个区域发展更加有条件。但是，仅停留在这上面是扶不了贫的，穷人没有能力利用基础设施，所以政府需要有更多针对农户的措施，结合起来，才会有更好的扶贫效果。

第四，特别强调生态问题、环境问题。习总书记说"绿水青山就是金山银山"，贫困地区的发展要更加强调环境问题。现在中国发展到这个阶段，城市化程度这么高，收入水平提高以后，大家对美好生活的追求更加强烈了，谁不愿意有干净的空气？谁不愿意有优美的环境？现在城里，一到过年过节，高速公路上堵得水泄不通，无论是大城市还是小城市的人，都想往乡下跑，往风景好的地方跑。从基本生活消费方面，现在的情况就是品质越高的农产品市场越好，越是低端农产品越卖不出好的价钱来。所以，对于贫困地区的发展，如果我们还是走一般地区的道路，先污染、后治理，能不能走通？首先从资源条件看，贫困地区资源条件本身就不好，跟一般平原地区去竞争大众农产品，种水稻、种玉米，竞争得过吗？恰恰贫困地区的优势是因为原来落后、偏远，所以污染得比较少，有些地方环境保护得相当好。当然20年前、30年前这些东西都不值钱的，都很穷，肚子都没吃饱，风景好有啥用呢，没有经济意义。现在大家都吃好了，不仅吃好了，还想吃得更好，对生活品质要求更高。这个情况下，贫困地区恰恰要了解我们的这个优势，就是污染得很少，环境特殊性比较多，因为山区某种类型的地貌和植被比较丰富。所以你看现在的乡村旅游，拿贵州来讲，原来贵州是很穷的地方，你看这些年全域旅游发展很快。就是因为现阶段当经济发展到一定程度、城市化到一定程度、人们的生活水平到了一定程度以后，很多原来没有价值的资源现在都变得有价值了，而贫困地区恰恰需要抓住这样的机会。比如同样生产的产品，如果是有机产品，价格要高很多。而有机产品只有在这种原来没有污染的地方生产成本才低，重金属污染的田能种有机产品吗？土壤吸收的重金属可能要几十年才能慢慢消解掉。所以我们现在的扶贫里讲贫困地区重点强调的是特色产品，小众、特色、高品质，这样经济发展才有前途。当然另外一个就是乡村旅游。国家越发达，对旅游的需求越大，这也是现在贫困地区快速发展的一个很重要原因。要发展这些东西，良好的生态环境是最基本的条件。所以贫困地区肯定不能走一般农村的发展道路，强调生态是非常重要的。

第五，我们现在的扶贫策略里还有一个扶贫开发与社会保障并重。长期以来中国的扶贫叫开发式扶贫，开发式扶贫是什么概念呢？就是我们扶贫有两大策略，一个就是以社会保障为基础的扶贫策略，比如城市扶贫政策里的低保，这是发达国家反贫困政策的重要组成部分。反正你没有钱，连吃的问题都没有解决，我就给你发补贴呗，发补贴、发粮食，你只要能吃饱就行了。而中国从80年代开始扶贫以来，我们的扶贫实行另一个策略——开发式扶贫，什么意思呢？你钱少，吃的问题没解决、穿的问题没解决，但是我并不直接给你提供这些东西，我帮你改善生产生活条件，帮你提高能力，让孩子自己能够创收。当然有的可能是短期的，有的是长期的。比如有的是从孩子开始，教育、健康，这也是投资，让孩子长大以后更有能力去创收。短期的就是直接帮助你生产，建立新的生产条件，这个我们叫开发式扶贫，中国的扶贫从开始就是以开发式扶贫为主。这个策略特别符合中国的情况，我们是发展中国家，贫困人口这么多、面这么广，靠社会保障是负担不起的。并且社会保障过多，负面作用很大，负向激励很大。你保障太好了，大家都不想干活，这样的话问题就比较大了。但是总有一部分人没法开发，老弱病残，这些人怎么办？这些人还是要靠基本的社会保障。并且有一部分有开发能力的人，适当地加上社会保障，这两个配合起来，它的效果会更好。

这是我们国家现在扶贫的基本策略。从这些方面看，是哪个部门单独能做的？这些策略基本上涉及经济、社会、环境、文化等方方面面，所以我们的扶贫是一个综合性措施，我们叫"大扶贫"，不是一个部门能做得了的。在我们的责任体系里面，现在叫"五级书记一起抓"。

从"区域扶贫"到"精准扶贫"的发展历程

中国的扶贫很长时间以来是以区域为对象的，以县为单位、以村为单位，这是从 80 年代中期开始的。80 年代中期，从 1986 年开始，我们以县为单位进行扶贫，当时确定了 328 个贫困县；到 90 年代，从 1994 年开始，国家实施八七扶贫攻坚计划，使中国的扶贫更加有计划、有针对性。八七扶贫攻坚计划目标明确，时间很清楚。为什么叫"八七"呢？就是 1993 年底，按当时的贫困标准，中国有 8000 万名贫困人口，从 1994 年到 2000 年，用 7 年时间解决 8000 万名贫困人口的温饱问题。当时没有"三保障"，只是讲吃和穿，解决温饱问题，显然比现在标准低。八七扶贫攻坚计划实施的时候，经过重新调整，我们的贫困县从 328 个增加到 592 个。

从 1986 年开始到 2000 年，已经差不多扶了 15 年。扶这些贫困县，很多贫困县确实受益很大，但是非贫困县怎么办？两个县挨着的，一个是贫困县，一个是非贫困县，贫困县会得到很多扶持，而非贫困县什么都没有。我们刚才讲到贫困县的数量是一直在增加的，就是我们发展了好几十年，贫困人口按照同样的标准衡量大规模减少，但是贫困县越扶越多，谁都想当贫困县。2011 年的时候，湖南有一个县变成贫困县了，当地政府特别高兴，打出 LED 宣传标语"热烈祝贺×××成功纳入国家集中连片特困地区，成为新时期国家扶贫攻坚的主战场"，这确实是当地干部内心真实

反贫困

的反应，确实挺高兴的，但是这个东西只能暗自高兴，在大庭广众之下这么祝贺就不合适了，所以网上炒得很厉害。可以看出，各个地区的县都想成为贫困县，因为尽管贫困县这个帽子不好听，但是戴着很舒服，利益很多。所以从80年代以来，贫困县的数量只有增加的，没有减少的，谁都不愿意退出。

到2001年的时候，这个矛盾就比较突出了，因为你也不可能无限增加县，所以当时中央一个重大的政策改变就是既扶县又扶村。当时592个贫困县这个数量没有变，但是做了结构性调整，东部地区的贫困县全部没有了，都调到中西部去了，但是贫困村覆盖面更广。上个十年确定的是15万个贫困村，当然大部分在贫困县，但是也有相当部分在非贫困县，这是不是说我们的扶持对象就从贫困县扩展到非贫困县了？但是非贫困县我并不全部扶，只是在非贫困县选一部分特别穷的村来扶持。

一直到上个十年，就是2001年之后的十年，我们的扶贫对象是县和村两级；到了这个十年，2011年新的纲要出台以后，我们的扶贫对象变成三级，中间是县，下面是村，我们现在有12.8万个贫困村，这次脱贫攻坚也全部要退出。但是县的上面我们又加了一层——片区，14个片区。片区很多都是跨省的，离我们（北京）最近的就是燕山—太行山片区，涉及河北、山西、内蒙古。全国有14个片区，所以我们又确定了680个片区县，680个片区县加上592个国家扶贫工作重点县，这两个名单里面中间有440个是重合的，就是既是原来的贫困县又是片区县，这两个加起来叫贫困县的话，就是832个。

这么多年来，从80年代中期开始，我们的扶贫都是以大大小小的区域为对象的，大到片区，中间是县，小到村，没有针对贫困人口。当然中间也提要扶贫到户，但是扶贫到户是非常难的一件事情，没有强有力的政策要求是很难做到的，光把贫困户找出来都很困难。所以长期以来，我们的扶贫开发都是针对大小区域来做，到2013年底，才开始把扶贫策略从区域扶贫转向精准扶贫，扶贫方式出现了重大调整，现阶段精准扶贫是我们的主要扶贫策略。

2015年，中央召开了十八届五中全会，随后召开了一个高级别的扶贫工作会议——中央扶贫开发工作会议，会上提出了要打赢脱贫攻坚战，对

2011 年《纲要》里提出的目标又做了进一步细化，这次中央下了决心，到 2020 年，所有贫困县都要摘帽退出。这里提出的目标是到 2020 年确保我国现行标准下贫困人口实现脱贫。所有的贫困人口，没有解决"两不愁三保障"问题的，到 2020 年都要解决，收入需要超过贫困线。前面的老师讲贫困测量的时候，很重要的一条就是贫困线，贫困人口的收入水平要超过贫困线，"两不愁三保障"这五个方面全部解决，就是到 2020 年确保我们现在的农村贫困人口达到这样的标准。这标志着我们的扶贫策略进入了"精准扶贫"阶段。

为什么从"区域扶贫"转向"精准扶贫"

中国的扶贫很重要的一个特点就是我们是以区域开发为主的，大大小小的区域开发，应该讲，这样的方式还是有效的。我们这几十年，以县为单位、以村为单位，最近又以片区、县和村三个层次来开发。大量的研究表明，我们以区域为对象的扶贫开发作用还是非常明显的，它最大的作用是什么呢？最大的作用就是大大促进了贫困地区的发展，贫困地区平均水平的增长幅度要比非贫困地区、一般地区快，所以贫困地区和一般地区的差距从八九十年代起就在缩小。像我们一样，80 年代末就开始跑贫困地区，我们去贵州威宁县，到了贵阳以后还得跑两天，现在从北京去都不需要一整天，大半天就到了。全县没有一条硬化道路，我们从六盘水去，90 公里的路程，需要跑 5 个小时，那是啥概念？你现在去看，贵州现在是西部地区第一个县县通高速的省，每个县都通高速。到每个村去，都有硬化道路，这是基本要求，贫困村必须要通硬化道路。正因为这样，贵州现在有能力发展全域旅游，没有这样的基础条件，没有这样的交通，怎么搞旅游？你去看贵州的基础设施，简直变化太大，确实比一般的地区变化要大得多。

除了基础设施，收入增长也确确实实可以看到。我们讲，中国的扶贫从 1994 年八七扶贫攻坚计划开始就更加有计划。八七扶贫攻坚计划实施以后，我们做了一些分析，根据国家统计局的数据，当时是 592 个贫困县，这是我们主要的扶持对象，592 个贫困县在主要的经济指标方面增长速度比全国其他的县都要快，农民人均收入增速大概要快 0.5 个百分点。粮食产量的增长就更快了，因为那时候要解决温饱问题，粮食产量全国年均增长只有 0.63％，而 592 个贫困县年均粮食增长 1.9％，是它的 3 倍。所以我们讲，中央扶持的主要对象在这些方面都表现得很好。

上个十年的时候，我们的扶贫对象既有县又有村，592 个贫困县，15 万个贫困村。我们也根据国家统计局的统计做了一个评估，发现贫困村的收入增长速度快于贫困县，贫困县的收入增长速度快于全国农村平均水平。所以基本上可以看到，国家把谁作为重点，谁的增长就会更快。在公共服务基础设施方面的变化也是这样的。所以，这些年来，确实我们扶贫的钱并没有白投。

当然，更加实证的研究我们也做了。世界银行当时对西南四省以贫困县和非贫困县为对照做了计量模型，从收入和消费来讲，发现贫困县的收入和消费增长要高于这四个省的非贫困县的平均水平，扶贫投资回报率为 15％。

我曾经跟香港科技大学的 Albert Park 教授一起，用全国 2000 多个县，对从 80 年代到 1995 年的数据进行分析。因为全国 2000 多个县有贫困县，也有非贫困县，所以我们的比较控制在同一个地区以内，比较分析贫困县和非贫困县的情况。我们的指标是全县农民人均收入，结果发现，贫困县的收入增长要显著高于同一个地区的非贫困县。我们计算的投资回报率是 10％～15％。这篇文章方法上控制还是很严的。通过严格的计量控制以后，结论还是一样的，跟边上的非贫困县比，控制了其他所有条件以后，贫困县的收入增长要更高。所以我们讲，中国这么多年以区域为对象的扶贫开发真的还是有效的。

既然以区域为对象的扶贫开发这么有效，干吗不继续这么做呢？干吗要费这么大力气扶到户、搞精准扶贫呢？原因有以下几个方面。首先，宏观经济环境变了，我们以往以区域为对象进行扶贫开发，能够惠及贫困人口。我们前 30 多年经济增长速度快，平均为 10％，现在我们已经进入经济新常态好几年了，经济新常态一个很重要的标志就是 GDP 增长速度下降，现在是百分之六点多，目标是 6.5％。但是要是从更长的时间看呢，放眼未来 20 年呢？中国作为全球第二大经济体，再增长 1％ 的体量都不得了，不可能还维持那么高，所以现在我们经济增长速度下降。我们原来经济增长快，拉着所有人都跑，现在速度下降了，当然拉着跑的速度就慢了。

其次，还有一个特别重要的因素，我们的收入分配越来越不平等。改革开放以后，确实中国经济飞速发展。应该讲，人类历史上这么大的经济体、这么长时间的高速增长绝无仅有，这对中国的减贫起了根本性作用，但是一个被广为诟病的问题就是收入分配越来越不平等。80年代初期，1981年，农村的基尼系数是0.21。基尼系数是研究贫困、研究不平等基本的概念，基尼系数的范围在0～1，0代表所有人分到一样的收入，1就是把收入分给一个人，所以基尼系数越大越不平等。1981年的时候，我国农村的基尼系数0.21，是不是特别靠近0？你要知道，全球现有的经济体里面没有任何一个国家或者一个经济体的基尼系数能低于0.2。全世界现在收入分配比较平等的国家和地区，如北欧、日本、韩国、中国台湾地区，通常都在0.3左右，所以你就想，当时农村的收入分配是高度平等的。你们也知道，当时的公社体制就是平均分配的。

收入分配平等对减贫非常有利，在收入分配很平等的情况下，减贫最有效的方法就是经济增长，把蛋糕做大。每增加一块钱，穷人得到的也相应多，因为分配很平均。所以中国早期的发展，经济增长具有很大的减贫效应，其中一个很重要的原因就是我们的收入分配是建立在平等的基础上的，每创造一块钱的社会财富，所有人都能比较平等地享用。

几十年以后，我们的各种社会政策、经济政策导致的结果有可能是收入分配越来越不平等，现在我们国家的基尼系数，国家统计局估计的是0.46、0.47，有的学者估计超过0.5，就连农村地区也达到零点四几。意思就是说，每增加一块钱的国民财富，穷人分得的额度变少了，况且经济增长速度又下来了。增长速度下降差不多一小半，每增加一块钱，穷人又分得很少，所以再靠经济增长去减贫，在这种情况下，这种拉动的作用、减贫的效应就大打折扣。当经济增长不能有效促进贫困人口受益脱贫的时候，我们是不是应该制定很多针对穷人的政策，有针对性地帮他们，我们的扶贫开发就是这个目的，用专项的扶贫政策去帮助他们。当然2014年以前，我们都是针对贫困地区的，对大大小小的区域进行扶持，让这些地区发展更快，区域差距缩小。但是一个很重要的问题是，通过以往这种方式，贫困地区内部的贫困人口并没有平等受益。当然，我们知道，因为你的政策就是帮助贫困地区，而大部分不是直接作用于贫困户。

在精准扶贫之前，当时我们在西南山区六个县（贵州两个、四川两个、云南两个）做了一次1000多户的入户调查。我们通过这次调查发现，大概2013年，正好是精准扶贫实施之前，所有扶贫项目对农户的覆盖率是30%。覆盖率是什么意思？就是只要你沾点边就算覆盖了，比如修条路，你参与一下都算。能够直接从项目中获益的贫困户只有15%，比如你修路，拿点工资，给你发几棵树苗，发点牲畜，这些都算。也就是说，当时的扶贫项目能够直接给贫困户带来好处的，其实只有15%。确实，当时修路、建学校和卫生室等基础设施这些类型的项目多，所以它是很少到户的。

另外，大家可能会问，在贫困地区改善基础条件，比如修路也好，饮水也好，灌溉也好，这些改善以后，贫困户不能受益吗？这个我们还真做了很实证的研究，我们研究村级扶贫。对村级扶贫我们国家有很重要的项目，叫整村推进，就是说通过综合的方式，在这个贫困村，在两年到三年里投一大笔钱，少的可能几十万元、上百万元，多的上千万元。投什么根据你的实际需要，是综合性的投入。投进去的目的在于帮助你这个村发展。

我们对这个整村推进项目做了一个评估，就是利用国家统计局的数据，并且跟国家统计局合作调查了3000多个村。整村推进给我们提供了一个非常好的自然实验，因为15万个贫困村，国家没有能力同时推进，它是一次识别，分批推进，这是不是给我们做研究的提供了一个非常好的机会？因为我不需要跟非贫困村比较，我用来做比较的控制组是贫困村，是没有做整村推进的贫困村。因为分批的方式是一部分贫困村干预了，一部分没有干预，所以我们就利用这样的方式做了研究，看整村推进的影响。

研究结果发现，做了整村推进以后，对贫困村影响非常大，而且这个影响是多方面的，我们从收入、消费上都能看到。这是世界银行支持的一个项目，跟国家统计局合作，所以我们能获得住户数据。当然，国家统计局仅提供基础数据，原始数据并不给我们，但我们可以用，我们关起门来独立完成编程计算。在华盛顿算了一次，在北京郊区一个庙里算了一个星期，在悉尼大学算了一个星期。因为我们可以用住户数据，就可以把农户分组，把农户分成贫困户和非贫困户，再来看整村推进对贫困户和非贫困户的影响。研究结果表明，被整村推进项目覆盖的贫困村，非贫困户的收入和消费的增长要比还没有被项目覆盖的贫困村的非贫困户高9%，这是做了系统控制以后的年增长率，这个9%的差距非常厉害了；但是再比较两类贫困村的贫困户的情况，却发现没有显著区别。这篇文章我们发表在 *Journal of Public Economics* 上。所以我们可以看出，现在基本的结论很清楚，我们以村也好，以县也好进行扶贫，确实把平均水平拉上去了，但是非贫困人口受益特别大，真正的穷人却是"被平均"的。原因是什么？如果你仔细考虑一下，或者多下去跑跑，很快就能明白。除了前面讲很少到户以外，我们大量的投资针对基础设施、公共服务，这样的方式对真正的贫困户是不够的。贫困户、穷人之所以穷，原因不是某一个因素限制，而是综合性因素限制。基础条件不好，比如没有路，这是一个因素，但是光修通路是没有用的。路修通了以后，对能力强的、经济条件好的，帮助很大。比如我是这个村里有钱的，我买一台车，路修好以后我跑运输。你想，跑运输的效率肯定比种地的效率要高很多，穷人买得起车吗？他能买得起车就不是穷人了，所以这个机会他用不了。即使我不买车、不搞运输，村里的大户、专业户生产的产品多，需要卖的就多，需要买进来的也多，生产资料也好，消费品也好，我有钱，需要买。所以，当路修通了以后，大幅降低了我的运输成本。我们当时到一些地方去，就光建房子的材料，修路以后能把运输成本降低2/3。所以道路修通以后，立竿见影，马上就能大大促进建房农户的福利水平的提高。而真正的贫困户是没有什么东西可卖的，种出来的东西只够自己吃，有的甚至自己吃都不够，也没有钱买，房子建不起，他怎么受益？当然我们也不能说完全没有受益，走在上面总是干净点，走个亲戚好点，仅此而已，经济上很难受益。所以，贫困户之所以穷，是多种原因导致的。

以前也有少量的项目是可以到户的，但是我们发现，这些项目也同样是"系统排除穷人"。比如在西北、西南一些地方，有一些项目是可以到户的，比如在田头修的小型水窖，饮水也好，灌溉也好。我们调研以后发现，这些也全部是修给富人的，不是修给穷人的，为什么？因为我们的扶贫项目都是"项目指标式"的，比如这个村里给你20个指标，你给我把20个水窖修好了，就完成任务了。你要知道，国家钱不多，修水窖不是所有的钱都由国家出，国家能给你补贴一半的钱就不错了，给几包水泥，另外一半的成本是需要农户自己承担的，修个水窖少则3000块、多则5000块，对非贫困户没有问题，贫困户拿不出来，你又没有严格要求，不像现在，所以最终的结果都是村里有能力的人修了。

产业扶贫也是一样。举个例子，2016年去贵州桐梓，我们去一个村，做什么呢？乡村旅游。乡村旅游这些年来发展得非常好，这应该是特别具有扶贫效果的一个有效的产业。它主要的客源除了遵义本地人就是重庆人，因为桐梓县离重庆很近，重庆夏天是火炉，而它周边的县、贵州的一些县，夏天就成了重庆人主要的旅游目的地。海拔应该是800～1400米，夏天特别凉快，更何况这个地方山清水秀。现在基础设施条件改善，县县通高速，开着车两个多小时就到了。到夏天，有些村庄里面你不提前订根本没有地方住。多少钱呢？我们大前年（2015年）去的时候，管吃管住，一个月2000块钱，说不定比住在自己家里生活费还低，还不用开空调。那些有假期的人，比如教师，带着孩子去住，经常一住就是一个月。旺季的时候，这一家搞乡村旅游的就能挣好几万块。我们去村里看了，确实这几年发展非常快，都挣钱了。

我们去了以后问，这几年村里是否有农户没有参加？他们说还是有的，带我们去看了两户。一去看，房子最破，村里搞乡村旅游，第一要改造的就是房子。你要知道，越穷的农户家里房子越破，改造成本越高。改造房子是有补贴的，当时有专项资金，以人口为单位，一个人大概补贴7000块钱，要是4个人，就补贴28000块。本身家里如果条件很好的，政府不给补贴他都愿意干，还给他补贴钱，很快就把房子盖好了。可是对于贫困户，给两万块钱、三万块钱都不行，都不够改造他们原来的破房子、土房子。大家可能会说，补贴不够，可以借钱啊。首先，向谁借？能不能借到钱？还有一个，他敢不敢借？你要知道，这些贫困户好多一辈子都没去过县城，你说乡村旅游，这是啥玩意儿？能赚钱吗？那些走南闯北的人，可能一说他就知道怎么回事，很快他就做了。那些从来没有出过门的人，你说这玩意儿，自己没有钱，借5万块钱，你给我把房子改造了以后，不挣钱怎么办？穷人是从各个方面，包括观念、见识、能力和资金，都是这种状况，你让他靠自然的过程，他是参与不了的，所以最终结果就是，像这样的贫困户就没有参与，没有参与当然政策也享受不了。过了两年以后发现，所有参加的人都赚了钱，没有一个亏的，他再想参加，不仅没有政策，还开始限制了。政策是今年给你的明年就不能再给你了，你这个村今年享受政策，明年就没有这个政策了。并且大家都搞的时候，最后发现旺季的时候水供不上了，电也有问题了。所以你看，穷人是怎么一步步落下去的，越来越穷，差距越来越大。

再说移民搬迁，在"十三五"规划之前移民搬迁一个主要的问题就是搬富不搬穷，越穷越搬不出去，因为搬迁成本很高。前几年，在全国 5 个省份调查移民搬迁，我们评估了一下，平均搬迁成本 20 万块，政府也下了很大的力气。征地搬迁的地方你要给他修路，建设公共设施，房子还要补贴，大概政府的资金占总成本的一半，10 万块左右。但是搬迁户自己也要出一半的成本，穷人能拿得出约 10 万块钱搬迁吗？所以前几年有些新闻反映，山头上原来有 5 户、6 户，条件好的几户搬走了，还剩两户最穷的在上面，那就更穷了，原来还有几户好户，万一有问题的时候借点钱还容易一点，现在剩两户最穷的在上面，所以我们现在要求搬迁要整村搬。

金融扶贫也是如此，越穷越贷不了钱。银行典型的嫌贫爱富，越有钱越想给你，天天追着你；你没有钱，见到你躲得远远的。

所有这样的问题导致我们的扶贫继续按照传统的以区域为对象去做，在促进区域发展、缩小区域差距方面是有效的；但是，要达到使贫困人口都脱贫，现在讲得绝对一点叫"一个都不能少"，那是根本不可能的。进一步地，这种以区域为对象的扶贫，还带来一个相对负面的效果，那就是村里能力强的人发展得很快，越是能力不足的贫困户越没办法从中受益，因此贫困村内部差距拉得越来越大了。这就是我们以往扶贫中出现的很大的问题。所以在这样的背景下，我们需要进行重大的政策调整，转向精准扶贫。

"精准扶贫"的具体含义

精准扶贫是习总书记 2013 年 11 月在湖南湘西花垣县考察的时候首次提出来的。当时讲扶贫要实事求是，要因地制宜，要精准扶贫，切忌喊口号，也不要定好高骛远的目标。这是第一次明确提出精准扶贫。当然，扶贫到户 90 年代就提，但是只是口号，很难做。而国家最高领导人第一次明确提出精准扶贫以后，我们的扶贫策略开始发生重大转变。

习总书记提出精准扶贫以后，紧接着，2013 年 12 月，中央办公厅、国务院办公厅发布了 25 号文，题目就叫《关于创新机制扎实推进农村扶贫开发工作的意见》，这个文件的核心就是我们的扶贫工作要创新机制，不能还是按以前的道路去走，否则达不到目标。这里提了六个工作机制，精准扶贫就是其中之一。而精准扶贫主要的含义就是我们的扶贫针对性要更强，不能停留在区域层面，哪怕到村也不行，还得继续往下沉，要到户、要到人。

当然大家可能觉得，不就是扶持对象再往下沉一级吗？你要知道，扶贫对象往下沉一级，工作难度增加 10 倍都不止，因为它就不是一个数量级的问题。扶贫到县，才 832 个贫困县，毕竟县有完整的组织系统，有相对比较完整的统计资料，你可以去识别。扶贫到村，也才十几万个村，上个十年 15 万个，现在 12.8 万个。以村为单位，识别也相对容易。到户就是上千万级的，2014 年我们第一次建档立卡，识别户，识别了 3000 万户 9000 多万人，是几千万的级别。你要把他找出来，一户一户地去帮，难度是非常大的。

要做好精准扶贫，到底要做哪些工作？核心在什么地方？中央 25 号文 2013 年底出台以后，国务院扶贫办 2014 年根据中办、国办 25 号文的精神，制定了《建立精准扶贫工作机制的实施方案》，在这个方案里提出的目标任务，首先是通过对贫困户、贫困村的精准识别，解决"我要扶持谁"的问题——谁是贫困户、谁是贫困人口，这是第一个要解决的问题。识别出来以后，你还得找原因，这一户为什么贫困？哪些致贫因素短期可以解决，哪些可以长期解决，哪些是解决不了的？针对不同的类型，然后因人因户施策。每一家情况都不一样，你怎么帮才能有效果、才可持续，这就是精准帮扶。并且这个过程是动态的，情况年年都在变，比如有的通过帮扶以后脱贫了，而有的原来不穷的突然遇到天灾人祸，变成贫困户了，还有的脱贫以后又返贫的，这些都在不断变化，这就要求精准管理。精准管理以后，是不是达到真正脱贫？是不是解决了他的"两不愁三保障"？贫困县是不是能退出、能脱贫？中央讲我们要坚决杜绝数字脱贫、杜绝虚假脱贫。因此对扶贫的效果要进行严格评估，也就是精准考核。所以，要做好精准扶贫，这样几项工作必须要做好。

2015 年 6 月，习总书记在贵州考察期间召开了部分省区市主要领导座谈会，在这个座谈会上，提出了"六个精准"，就是你要做好精准扶贫，就要做到"六个精准"，"六个精准"做好了，精准扶贫才能落地。

第一个，扶持对象精准。这是基础性工作，你要把人找出来，把贫困人口找出来，把贫困家庭找出来，做到扶持对象精准，这个确实挑战非常大，一直在调整，一直在改进，现在应当说在相当程度上已经比较精准，因为它要是不精准，根本就退不出去。通过好几次回头看，做这样的工作，光识别就动员了好几百万人。

识别出来，扶持对象精准以后，第二个，项目安排精准。识别出来以后你得分析原因，你怎么帮？是让他发展产业还是安排他出去就业，还是把他搬了算了？是通过社会保障、通过教育，还是通过医疗？每一户情况不一样，并且通常都需要采用综合性措施而不是单项措施，现在贫困户单项措施是不行的，所以你要根据贫困户的实际需要去安排项目。

有项目，紧接着的问题就是资金，就是要有钱，所以第三个要求叫资金使用精准。以往这个挑战也是很大的，因为我们的资金管理方式跟精准扶贫是严重脱节的。中国的项目资金都是跟着项目走，而项目是上级定了给你，你去申请，所以就有了"跑项目"之说。各地方在北京建立各种办事处，很重要的就是"进京跑部"跑项目。这种跑的项目，从开始就有严格规定，你用在哪个方面，甚至标准都有规定。比如道路修建一公里的标准是多少钱，补贴多少钱，这些都有规定。这些规定之所以上面搞得这么死，原因可能就是担心下面乱花钱，不放心，我规定死了以后，今后评估审计的时候就按这个标准去看你是不是按照我的标准做了。以往以区域为对象开发的时候，项目种类相对比较少，并且很多都是基础设施类型的或公共服务项目，比如修路、建学校，上面管得严一点还有道理。但即使是这样，地方上早就有反映，因为全国这么大，差异太多，你今年就定这几个项目，有的地方不需要这些项目。2016 年《焦点访谈》报道了一个问题，就是云南一个村搞扶贫，村里有一条小河，他们最需要的是整治河道，不然发大水以后对他们的影响很大，但是上面拨下来的就没有整治河道的钱，修路可以，路修得再好一点当然也可以，但问题是他们最迫切的需求是整治河道，不是修路。但是按以往的管理方式，你是不能把修路的钱拿去整治河道的，你要这样做了，审计来了以后，你的麻烦就大了。当时这样一种类型的项目已经出现很多问题，很多地方反应很大，说打酱油的钱不能买醋，尽管酱油瓶子实际满满的，醋瓶子是空的。精准扶贫到一家一户以后，如果还是这样管理，你想想看，几千万户，每个户情况都不一样，你还是按这种方式去管理，显然根本不行。所以，自实施精准扶贫以来，中央在资金管理方式方面做了重大的改革。

为了资金使用精准，首先，部门的各种资金在下放到县级以后进行整合。尽管我们有专项扶贫资金，但是毕竟额度少，现在也就 1000 亿块，远远不够解决问题。因为扶贫涉及方方面面，每个部门都有钱与扶贫有关，所以中央决定从 2016 年开始在 1/3 的贫困县试点，2017 年开始全面推开，所有资金，20 多项，到了县级以后全部整合在一起，不管它是什么资金、从哪儿来的，到了县整合以后就是整合的扶贫资金，就没有交通的资金只能用在交通、水利的资金只能用在水利这样的说法，而是根据县里的需要去统一使用。其次，把审批和使用权交给县级政府。县级政府根据实际需要去用，用在解决"两不愁三保障"的问题、解决创收的问题，这样才能保证资金使用精准。所以这些年来在资金管理上也是不断改革。即使这样，我们去地方上调研，各个地方反映，上面还是有各种隐性的干预。云南这次下了决心，干脆省级整合，在省里就把它打捆在一起了，然后分派下去，部门到县里就没法干预了，因为你不知道这个钱有多少是你的。现在县级整合你是知道的，比如交通部门的农村公路项目，我今年给你多少钱，尽管你是整到一起去的，但是我知道我给了你多少钱，我可能就干预了。这种省级整合只是从云南开始，目前其他地区还没有。

第四个，措施到户精准。对象有了，项目有了，资金也有了，不就行了吗？然而，扶贫难就难在有对象、有项目、有资金，还不一定能扶出效果来，这是相当难的事情。两个月前我去宁夏，固原市西吉县的书记、县长全部被免职了，为什么？就因为资金使用的问题，产业扶贫，花了上千万块，大量买鸡，让每个贫困户都养鸡，不管什么情况。花了上千万块，鸡发下去以后，过了一年以后，毛都没有了，要么死了，要么给吃了。县里也觉得委屈，钱也有，花了近 2000 万块。你没有项目，项目都给你找好了，就养鸡，养珍珠鸡。怕你不养，钱也不给你，把鸡买好了以后直接送到你家里去。关键问题是一年下来，绝大部分农户家鸡毛都没有一根了，好的可能就吃掉了，还有一部分死掉了。有效果吗？没效果，不可持续。所以讲措施到户精准，你有项目、有钱，有些比较简单，比如教育扶贫，无非就是免学费，给你补了学费以后你就不用交钱了，但是有些方面是比较难的，像产业扶贫，到底怎么到户能够可持续、能有效果。措施到户精准是指这个意思，到底怎么到户，不是简单地去分钱分物。

第五个，因村派人精准。我们知道贫困地区、贫困村的状况，因为穷，所以有能力的人都跑了，年轻人都出去打工了，有的过年过节都不回去，村里以老弱病残为主。村里的干部也是，有能力的人也不愿意当，有钱的村抢着当，穷的村谁都不愿意当，有的贫困村都是年纪特别大的村民当书记、主任。这种情况下，让他们去搞这么复杂的精准扶贫，有点困难。这次中央在组织上面也是下了大功夫，全国 12.8 万个贫困村，每个贫困村都要派扶贫工作队，派第一书记，现在有些比较差的非贫困村也派。全国派出去多少人？到目前为止 300 多万人，因为轮着嘛。现在驻村的有70 多万人。所以，扶贫动员的人力、物力、财力都非常多。但是，派出去干什么？能不能帮助人家？我们去调查，效果参差不齐，有的形式多于内容，有的还真是发挥了很大作用。因为派的各个部门的人都有，很多以前不是做农村工作的，也从来没搞过扶贫，派下去，也是挑战。虽然中央的意图里面，这次通过扶贫也是要锻炼一部分干部，真正到农村里面，学会跟农村怎么打交道、跟贫困户怎么打交道，要真的能找出办法来，工作能力会大幅度提升，但这是挺难的一件事情。

第六个，脱贫成效精准。前面动用这么多人力、物力、财力，最终的目标是脱贫要有成效，能够达到稳定脱贫的目标。

按照习总书记的要求，你要把这些做到位了，精准扶贫才能真正落地，才能做好。在我们的责任分工里面现在也很明确，精准扶贫主要责任主体是县级政府。脱贫攻坚的责任体系叫中央统筹、省负总责、县或县级市负责落实，即中央制定政策，动员资源，省里具体负责组织，县里去落实。为了让县特别是贫困县把主要工作放在脱贫攻坚上，动用了中华人民共和国成立以来最强的组织保障措施。2015年在中央扶贫开发工作会议上，提出打赢扶贫攻坚战的时候，中央跟22个省份签了军令状：所有832个贫困县的书记、县长在完成脱贫攻坚之前是不能调动的！全国只有2000多个县级单位，832个贫困县的书记、县长是不能调动的。前年有几个县调动了，全部退回去了。职务可以提拔，现在好多书记在市里可以兼副市长、人大常委会副主任、政协副主席等，但是工作岗位还在县里面。可以看出，中央决心很大，也在层层压实责任。脱贫攻坚确实开不得玩笑，地方上压力非常大。

如何"精准识别"？

精准扶贫第一步就是要识别，怎么把几千万的贫困户识别出来，这是一个相当大的挑战。但是从政策上讲，就应该是收入低于贫困线，同时"两不愁三保障"中间有任何没有解决，这是需要找出来的。但找到这些人比较麻烦的就是基础性的信息严重缺失，首先我们没有每一户的收入信息，并且收入的估计是非常专业的事情，靠村里面去统计的收入基本上是不可靠的。这样的情况下，实践中识别贫困户面临很大的技术难题。国家统计局每年对我们还有多少贫困人口有一个估计，比如现在还有3046万人，每年都有数字，国家统计局的估计是基于抽样调查，全国农村9万户，消费支出是第一指标，收入是第二指标，消费支出低于贫困线的家庭有多少，这个比例占多少，用样本再估算总体，9万户里的比例比如3%，我就认为这个3%是全国贫困发生率，用3%乘以全国农村人口，就估算出全国还有多少农村贫困人口。问题是，9万户，一年花好几个亿才能把收入信息收集起来，在全国几百个县建了调查队，一个县专职的人员少则3个，多则5个，就调查100户，这是主要工作。中国的统计方式是记账调查，每发生一笔就记一笔，组织成本很高，这种方法不可能应用到所有农户上。

所以精准扶贫以后，我们采用的方法是总量指标控制。首先分指标，国家估计一个数字，并且我们的统计可以准确估计到省份，每个省份每年还有多少贫困人口，这都是很清楚的。但光到省份还不行，还得继续往下到县，县还不行，还得到乡、到村，越往下分越没有数据基础，越要靠拍脑袋，要靠经验判断。所以，指标的分配过程中就开始出现问题了，就会出现有些村指标分少了，很穷的也识别不了；有些村指标分得多，不穷的也识别进来。当时河北省的识别就出现了一些问题。河北省最初贫困村和贫困户是一起识别的，并且有个条件，你要是贫困村，贫困人口必须在60%以上。结果把所有贫困人口都要分到贫困村去才能满足60%以上的指标，非贫困村就没有贫困人口了。开始识别的时候，两个村，一个是贫困村，隔壁是非贫困村，你去看，没有本质区别，一个贫困村60%以上的贫困人口，一个村一个贫困人口都没有，这能搞精准扶贫？后来发现这样不行，出了大问题，进行改进，回头看，一个一个地回头看，像河北，2017年还在回头看，重新识别，根据实际情况，也不搞严格的指标控制了。

当然，指标分到村以后，村里怎么把户给识别出来？这也是挑战。没有诸如家庭收入这些基础数据，所以主要的方法叫民主评议。因为农村都是乡土社会、熟人社会，村里谁的家庭情况好一点、谁差一点，至少大概有个判断。但是这个判断就是综合很多因素了，不只是以经济标准来判断。各个地方创新，反正中央也没有统一要求，于是八仙过海、各显神通。

各个地方采用的办法也不完全一样，有的量化，有些地方说你不是"两不愁三保障"吗，那就根据每一方面的情况打分。比如房子，如果你没有房子或者房子属于D级危房，给你100分，如果你的房子一点都没有问题就0分，房子越破分数越高，从多个方面看了以后，谁的分数越高谁就越穷，这是一种方法。但是多数地方都是采用民主评议的方法，就是村民小组推荐，推荐以后，村民代表大会讨论，讨论以后拿出名单来公示，如果有意见你提出来，我们再讨论，起码反复三次，然后报上去，通过这样一个过程来做。

这样有两个方面的问题，现在国家统计局完全以经济指标来识别贫困人口，分到下面以后，因为下面没有办法完全按经济指标，它是多维的综合性指标，所以这两个识别出来肯定不会完全重合，因为标准不一样。我们当时也做了一个评估，觉得能够重合的大概一半，现在可能会好一点了，刚刚开始的时候有一半是不重合的，这带来的问题是什么呢？对地方上来讲，你光扶持你识别出的人也是不行的，国家统计局提供的是法定数据，抽样以后你必须要全部解决。建档立卡的这些人也要全部脱贫，这个不脱贫，评估是通不过的。所以地方上面临的是实际上需要扶助的群体更大，现在这个问题的解决主要是通过脱贫不脱政策的方式，就是始终维持一个比较大的扶持群体，尽管每年都有1000万人脱贫，但这1000万人并不是脱贫以后就不管了，主要政策还要维持，并且还要不断调整。非贫困人口一旦陷入贫困马上就得补进来。通过这样的方式，维持一个相对比较大的扶持群体，不至于有漏扶的问题。

当然我们这些评估、这些调查里面还有一些特殊问题也是特别头疼的，就是说识别不好，不识别也不好，就是你做得很公正，首先收入要低，这是基本标准问题，因为有贫困线。收入很高的我们当然不用管，你的收入要低，但是现在的问题是收入又没有很准确的数据。中央现在要求弱化收入，反正你收入算不清，大概看一看，不要一块一块较真儿去抠，没有意义，所以弱化收入，重点看"两不愁三保障"，收入低的人"两不愁三保障"有问题的，你就注意要识别进来。但是有一部分群体确实收入低，符合条件，"两不愁三保障"里面也有问题，但是村里面打死也不愿意让他们进来，比如懒汉。懒汉肯定收入低，生活很差，各方面都很差，但是村里的人坚决反对把懒汉拉进来，他凭什么？他过得那么差，不是因为他没有劳动能力，是因为他不愿意干活，那不是活该吗？但是中央的政策不是一个都不能少吗，也没说原因，也没说不扶懒汉，现在扶贫志气和智力都要扶，这也是一个很困难的事情。

然后就是老人，特别是有子女的老年人。有的分家了，独立生活，孩子过得很好，住上了楼房，老人住着一个破房子，有的还是危房，你到底要不要扶他？村里的人说那不能扶，他的子女过得那么好，你要扶了他以后，所有人都把老人赶出来了让你扶。像我们去评估就是这样，住危房是不行的，但是老年人住危房，孩子住楼房，怎么办？你说政府简单地只要你住危房我就给你修房子？那好，我们听说有些老年人原来都进城跟子女住好几年了，听说要扶贫，要修房子，赶快搬回来到危房里面住，让政府给他修房子。这是社会激励问题，非常复杂的问题。

显然，面对这么多困境，扶也不好，不扶也不好，不是有钱没钱的问题，但扶了以后会出现很多社会矛盾，搞出很多问题来，现在已经出现这些方面的问题了。现在经过几次回头看以后，按照"两不愁三保障"标准，低收入农户大部分都没有问题了，现在就是这种特殊群体，是令地方政府最头痛的。所以，识别难就难在各种各样的现实问题上。

2018 年评估，我是专家组组长，我们制定标准的时候也充分考虑地方的这些困境，比如养老第一责任人还是子女，我们国家养老还是以家庭养老为主。当然政府要采取措施，不能形成孩子不管政府也不管的局面，这样不对，孩子不管，政府需要有措施让孩子管，你只要把措施做到位，甚至有的地方动用道德手段、法律手段，做到位了，孩子还不管，那我们就免责，出现了问题地方政府没有责任。现在这些方面都遇到一系列的问题。

当然，精准识别有些地方做得好，有些地方做得差，有些地方从一开始系统性的错误导致后面非常被动，因为这个东西调一次就造成一次矛盾，你一会儿让我进来，一会儿让我出去，你要我？评估的时候还要考察满意度，地方上担心你让他进来啥都没帮助就让他出去了，那能满意吗？而有些地方做得比较好，确实从一开始就做得比较好，比如安徽岳西县，人家一开始就提出"控两头选中央"的识别方法。就是说，完全的民主评议在村里也行，就是太复杂，村级民主选举不也是经常出问题吗，贿选的问题、大家族的问题等各种问题，识别的时候也一样有这些问题。刚才讲了，有些人虽然很穷，但是人际关系不好，好吃懒做，那是进不去贫困户名单的。按中央的政策，这你也得扶，但扶的方式不同，所以低端这一头需要有控制。高的这一头，明显不合格的，靠投票、靠民主评议，大家族的、关系特别好的，可能也进去了。真正选的就是中间的，都差不多，能有多大差别？总有边缘的人。对于这些人，干部充分通过公开透明的方式，给大家把标准摆清楚了，为什么能进，为什么不能进，实在不行就投票，再有意见，也不是我干部定的，你也参与了，过程你也清楚，只能通过这样的方式去减少矛盾。精准识别里面必然会有矛盾，因为利益太大了，你是不是贫困户，那简直是天壤之别，从方方面面，对贫困户创收的支持、各种补贴，教育孩子不用花钱，贫困户高中生都是全免费的，而跟他差不多的非贫困户，孩子上学是要自己交钱的。在医疗层面，现在有些地方贫困户有三重医疗保障、四重医疗保障、五重医疗保障，贫困户在部分地区是医疗保障最完善的群体，比老干部报销比例还高。部分地区出现了"当贫困户光荣"的状况。确实是，政策力度越大，贫困户和非贫困户之间的矛盾就越大，总有一部分差不多的，这是我们工作中非常重要的也是非常具有挑战性的问题。

从 2017 年开始中央也在纠偏，我们识别以后，帮扶既不能降低标准，因为我们的标准本身就不高，也不能吊高胃口，不能盲目提高标准，标准高了以后会出现很多负面问题，造成社会矛盾。就像医疗标准高了以后，现在出现到了冬天有些贫困户就住在医院不出来了，医院条件比家里好，还有暖气，有的地方住一天院还给补贴，住院不仅不花钱还能挣钱。这样的话，那就出问题了。所以我们一个是识别要准，另一个是扶持也要合适。扶贫不是标准越高越好，这是需要注意的问题。

怎样 "精准帮扶"？

具体到底怎么帮扶？经过几轮的识别，确实应该讲现在的准确度已经提高了很多，有问题的相对来说比较少，至少该进来的现在基本上都进来了，可能有一部分不该进来的也进来了。

进来以后，每一户情况不一样，怎么帮？中央开始颁布打赢脱贫攻坚战的时候提出了"五个一批"，当时剩 7017 万名贫困人口，中央提出通过五个主要路径去解决他们的贫困问题。第一个就是产业和就业扶贫，这是主体，当时估计 3000 多万块要用于产业和就业来重点解决他们的收入和贫困问题。第二个是移民搬迁 1000 万块，但是搬了以后也要发展产业和就业。第三个是生态补偿，主要针对那些生态脆弱的深度贫困地区，地质灾害多，生态环境不好，人烟又比较稀少这样的地方，干脆把一部分人变成生态工人，拿工资，主要做环境保护。但是现在看来，这只是一个补充手段，涉及面并不宽，一个生态工人一年收入 1 万块钱，这是林业部门的政策。第四个是教育扶贫，不仅仅要减轻贫困家庭的教育负担，更重要的是解决下一代的问题，我们叫阻断贫困的代际传递。第五个就是社会保障兜底一批，社会保障包括医疗保障，也包括低保这样的生活保障。

产业扶贫

现在来看，最核心、最重要，也是最难的是产业扶贫，同时还是令地方政府最头痛的。因为产业的发展是一个市场行为，政府不能起主要作用，政府不能直接搞产业，只是通过政策去支持。现在的问题是，这些穷人独立发展产业的能力都很弱，以简单的方式去做，失败率很高。就像刚才讲的，花了近2000万块，买了那么多只鸡，最后这个产业没发展起来，绝大多数家庭连鸡毛都没一根了。之所以书记、县长都被撤职了，就是因为花钱太多了，损失较大。这种问题到处都有，只是没这么严重，损失比较小，负责人没受处分。2017年新闻报道武汉郊区一个84岁的老人，身体不好，政府买了100只鸡让人家养，人家一个月才180块养老金。买了100只鸡，4个月后，一只都没有了，不仅没赚钱，还赔了钱。河北有个县是养种兔，一个贫困户发两只种兔，100块钱一只。后来记者去调查的时候发现，发下去第二天，所有贫困户以25块钱一只全卖掉了，还不如发钱呢，发钱还能拿200块，发兔子到最后他就得了50块钱。这种例子特别多，发点东西，发几十只鸡、发几只羊，你今年发，好的就是今年养得半大，吃了，还有点效果，差的就是养死了，成本都收不回来。确实，现在这些贫困户各个方面能力都弱，没有技术，也不懂市场，管理能力也很差，缺资金。现在产业扶贫做得比较好的，都是要把贫困户纳入产业链体系，贫困户只做他自己能做的，他做不了的事有人帮他做，这才有可能使他在边干边学的过程中慢慢扩大规模，提高能力，减少失败的可能性，这是特别重要的。

问题是企业、能人、大户干吗要带贫困户，帮他发展产业？这些都是商业性的市场主体。刚才讲，我们现在扶贫有两大模式：一个是以慈善性的方式来做，社会发展方面好多是慈善性的，社会保障相当于慈善性的，你缺什么就给你什么；另外一个就是以市场机制来做，充分利用市场，产业扶贫实际上就是利用市场机制帮助贫困户发展。而利用市场机制里面，现在国际上又分两派。一是现在发展出一种社会企业，社会企业运作也是以商业原则运作的，因为企业要在市场竞争就必须以市场原则来运作，企业要竞争才能生存嘛，首先得活下来才能赚钱。社会企业唯一不一样的是它的目标不是给股东赚钱，而是做社会事业，扶持中低收入群体，但是以商业的方式来做，赚的钱也是返回来去做社会性的事情，这叫社会企业。但中国现在基本上没有社会企业，我们这个阶段主要还是商业性企业，所以参与扶贫的也主要还是商业性企业。商业性企业参与扶贫当然需要有好处了，最好是它在这个过程中也能得到发展，它才有积极性，否则的话，你让它搞一年可以，长期是不可能的，"干脆我给你捐点钱算了，你去搞个学校也好，医院也好，都可以"，但是产业扶贫是要帮助穷人来发展产业的，是一个持续的过程。好在在中国的国情下，在各种资源条件和政策下面是有可能性的，最后能够形成共赢的局面。

关键问题就是多方面整合资源，首先是贫困户的资源整合。如果你要不让穷人最后越养越懒的话，就要充分动员他自己的资源。中国农村的穷人还是有资源的，首先有土地，不像印度、孟加拉国、南美国家，穷人基本没有土地或者很少，因为那些国家的土地相对集中，有地主。我国的土地不是私人所有的，分的时候不管你穷不穷都分有土地，所以我国即使穷人也有土地。现在的问题是穷人自己的土地利用效率很低，他可能也就种点玉米，种点一般的作物，一年能挣个几百块钱、一千块钱就不错了。我们刚才讲，贫困地区现在要发展特色产品，发展乡村旅游，发展这些经济效率高的产业，这些产业穷人搞不了。但是如果你的土地是在这个区域里，就可以让有能力的人去做，显著提高你的土地利用效率，这个我们在全国很多地方都看到了。我们在四川青川看到的，生产天麻，一亩地利润6万块，那个地原来就是种玉米的。像在四川苍溪、贵州六盘水，种红心猕猴桃，一亩地两万块的利润。这次我去山东的一个省级贫困县，他们农业的效率也很高，种哈密瓜，一亩地也是两万块的利润。这个土地是值钱的，如果你正好在这个区域里面，你用不好，交给合作社也好，公司也好，大户也好，如果你有这样的地，我愿意给你流转过来。

其次，在一些搞乡村旅游的地方，你的房子的宅基地，破房子都是值钱的，你能够利用得好，就能够搞一个很好的产业。我们在贵州六盘水看到的，就是帮助贫困户发展乡村旅游，利用的是棚改资金8万块钱，一户补贴8万块，力度还是挺大的。但是你把8万块钱直接给贫困户让他去搞，他最后也不知道搞出啥名堂来，他对乡村旅游也不懂。所以就跟旅游公司合作，旅游公司负责按他们的标准来改造，因为旅游公司自己没出钱，也没什么损失，是愿意的。改造以后，头两年，旅游公司带着贫困户经营，利润80%归旅游公司、20%归贫困户。两年以后就转给贫困户，你这个贫困户再笨，手把手教了两年，也不是什么特别高科技的产业，而且村里通常成立有协会、合作社，还能在各个方面提供指导，你只要今后能够把农家乐或者乡村旅游开下去，我估计是不会返贫的，这个收入很稳定，所以要利用他的这些资源。当然贫困户最大的资源还是劳动力，尽管现在的贫困户有强壮劳动力的不多，弱劳动力比较多，但弱劳动力有弱劳动力的好处，他要求的工资低。因为我们是市场机制扶贫，你能干多少活我就给你发多少钱，利用好这个，我们都看到好处，一天50块钱、40块钱，一年能提供半年的机会，他就脱贫了。所以，首先需要充分利用贫困户自己的各种资源。

然后，政府有资源。现在扶贫力度这么大，我们有政策，你参与扶贫，享受土地政策优惠。我2017年去山西临县，把北京的高科技养殖企业引过去了，在山谷里面，为什么？因为土地便宜，污染防治比较容易，这些方面优惠，就合适引进企业。现在这么多扶贫资金，每个县整合的扶贫资金少则几亿块，多则十多亿块，相当一部分用在产业扶贫上。这些资金当然不能直接给企业，有入股企业的，企业进行分红，这是一个模式。另外一个就是产业配套的基础设施我可以做，这也能减轻企业的压力。这些方面做得好的话，对企业还是有吸引力的。

产业扶贫更大的资源是金融资源，因为产业扶贫是市场行为，是市场行为你就要能赚钱，不能赚钱你扶什么贫？你自己都要人家扶。能赚钱就能利用金融资源，主要的钱从银行来。我们现在为了扶贫，各大银行承诺的扶贫贷款3万多亿块，不缺钱，就是钱怎么用的问题。每个贫困户身上5万块的额度，3年免息。目前贫困户小额信贷利用率为30%，全国只有30%的贫困户借了，70%没借，确实没法借，借了以后，他不会干，若是亏了，不是更害了他吗。这部分钱，如果企业能够进来参与扶贫，对企业有吸引力。特别是农业企业，在银行贷款也是挺有难度的，因为很多农业企业没有硬资产，土地是流转的，生物性资产银行也不要，抵押不了。所以如果参与扶贫的话，在金融支持方面会有政策。还有保险，保监会出了系列保险扶贫政策，利用好的话，能减轻企业的风险。甚至证监会2016年都出了扶贫政策，即贫困地区企业上市绿色通道，企业达到基本条件以后，不用排队，融资方面优先安排。所以，很多政策都是为了吸引企业这些主体去参与扶贫的。

当然，最重要的是企业和能人要愿意出来带贫困户。因为他懂技术，真正在这个行业摸爬滚打很多年，他的技术水平是比较高的，管理能力比较强，对市场的敏感性比较高，因为企业和能人经常是全产业链，抗风险能力比较强。只有他们去带着贫困户一起做，产业才有可能发展起来。

全国各种模式很多，我们总结了一下，产业扶贫大概有四种主要模式。第一种是直接生产带动，就是把贫困户纳入产业链，你是产业链里面的一个环节，通常是初级生产环节。然后，企业也好，合作社也好，我给你提供全程技术指导，解决市场问题，你不用担心市场，我给你解决。你生产什么、怎么生产，我全程指导。你生产出来以后，我负责给你销售。

我举一个例子，拿河南兰考来说，兰考和井冈山是最早摘帽退出的两个贫困县，2017年年初退出以后，4月我们去调研，研究产业扶贫和金融扶贫的问题。在兰考，我们既看到了成功的，也看到了不太成功的。不太成功的，就跟前面说的一样，没人管，农户自己做，养羊，农户什么都不懂，技术也不懂，羊越养越少。虽然没有完全失败，但是已经有相当部分失败了，30只羊，养得只剩十几只了。而我们在另外一个乡看到的，也是养羊，但是由公司带动的，有个公司叫坤盛牧业，全产业链，养的是南方的湖羊。它的模式就是繁殖小羊、借羊还羊。贫困户没钱，这个没问题，你从银行贷，现在银行可以贷款，起码有5万块的额度。贷来以后，把钱借给企业，企业借羊给贫困户。农户按要求还清小羊后，这笔贷款由企业替贫困户还。企业在养殖技术和防疫等关键环节进行帮扶，农户按照借来种羊数量的1.5倍将小羊还给企业，剩余的小羊和种羊都归农户所有。比如贫困户将3万块贷款抵借给企业后，他可以向企业借30只母羊、3只公羊（一般10只母羊配一只公羊），两年内这个贫困户需要向企业还45只小羊。正常情况下，两年内一只母羊可以生三胎，每胎两个，30只母羊可以产180只小羊，除了还给企业的小羊，剩下的135只小羊属于贫困户自己。如果愿意，企业为贫困户提供代销服务，一般每斤的销售价格比市场高一块钱。农户将小羊还给企业后，种羊就属于农户了，企业按照约定将农户的 3 万块贷款还给银行。我们看到这种模式很成功，基本上所有关键性环节都有人管，只要你勤快一点，就可以赚钱脱贫。我们去看了一个贫困户，老人自己在院子里搭了一个羊圈，政府补贴 2000 块钱，养了 30 只母羊、3 只公羊。我们去的时候，已经下过一胎，总共下了 64 只，一只都没有死，他已经还掉了一半给企业，等于现在的母羊里面一半已经是他的了。60 多只，他还了 30 只，剩下的 30 多只养了一段时间以后，企业就收购回去，他净挣了 12000 块，这才是第一胎。我们去的时候，第二胎已经怀上了。他尝到甜头以后，说他想再盖一个棚，决心在未来三年一年能挣 10 万块钱。要是一年能挣 10 万块，就不仅是脱贫了。

这种模式在全国还是有不少成功的经验和典型的。企业在这个过程中也不吃亏：首先解决他的资金问题，他把这个钱拿来做全产业链，做前端繁殖和后端餐饮，现在是连锁餐饮，开羊肉馆显然比卖羊挣钱多，并且抗风险能力更强。羊价下跌以后，餐饮的利润就上升，它不会随着羊价同比例降价。所以他宁可在生产环节让给贫困户利润，这样的生产方式带动贫困户脱贫，各地都有很多不同的方式。

第二种就是就业创收。就业创收适合于多数贫困户，不去直接参与经营，我就干活，你给我提供稳定的就业机会，给我工资就行。在农业经营企业里面，水果生产过程中这种机会很多。在贵州、四川猕猴桃生产里面就是这样的，有一个企业，在一个村里面种了 1400 亩猕猴桃，一年在这个村里面劳务费是 300 万块，很多都是年纪大的、能力不太强的人，因为一天工资才 60 块钱，不可能是全劳动力。我们在河南看到的也是，树莓的生产里面，老弱病残、年纪大的，50 块钱一天，我们去的时候他们正好在那儿锄草，全是妇女和年纪大的。像这种贫困户，你说没有劳动力，那你得看是什么样的，全劳动力没有，出去打工不行，但是在村里提供一点工作机会，还是可以做的，工作强度不大，技术要求不高。甚至有些地方在村里面搞扶贫作坊或者扶贫车间，我们在山东看到很多，河北现在有些地方也有。甚至有的厂房就是政府盖的，租给企业，企业把一部分技术含量不高的环节放到村里面来做。我们在山东看到的，比如生产手提袋，在工厂压制好了，在村里要变成手提袋，你不是要把它粘起来吗，把绳子系上去，系一个袋子的绳子两分钱。我们看到最大的老人是 84 岁。你说贫困户没有劳动力，看怎么看了，80 多岁还在这儿干呢，一天可能就挣十几二十几块钱，但是人家觉得够了呀，自己挣钱也挺好，在家里没事不是也无聊吗？在工厂里做，有好多老年人一起，还能说说话，也很自由，你可以拿回去做，几点来都可以，反正是计件的。这种模式都具有很强的扶贫效果，还不养懒汉。所以，我们现在就是怎么能够充分把一些贫困户这类资源动员起来，才是比较有效的方式。

第三种就是资产收益。资产收益最早提出来的时候是什么意思？前几年社会保障兜底，我们当时的低保标准比较低，低保兜不起来，贫困县当时低保标准是几十块钱、一百多块钱，即使全部拿了以后也达不到脱贫标准。当时国家觉得是不是有其他的方式可以补充，想到如果把贫困户的资源拿过来，他自己不会经营，给企业经营、给能人经营，给他分红，这不是简单吗？贫困户什么都不用干就可以分红。后来各地实践以后，发现挺好，这对扶贫增收是一个好办法，反正也不要贫困户的能力，他啥都不干，就直接分红。我们这次去湖南，一个企业带了两万名贫困人口，光一个企业，一个人分 1000 块钱。但这种简单的资产收益分红现在国家不太鼓励，因为你啥都不干就能分钱，如果是你自己的资源、土地，那没说的，但现在好多是拿着财政资金入股，拿着贷款入股，然后分红，这不是跟发低保一样吗？如果什么都不干就能发钱的话，贫困户还有什么动力自食其力？所以现在这方面的政策在调整，首先资产收益最好跟别的方式结合起来，就是贫困户要能参与，直接参与到生产或者就业当中去，在这个过程中他当然有部分资产收益。如果有些产业贫困户直接参与不了，比如光伏产业，这次我去河北张家口宣化，当地大规模建光伏电站，那穷人没法参与。光伏电站做了以后，给每个贫困户指标，根据人口，给你 800～3000 块钱。但是现在人家设计的制度是，你要拿到这个钱，就必须参加公益活动。现在农村里面很多的事没人干，环境脏乱差，你不能设点公益岗位吗？你把地扫干净一点，好多破烂的地方清理一下，所以现在鼓励在乡村设公益岗位，你必须干活才能拿钱，不能养懒汉。

当然，第四种也是最好的一种模式就是混合模式，把前面几种全部混在一起，这个效果会比较好，又不养懒汉。举个例子，重庆石柱县搞乡村旅游，就是这样一种方式。有些搞乡村旅游的地方，贫困户自己搞，搞不起来，以往没人管的时候，这个地方风光也好，气候资源也好，都是有能力的人或者外面来的人把这个资源占了，赚很多钱。重庆的一个乡里面就是，搞旅游山庄，有些发展得很好，非常赚钱，但有些贫困户就参与不了，地方政府为了鼓励贫困户参与乡村旅游，还给资金支持，一户3万块。但是一户3万块钱，你发给他搞乡村旅游，他也不知道干啥。最后政府决定用这3万块钱跟旅游山庄合作，收益有保障。首先，让旅游山庄带了36户贫困户，每户的3万块钱借给旅游山庄，总共108万块。每年10%的收益率，就是3000块。这个资产收益项目设计得好的地方是，不是将3000块钱收益直接分到每一户，而是只分1500块，剩下的部分作为激励资金，激励什么？激励你生产。生产什么？生产农产品。旅游山庄承诺36户贫困户生产的所有农产品的包销。旅游山庄是需要大量农产品的，包销就不需要贫困户直接面对市场问题了。并且在这个过程中鼓励贫困户调整生产结构，种植生产价值更高的、游客更需要的农产品。比如，你别种那些饲料玉米、喂猪的玉米，不值钱，最好种人吃的玉米，像糯玉米、甜玉米，都是按个卖的，可以卖给游客。西瓜应该种小的、更值钱的。养土鸡，这个城里人喜欢。通过这个过程鼓励贫困户生产，贫困户交的农产品越多，交易额越多，分成就越多。这是激励，你不能啥都不干，完全分钱，主要收入应该靠你自己的产业发展。另外是就业。旅游山庄的就业机会多，需要很多打工的，36户贫困户优先，甚至他们的孩子，比如高中生假期的时候都能干两个月，能挣几千块钱。这种是比较好的方式，既有资产收益，还鼓励贫困户生产、就业，解决了养懒汉的问题，这是产业扶贫里很重要的一些模式。

转移就业扶贫

当然，前面讲的就业创收是指在当地就业，还有一种方式是转移就业。现在能够转移出去的贫困户越来越少了，能够转移出去的，只要转移一个，基本上就脱贫了。前几年有些地方做得还是不错的，像河北阜城、山西天镇，在这些方面都做了很多尝试。你要让贫困户的劳动力能转移得出去，显然，综合素质的培养和能力培训都是很需要的。比如，天镇主要就是家政服务，能让农村贫困家庭的妇女在城里稳定下来，通过培训，包括基本意识、生活习惯、工作技能等，使农村妇女更适应城市的工作和生活，更容易被城市家庭接纳。一旦送到城里面，稳定地做家政，收入是相当高的，有的一个月有5000块钱以上的收入。在江西吉安，他们把法律援助的内容都增加进转移就业中了，因为贫困户没有见识，好多人都没出过门，害怕遇到纠纷他不知道怎么办，所以你出去我给你承诺，你遇到任何问题，拖欠工资、工伤、纠纷，我给你提供免费法律援助，让你出去更安心。所以，扶贫涉及方方面面。

金融扶贫

产业扶贫涉及金融问题，金融扶贫也是扶贫很重要的手段。金融扶贫内容很多，包括信贷，也包括保险。信贷扶贫特别重要，大量的资金投入是从信贷来的。各个银行承诺的资金很多，但是利用率现在并不是很高，主要的问题就是上面很积极，基层金融部门不太积极。信贷扶贫的主要问题是成本高、不赚钱，还有风险。给贫困户服务，那么分散，现在好多商业银行在乡里都没有机构，县里才有，如果让县里机构的工作人员一户户去放贷款、收贷款，成本太高了。现在做得比较好的地方，像宁夏，以省为单位，贫困户贷款率在60%以上，而全国的平均水平只有30%。做得好的地方，我们就发现地方政府在中间要发挥很大的作用。首先，他需要分担一部分成本，如识别成本、监督成本，然后还要协助回收，当然成立担保基金是必需的。所以现在金融扶贫特别是信贷扶贫做得比较好的地方，都是政府和金融部门配合得比较好的地方，在这种情况下，你怎么去分担成本、减少成本是关键。在村一级，利用熟人社会，要识别哪些贫困户可以贷、他贷了不赖账，银行去做的话成本就很高，也很难。现在地方政府成立金融工作办，在县、乡、村协助银行去做这个工作，这样才有可能减少成本或降低风险，银行才有可能放贷。因为在金融扶贫中，银行放的贷款利息是基准利率，只有四点多的利息，而商业贷款好多都在10%以上，所以银行对贫困户的贷款本身就不赚钱，如果再收不回来，成本更高，银行就更没有意愿了。当然从长远来看，农村金融市场的进一步开放，特别是发展为穷人服务的专业性金融机构，应该是最终的选择。靠商业银行去做，利益冲突太大，商业银行既没这个能力，运作模式也有冲突，这些方面显然还有很长的路要走。

移民搬迁

除了与产业有关的扶贫措施以外，还有一个很重要的方式就是易地移民搬迁，"十三五"期间搬迁 1000 万名贫困人口，这应该是全世界最大规模的搬迁了。搬迁本身又比较复杂，我们以前也搬迁过，搬了以后经常出现问题，搬出来没几年又跑回去了，所以现在很重要的就是怎么能够搬得出来，还要稳得住，这是相当重要的。

这里面出现的几个比较核心的问题是搬到哪儿去、怎么搬？现在钱的问题已经基本上不是问题了。以前的搬迁是缺钱，穷人搬不起，这次中央充分考虑这个问题，每个人已经动员了 6 万块，一个贫困户三口人 18 万块、四口人 24 万块，按照我们原来的成本估计，基本上钱不是问题，现在主要问题是你到底怎么能搬得出、稳得住。现在搬迁的方式也有很多，一种方式是村内集中搬迁，一种是城镇化搬迁，一种是在园区搬迁，还有分散安置，分散安置现在比较少，就是你自己找地方，这对多数贫困户都比较难。

城镇化搬迁，我们看到的问题是有些地方胆子比较大、步子比较快，想把很多问题一次解决，好不容易搬一次，干脆一步就搬到城镇算了。这些地方的问题在于过于激进，因为一部分人在城市里根本就没有生存能力，文化差异、生产方式和习惯方面的差异都太大了。你要根据贫困户的实际情况，有一部分当然能够进城最好进城，好不容易搬一次，进城解决他的生存问题，如果在城里能找到工作，他也愿意干，那进城是最好的。但是确实有相当部分是进不了城，像老年人，还有一部分根本就不适合在城市生活的。首先，城市有没有那么多工作岗位给他？很多地方就没有这么多岗位。其次，有岗位，他愿不愿意干？好多地方说我创造公益岗位，让他去扫地。我们去湖南一个县调查，分管扶贫的县委副书记找工作岗位相对还是容易的，因为现在包贫困户，一个人包几户，她就给她包的贫困户找了一个搞清洁卫生的活儿，一个月有固定工资。最后好像干了不到两个星期，别人就告诉她，你那个贫困户跑了。她就跑过去问这个贫困户，好不容易给你找到一个稳定的工作，你干吗跑了？那个贫困户说我才不干那个事情呢，有时候别人还翻白眼，我还不如在家里面坐一坐、打打麻将玩一玩。不是说你给他找到工作他就能干、他就愿意干的。所以，搬迁非常重要的一点就是一定要实事求是，根据他的实际能力和现在的状况采取对策。有的家你搬了以后，过十年二十年是不是还要搬？那是没办法的事情，只能一步一步来。

另外，搬迁需要控制成本，最主要的就是住房成本控制，国家在这方面也很严，人均25平方米。我们要解决的是住房安全问题，不是说让你一步就过上高标准小康生活。搬出的地方都应该是一方水土养不活一方人的地方，条件很差，所以搬出来要能够满足基本的住房安全，25平方米一个人，基本上应该是没有问题的。有些地区步子迈得太大，过分提高标准。比如西南一个省，给所有搬迁的贫困户都建楼房，认为好不容易搬一次，搬迁后就要过上高标准小康生活。那些没有搬的非贫困户呢？人家意见很大。另外，建楼房面积严重超标，国家只补这么点钱，贫困户就得负债，要借很多钱，把钱全部借来建房子以后，今后的基本生活怎么办呢？所以这次全面整改。房子都建了怎么整改？总不能砍掉一部分下来吧。但不整改就不能通过验收，通不过，那就得改。地方政府现在也挺聪明，改吧，一栋楼房100多平方米，一户贫困户有三个人，标准之内的面积（75平方米）说是贫困户的，标准之外的面积就得想办法了，政府要拿钱买一部分，动员亲戚再买一部分，这造成了农户满意度下降和政策实施中的很多实际困难。对政策的理解出现问题以后，造成非常多的麻烦。移民搬迁还有很多案例，如后续稳定的问题，公共服务跟上，特别是产业发展要跟上，移民才能稳得住。

教育扶贫

教育扶贫之所以重要，原因有两个。首先，解决短期问题就是减轻贫困家庭的教育负担，有些家庭因教育返贫就是孩子上学负担太重，有间接成本和直接成本，这就要通过扶贫解决。其次，你不能让他这一代穷下一代还穷，这一代穷，如果下一代没有受到适当的教育，穷的可能性还是特别大。

　　这次我去四川凉山，那是一个深度贫困地区，感受特别深。你要不让孩子上学，今后很麻烦，那地方真是没有什么，高寒地区，就能种点土豆或荞麦，别的也种不了。只要是出去稳定打工的，收入没问题，不能稳定打工的，收入都不行，解决不了。孩子多，一个家里5个孩子、6个孩子的都有，没有任何控制，十多岁就开始生孩子。你本来就穷，又没有资源，孩子这么多，不越来越穷才怪呢。我发现教育的好处就是，你教育孩子，让孩子上学，上到二十多岁，他至少上完学才会结婚吧，自然婚育年龄就会往后推。并且上完学以后，他的观念就会变化，就不会这么猛生孩子了。教育对生活习惯的影响也很大，这个地方大人的衣服都不洗的，我不知道一年会不会洗一次，全部不洗衣服，院子里挂的洗的衣服都是上学的孩子的衣服，可能家长觉得孩子去上学，衣服不洗，确实有点难看。你从小就上学，穿着洗过的衣服，你长大以后不洗衣服吗？让你不洗你可能都受不了。所以上学不仅是增长你的知识，实际上从很多方面，从你基本的生育行为、从你个人的生活行为和习惯的改变，都是非常重要的。像这些地区，发展教育确实相当重要。

　　当然，现在的政策也比较多，一方面普及义务教育，另一方面加强学前教育、职业教育和高中教育。凉山地区从学前教育就开始了，有村级幼儿园，但运作得不太好。房子是修好了，但我们去的时候，已两个星期没有老师了，"三天打鱼，两天晒网"，但现在至少开始重视幼儿园的问题了。职业教育，对贫困家庭的孩子是免费的，还有生活补贴。高中教育，对所有建档立卡贫困户的孩子是免费的。到了大学也有一些资助政策。还有一个措施就是恢复教学点，你要让孩子上学方便。我们前些年教育改革的一个很重要的内容是撤点并校，都撤到乡里面的中心小学去了。像凉山地区，我们去的一个村离小学18公里，全是山路，还没有车，上学太困难了。我们在怒江州，发现村里有小学，学生还能住校，我觉得怒江州的教育就好很多。

　　贫困人口退出、贫困县退出，对保障义务教育，我们的标准很清楚，就是学生不能辍学，义务教育阶段除了身体原因以外学生不能辍学。学生要是辍学，政府就没有保障义务教育，那这个贫困户如果退出了就是错退，就是有问题的。

凉山真是下了很大的功夫解决上学问题，2013 年我们去凉山调研，普查了两个村，2/3 的孩子辍学。这次我去，在一个村里——当然是不同的县，但情况应该类似——很少有辍学的了，我们只发现 3 个孩子辍学，就是因为年纪太小，上学太远了。但同时发现一个什么现象呢？16 岁的孩子读小学三年级。因为原来都不上学，现在要控辍保学，你要不让他上学，脱贫的任务完不成，所以地方政府下大力气，必须把孩子送到学校去。十几岁的，原来没有上过小学，不能上去就上初中吧，所以十几岁也只能从小学一年级开始上，所以你发现大量十五六岁的孩子还在上小学。当然这也是好事，孩子能上学，总比不上学好。这就是我们保障义务教育的举措，现在我们的政策覆盖已经超出义务教育了，但是作为脱贫的基本标准，就是要求义务教育阶段学生不能辍学，这是最底线标准，如果学生辍学，是有问题的。

健康扶贫

健康扶贫也很重要，保障基本医疗是"三保障"的重要内容之一。现在的贫困户因病致贫是第一位的原因，是比例最高的。在东部地区和中部一部分好的地方，2/3 以上的贫困户是因病致贫，西部地区比例更低一点，因为西部的致贫因素更复杂。因病致贫的比例，全国是 45% 左右，是最多的。有病以后，要是不能及时治疗，就可能会影响健康，特别是本来可以治愈的病，一拖，从小病拖成大病，这对家庭影响都是很大的。所以我们健康扶贫的目标，是减少家庭的医疗负担，这方面现在各个地方都做得很好，在某种程度上都有些过火了，保障水平太高。所以现在这方面反而要纠偏，不能保障过度。在基本医疗保障方面，国家要求是基本的病能看得起，大病尽量能看，不影响基本生活。大病没谱的，城里人有人得大病以后也看不起，负债很多。所以没有说贫困户看病就不花钱，那怎么可能呢？主要政策就是贫困户看病报销比例要提高，比一般非贫困户的基本医疗报销比例要高，比如给一般农户 60% 多，贫困户提到 70% ~80%，这已经够可以了。大病有专门的救助政策，有大病保险、补充商业保险，让你得了大病一般情况下能看得了，但并不代表你一分钱不花。慢性病，有救助政策，一是有签约医生，现在要求所有贫困户都有签约医生，二是慢性病药物能够报销。

对基本医疗保障的标准就是这样，首先你要保证基本的病能看，必须要参加城乡居民基本医疗保险，不参加就不给报销，现在基本上建档立卡贫困户参加医疗保险的钱都是国家出的，都是政府出的，不用他出钱，大病都有商业补充保险。这些方面做好了以后，就没有问题。

危房改造

"三保障"里面最后一个保障就是安全住房。解决住房问题的目标就是所有贫困户不能住危房。我们现在的房子分四级，即A、B、C、D。A级是房子完好，一点问题没有；B级有些小问题，漏雨，有小裂缝之类的，没有安全性问题；C级有局部安全问题，有的墙歪得比较厉害了，不至于整体坍塌，或者有些梁歪；D级就是随时可能全倒。贫困户不能住C级和D级危房，这是基本的要求。

解决危房问题有两项大的政策，一个是易地搬迁，易地搬迁搬去的肯定都是新房子，另一个是危房改造。危房问题现在的难点就在独居老年人。我们现在到农村去看，房子住得最差的就是这些老年人，孩子住着楼房，好好的，父母住在原来的破房子里面，有的就是危房。这令地方政府头痛，还不能说只要是这样政府都花钱给他改造了，这种简单方式造成社会矛盾也是问题，但是政府又不允许他住危房。现在的解决办法一个是政府需要有措施，让子女负责，要么住在一起，不愿意住在一起的，子女至少要把它搞成不是危房，给它加固一下。还有一个，实在不行，政府提供公住房，你没有产权，给你一间房，你可以住，这就算解决了。甚至你只要不住在危房里面，亲戚的房子、别人的房子，你稳定去居住，也算解决了。只要不住危房就行了，不要求给所有的贫困户都盖新房子，避免造成不必要的浪费并导致社会矛盾。

社会保障兜底

社会保障兜底，指有一部分贫困户没有劳力能力，也没有收入来源，只能靠社会保障了。经过这几年政策调整，社会保障基本上兜得起来了。现在很多地方低保标准都高于贫困标准，这样才能兜得起来。各个地方的政策还不一样，有些地方低保户跟建档立卡贫困户是合一的，所有低保户都在建档立卡贫困户里面。好多地方不是这样的，低保户有专门的低保户，有一部分低保户在建档立卡贫困户里面，有一部分不是。不管你在不在建档立卡贫困户里面，是单独的低保户还是低保贫困户，重点是看到底是不是解决"两不愁三保障"的问题，核心还是要看这个。你只要解决了"两不愁三保障"的问题，不管是不是在建档立卡贫困户里面都没有关系。

村级基础设施和公共服务

除了户这一层面解决"两不愁三保障"以外，扶贫的重要内容就是基础设施和公共服务了，特别是贫困村的基础设施和公共服务，因为贫困村也要退出，贫困村退出也有标准，基础设施、公共服务都是有标准的。这方面涉及面也很宽，花钱比较多。基础设施和公共服务状况在贫困县退出评估中会影响贫困户的认可度和满意度，会有专门的问题问贫困户和非贫困户，用于计算满意度和认可度。

还有一个主要的问题出在什么地方呢？就是贫困村和非贫困村投入严重不平衡，贫困村投得多、投得好，非贫困村基本上没有投入。如果你是非贫困村的贫困户，就显然不如贫困村的贫困户，这个矛盾比较突出。这次我们评估的时候，各个地方都反映这个政策要调整，不调整的话，今后的钱还用在贫困村里就是浪费，有些都没有地方投了。现在政策规定所有的整合资金只能投到贫困村，用于基础设施和公共服务，不能投到非贫困村，否则就违规了。非贫困村现在政策待遇很差，贫困村好太多。这次我们评估以后，要在政策上向中央建议，对退出县需要进行调整，不然会造成严重的浪费，降低扶贫效率。

谁来扶？

还有一个问题就是谁来扶。"六个精准"里面，因村派人精准，村里派工作队来扶。当然我们扶贫的主体还是现有的三级县乡村，但是村里能力弱，派了工作队。工作队派去以后，跟村里一起怎么扶？首先，工作队和第一书记跟村"两委"是什么关系？当然现实就是村"两委"能力都比较弱，工作队都是国家干部和职工，能力比较强，见识也比较广，但是不能因为你能力强就把村"两委"扔到一边，所有的工作你来干，那你走了以后呢？走了以后谁干呢？较弱的村干部，要提高能力，他就必须边干边学。所以，你驻村期间能够建立一个有能力、素质提高的村"两委"，实际上是你很大的贡献，这比你自己去干更有意义。驻村帮扶对贫困户的帮助，到底是什么？各个地方非常不一样。这次我们去评估时发现，有的县是拉近驻村工作队和帮扶责任人跟贫困户的关系，跟贫困户一起种菜，在庭院里搞个小菜园。还有的县跟贫困户建立帮办代办机制，因为贫困户能力比较弱，信息不对称，很多政策都不知道怎么用，所以驻村干部帮着跑这些东西，比如医疗报销，到底哪些能报销、从哪儿报销。办残疾证，贫困户残疾人办起来很费劲，要跑好几个部门，本身就残疾，咋去？帮扶干部因为是县里的干部，把几个主要部门约起来，很快就办了。所以，各个地方都在想各种办法。但是还有一个更重要的，就是在帮扶过程中如何提高贫困户包括贫困村的自我发展能力，这一点是最核心的。贫困人口最大的贫困是心态的贫困，信心不足，因为可能有的长期处于贫困状态，可能以前努力过，可是发现努力也没用，结果还是跟不努力一样，久而久之就觉得算了吧，过一天算一天。现在要他恢复这种能力，你就得在帮的过程中让他看到效果，只要干就能看到改善，今年干得多今年改善得更好，明年再干，改善越多，可能信心才越能增强，并且在干的过程中能够积累经验和能力，这些都需要一个漫长的过程，需要有耐心。

有的地方在这些方面的改革是走在前面的。2017年去陕西汉中留坝县，他们在这些方面大胆尝试，进行全方位改革。在村里成立扶贫社，村支书任理事长，下面是理事会、监事会，理事会主要是村"两委"的干部，监事会包括乡里的干部，包括驻村干部，所以驻村干部不是主导，扶贫工作还是要村里自己主导。理事会下面设很多专业小组，生产经营类的、公益服务类的，把村级治理、生产、社会发展甚至公共文化都管起来。比如这个县所有30万元以下的基础设施建设项目全部由村里自己组织做。村里当然也是以市场的方式，比如让村里在外面搞包工的这些人来做，并且你还要给村里交管理费，提高村级的能力，优先让贫困户参与，能力强的工资高，能力弱的工资低，还是采用市场机制，就是提供很多机会，让贫困户广泛参与。乡村旅游也有专门的小组，甚至最后扩展到红白喜事都是统一的。公益服务、搞卫生、自来水的管护，全是村里组织起来，并且充分给贫困户提供机会。村里承办红白喜事以后，对贫困户造成的压力也很大，他要是不干活，今后他家里红白喜事没有人参加，死了人以后都没人抬。有的时候通过社会压力，比说教要有用多了。通过这样综合性的方式，提高贫困户的能力，改变他的观念，让他边干边成长。这种改革就是综合性的改革，如果这套做起来以后，将来驻村工作队走了以后，村里也能有比较好的发展。

精准脱贫和精准考核

最后一个就是精准脱贫、精准考核。前面已经讲了，标准就是"两不愁三保障"，收入稳定超过贫困线，因为收入难以核查，中央要求要弱化收入评估，我们评估的时候，收入要核实，差不多就行，不会一块一块跟你抠，重点看"两不愁三保障"，"两不愁三保障"每一方面都看。当然"两不愁"，其中，不愁吃是什么意思呢？三个方面，第一个是主食不缺，就是你能吃饱。第二个是需要营养，不能全部吃土豆、吃大米，蛋白质丰富的食品要有一定消费量，比如肉、蛋、奶、豆制品都可以。第三个是饮水，水要安全，要有保障。这三个方面解决了以后就是不愁吃。穿的问题也要解决，日常换洗衣服，四季换洗衣服。去年我们要求衣服不能完全靠捐赠，今年我们把这条去掉了，一般地区现在基本上不会有愁穿的问题。

要怎么去评判是不是达到标准？主要通过第三方评估，一个县抽1000户左右的样本。从2018年6月开始到7月，全国125个县，组织了4000多名调研人员，刚刚完成调研。贫困县摘帽退出的几个主要指标，我们叫"三率一度"。一是贫困发生率，西部要低于3%，中部要低于2%。二是漏贫率，本来是贫困户，但你没有建档立卡、没有扶持，这叫漏评，这个不能高于2%。三是错退率，就是政府让贫困户退出了，觉得他达到标准了，但是评估发现，"两不愁三保障"中间任何一个有问题就算错退，错退率也不能高于 2%。"一度"是指群众认可度，群众认可度要高于 90%。这些是主要指标，这些指标达不到，你可能就退不出去。

结语：精准扶贫的未来与贫困的相对性

最后强调一点，我们这次花这么大力气脱贫攻坚，到 2020 年，贫困问题都解决了，是不是 2020 年以后就不扶贫了，没有贫困人口了？社会上有这种疑问。但是仔细看了目标以后，特别是中央打赢脱贫攻坚战里讲的"解决现行标准下的贫困问题"，现行标准下的贫困人口到 2020 年实现脱贫，但未来有未来的标准。目前全世界没有一个国家说自己把贫困全部消除了，美国的贫困人口是 4600 万人，7 个人里面一个，比我们还高。欧洲国家贫困发生率为 10% ~ 20%，也比我们高，我们才 3%。主要原因是，人家的标准比我们高很多，美国的标准是我们的 10 ~ 30 倍；欧洲的贫困概念就不一样，欧盟是采用相对贫困标准，相对贫困是不管我实际生活状况的，我穷不穷是跟大家比，我比平均生活水平低，如果平均生活水平的 60% 我没有达到，我就是贫困人口。那你想想看，只要有收入差距就永远有贫困人口。我们国家的贫困线标准应该讲还是相对比较低的。世界银行最低的贫困线标准现在是一天 1.9 美元，这是按购买力评价算的，不是按汇率算的。如果按同样的购买力评价，我们的贫困线标准相当于 2.3 美元，高 20%，当然我们加了"两不愁三保障"要求以后，不只是看经济，标准肯定要更高一些。如果只是看收入或者消费的话，我们的贫困标准相当于一天 2.3 美元，比全世界最穷的 15 个国家高 20%。世界银行同时有中度贫困线标准，是一天 3.1 美元，这是所有发展中国家的平均标准，我们离这个还差百分之三十几呢。所以我们讲，扶贫是分阶段的，每一阶段解决每一阶段的问题，2020 年以后，我们需要在新的标准下去扶贫。我们现在已经开始研究这个问题了，跟国家统计局合作，连续三年要重点研究新阶段贫困线标准问题，包括新标准下的主要扶贫对象和主要扶贫政策。

贫困问题都是分阶段解决的，中国制定过三个贫困线标准，按每一次的标准贫困人口减少得差不多以后就会提高标准。从贫困人口的变化曲线来看，我们这几年的精准扶贫还是非常有效的，曲线下降得非常快，当然成本也很高。现在的目标是到 2020 年将贫困人口基本减少到 0，然后在新的标准下继续扶贫。所以，扶贫是一个长期的历史任务。

今天就给大家介绍这些，谢谢大家。

京东电商扶贫：理论、实践与经验

分享人：李敏

对话人：李英格、房莉杰

各位老师、各位同学，大家好。非常荣幸有这样一个机会来到人大，跟大家分享关于电商扶贫、农村电商的社会责任、社会政策这些方面的经验。希望在有限的时间里跟大家就我们共同感兴趣的话题一起展开讨论。在这个过程中大家有任何问题，都非常欢迎随时提出来，我们展开讨论。

关于电商扶贫

第一个环节，我先向大家简要介绍一下京东这家互联网企业。我一直在京东工作，也经历了京东扶贫最初的制定和实施过程，对成功的经验或是总结，都还是比较清楚的。借这个机会，向大家展现出来。

首先简要介绍一下京东。我们刘总就是人大毕业的，毕业后，在中关村创立了京东，2004 年开始做电商，最早在网上的 BBS 论坛上做，慢慢发展成曾经的"京东多媒体"。（京东的品类）一开始是 3C，慢慢从图书、日用品等扩展到全品类。可以看到，上星期刚刚公布的财富全球 500 强，京东名列第 181 位，我们是中国互联网企业中连续三年排名最高的。2016 年全年京东赢利 10 个亿，前面 13 年都没赢利。这就是互联网企业，它有个盈亏平衡点。其实我们跟别的模式不太一样。京东的模式不是一个纯虚拟的电商，就是不仅仅是一个交易平台，我们的优势在于自营商品和物流。现在 9 点钟，大家现在下单，你下午就能收到货，一点问题没有，这是因为我们的仓配一体化，不管你买的是哪儿的产品，只要是京东自营的，它不会从云南、广东发，肯定是从北京发，我们在全国建了大量的仓。

我们 2017 年的成交总额（GMV）是 1.3 万亿元，全年赢利才 50 亿元。所以大家看我们做零售行业，它的利润非常微薄，尤其是以京东为代表的 B2C，它和传统的我们所说的 C2C 的模式还不太一样，我们是有一点重资产。我们有员工 16 万人，商家 17 万个。

刚才跟大家说，我们 13 年没有赢利，2015 年财报显示还没有赢利。到 2016 年的时候，我们就决定做电商扶贫工作。当时我记得有个新闻记者问——他自己写的，不是我们说的——作为一个全国 500 强的亏损企业，凭什么还要再帮扶别人呢？当时我们也用了很多办法去说服公司高层，向领导阐述我们的扶贫工作不再局限于之前的捐钱捐物，我们设计了一套电商扶贫机制，它一定是有助于公司发展的。与此同时，京东扶贫在社会影响、公益慈善、企业品牌等方面，都会有一个极大的提升。

2016 年 1 月，我们与国务院扶贫办签署了战略合作协议，我们是全国跟国务院扶贫办签署战略合作协议的第二家互联网企业，也是目前仅有的两家，到现在为止没有第三家。

说到这里，我向大家再简要回顾一下我们国家的扶贫政策演变。通过这个，可以看到我们设计的扶贫（机制）与之前国家所推广的扶贫政策的区别在哪里。

第一个阶段是 1978～1985 年。改革开放，更细一点的，是小岗村的包产到户，我们叫体制变革，极大地解放了人们的生产力，跟之前的吃大锅饭还是不太一样的。在这个过程中，国家的制度性变革激发了很多人非常强大的生产力，也带来了农业的增收、个人温饱问题的解决。这是以经济发展自动带动贫困问题解决，没有太多具体的扶贫政策。

1986～1993 年，开发式扶贫。1986 年是一个非常重要的时间节点，我们国家正式将扶贫工作纳入了国家整个战略规划，也是在这一年成立了国务院扶贫开发领导小组，成立国务院扶贫办这样一个机构，来领导统筹全国所有的扶贫工作。以它为代表，我们叫开发式扶贫，当然也出台了很多措施，比如划定了老少边穷地区，就是在那个时代重点地去做一些扶贫工作。

1994～2000 年，综合式扶贫。当时国家推出了八七扶贫攻坚计划。这个时间节点是 2000 年。2000 年我们要解决什么问题？之前一直说到 20 世纪末我们要解决温饱问题，当时提出我们要解决 8000 万人民的温饱，所以提了八七扶贫攻坚，动用了国家很多的人力、财力、物力去做。

2000 年之后，我们出了两个十年规划，一个是 2001～2010 年，还有一个是 2011～2020 年。前面是整村推进，在之前的开发中我们都是大水漫灌，全国划定了 592 个国家级重点贫困县，15 万个贫困村，在这里，我们将扶贫到村来整体推进。

2013 年，我们国家提出精准扶贫。2014 年，国家推出了十大精准扶贫工程，其中有一条就是电商扶贫。我当时在社科院的时候，跟着导师一直在做农村电商方面的研究，社科院信息化研究中心关注的就是信息化技术或者说这几年以电子商务为代表（的信息化技术）对农村的影响。2008 年左右，当时关注到江苏省沙集镇一个挺贫困的村子——东风村。我相信很多人买过这个村的东西，尤为受大学生欢迎，就是买书架、鞋架的时候，宜家对我们（学生）来说不便宜，就在网上买，整个网上有超过一半的份额（指简易家具品类的份额）都是这个村子所生产出来的简易家具创造的。

它是利用电商，整个村子有 1000 多户，2000 多个网店，每家每户全都做。总结出来沙集 1.0 模式、沙集 2.0 模式，到后来形成了一些比较系统的信息化扶贫理论框架，一直在给国家相关政府部门不停地阐述我们的观点。我们的想法是由下而上推动，以沙集为代表，现在越来越多的农村出现了人民自发性的、充足的求知欲望，尤其是以电商为代表，他觉得通过一个网页、通过一根网线，就连接到了整个广阔的世界。由此出发，电子商务确实带动了当地的产业发展、当地的农户增收。

我们由此而得到想法，设计了京东的扶贫战略。大家都知道京东是一家互联网公司，也是一家零售公司，我们是做电子商务的，通过电子商务这样一种方式，我们以跟品牌商或供应商合作为主，将他们生产出来的质优价廉物美的东西，通过京东这样一个网络平台以及物流基础设施，来搭建与农村之间的桥梁。之前我们做电子商务进农村，就是让农民能花比较低的价格买到正品，这是我们在 2014 年之前做的事情。当时有一个说法叫"电子商务进农村"，或者说"产品下行"。2014 年之后我们就认识到，仅仅这样是不够的，这样只是节省了农民的开支，但是并不能由此而带给他增收。我们想，农村山美水美，有很多特产，我们如何帮助他将当地的特产运出来，京东不就是做这样一个事情吗？我们有这样一个中介、一个桥梁，现在无非就是将原来以下行为主的模式转换一下，以上行为主。我们当时就提出京东的电商扶贫战略，不仅是一个公司、一个平台，通过京东这样一个中介，我们将农村本地的资源运送到城市，与这样一个巨大的消费市场相结合，当然中间我们有很多很细的东西。

京东扶贫有几个主要的模式：产业扶贫、创业支持、用工扶贫、金融扶贫。我以案例加模式的方式，给大家详细讲解一下。

产业扶贫

在这里面我们有两个方法，第一个叫京东特产馆，第二个叫京东直采。我接下来分别给大家介绍一下。

1. 京东特产馆

我们到了很多贫困县（以县为基础），本地一般来说都有特色产业，要么是苹果，要么是猕猴桃，要么是小米，通常情况下，它的产品质量还是比较好的。我们就过去，将原来只限于本地的产品通过京东平台向全国市场进行介绍、销售。一个比较简单的方法就是在京东平台上开特产馆，我们当时推出了"一县一馆"的模式，各个地方都有本地特产，但是很多不为人所知。除了大家自己的家乡，现在随口说出几个县，你能说出几个？很少。每个县都去建网站，也几乎没有流量。这是我们前面初步分析的，我们就在京东的平台上给各个贫困县建特产馆，叫"一县一馆"。通过这个特产馆，你可以售卖本地的特产，不局限于一类产品。

举个例子，四川广元市苍溪县当地的特产是猕猴桃，目前猕猴桃的种类有三种——黄心、绿心和红心。我们通常吃的佳沛可能是黄心的多一点，也有一些绿心的，但其实原产地都是中国。我们专门到了中国猕猴桃之乡——陕西眉县，100多年前新西兰从这儿引进了猕猴桃，现在又高价卖给我们，我们看到这个也很痛心。苍溪的红心猕猴桃质量非常好，一点都不比佳沛的差，价格要便宜很多，但是不为人所知。

2015 年的时候，苍溪和京东一起做线上红心猕猴桃节。因为京东这个平台受众还是比较广的，所以在我们平台上做之后，大家就会看到它，就会去买。包括我们的冷链、我们的基础设施，大家能从中享受到比较好的服务。第一年（销售额）是 500 万元，第二年我们就纳入自营，京东首先作为一个大的客户，直接采购，这样对县经济的促进作用会非常大，销量又进一步增长。到 2017 年，我们就给他推荐，说你可以开特产馆，就叫苍溪馆。商务部的领导要去调研，让我们给推荐点，我们就推荐了苍溪馆，我在之前的一周去打前站，去当地帮助把这个馆开起来。这个馆不仅卖猕猴桃，还有雪梨。当地的相关企业也是随着京东扶持一步步壮大的，现在有几个亿的销售额。他现在还做了一些开发性产品，比如除了卖猕猴桃之外，还卖酵素，挺贵的，一瓶要 1000 多块，一小瓶要几十块。他说我们刚研制出来，还没准备上市。我说你这个行不行，我得先尝一尝，不好不行，结果尝了一下，味道确实不错，比市场上的还好。但是他缺的就是品牌，这是我们京东下一步要做的。当然我们做这个有一个福利，虽然很偏远、很辛苦，但是我们能吃到最好的猕猴桃，能尝到最新鲜的饮料，大家做这个还是挺有前途的。

通过苍溪馆，进一步带动当地的产业发展，从原来 10 万亩猕猴桃的土地，现在土地流转超过 20 万亩，有现代化的农田，因为企业也很规范。甚至包括无人机，有无人机植保，整个信息化系统管理。企业现在也在打造品牌。

我们希望和一些企业合作。虽然个体农户非常快能带动，但是那是 1.0 模式，从最开始没有接触网络，到通过网线连上网络，一开始的阶段是非常好。再后来，大家想象一下，这个村子里有 100 个农户，100 根网线，100 个网站，同样的商品，它会产生一个什么样的现象？低价竞争、同质化竞争，你家红心猕猴桃卖 10 块，我家也是，我卖九块八，你卖九块八，他就卖九块五，同样的东西就低价去竞争。竞争之后，农户谁都不想亏钱，他就会怎么样？在农药、在前面（的环节）就会打折扣，产品的质量就会下降。这不是我们希望看到的，我们希望能整合，希望跟企业合作。

像这样的企业，我们有上千家，比如，延川县宏达有限责任公司是做枣的；阜平汉夏阳光是河北的，做瓷器，APEC 上用的瓷器国礼就是他们家的；饶河产黑蜂蜜，叫"北大荒"，我们京东平台上扶持的，原来是年销售只有几十万块，现在几个亿，就这三四年的时间；抚远和同江产大马哈鱼，是东北的鱼类，因为我们有冷链。比较成功的是查干湖的鱼，2014年我们看《舌尖上的中国》，那个鱼特别大，当时我们就做众筹，卖这个鱼，从200块到1000块不等。其实这不仅是一个卖鱼的问题，我们也是希望通过这个来带动当地旅游业的发展，鱼其实没多少钱，但是人只要去了东北，你的旅游、吃穿住行，保守估计，一个人得5000块钱。北京这几年下雪不多，我挺遗憾的，如果有南方来的同学，我想他会更遗憾，没有见到雪，怎么办？到东北，到查干湖，吃全鱼宴、看冰雪文化、游雪乡。玩之后，走的时候再告诉你，掂两条查干湖的鱼，掂不动没关系，京东给你送到家。这是我们当时做的，挺有意思的。

2. 京东直采

刚才讲的第一个是京东特产馆，那么第二个就是京东直采。你这个地方的产品只要好，量又大（不能太小，我们是一个全国性的平台，有人说我们这儿特别好，一问，就那几千公斤，我们当时就没话说，一定要特别大），以县为单位，是整个县的支柱型产业，通过京东这样的平台集中采购，然后放到京东全国的仓库里，面向全国的消费者销售。

给大家讲一个案例，仁寿①枇杷。我不知道大家有没有吃过枇杷，但应该喝过它的一个药品，叫"念慈庵枇杷糖浆"。枇杷是一种水果，润肺，但是保质期比较短，比较难运输，尤其是在四川，"蜀道难"，一个星期运不出来就坏掉了。传统的渠道是由经纪人去当地采购，再找大的批发商，到北京，进到超市，超市再摆到货架上，等着你去，中间的时间要两个星期，非常漫长，尤其是对这种水果，不可行。所以之前只能是在线下、本地省内进行销售。2014年，当时我们跟当地开展合作，京东直采，我们叫"京东网上枇杷节"。消费者遍布北京、上海、广州，在家里面，通过京东的网站去下单，京东的员工就在仁寿县的田间地头，进行采摘，第一时间保鲜。现场摘完之后，我们清洗、分拣、包装，整个一步流程。我们有车，红色的车，大家都见过，就停在田间，打上你的订单，因为你已经下

---

① 仁寿县是电子商务进农村示范县，非国家级贫困县。

订单了，张三、李四，叫什么、在哪儿，都已经知道了，通过这辆车就运走了。从四川到北京、上海，大概是两天，最快的36个小时，一般是两到三天就能收到，消费者体验非常好。这不仅大大缩短了运输环节，更重要的是简化了流通环节。之前是通过几层批发商，有一个广告叫"中间商不赚差价"，我们是中间一环，由京东作为一个中介机构，连接消费者跟当地的农户、合作社。

这个活动非常成功，带动了当地的销量6.2万吨，销售额3.7亿元。第二年我们就接着搞，这个非常好，比之前线下的销量增长了76%。这是我们做的京东直采，生鲜这块。

现在有个问题，像这样的县特别多，当地的特色产业，苹果、猕猴桃、枇杷等生鲜水果，它做电商有一个弊端，是什么？消费者在进行电子商务购物的时候，你有白天黑夜之分吗？你有冬天夏天之分吗？没有。但是生鲜水果不一样，它有季节性，就这两个月，卖完没有了。有人说保鲜，可以，枇杷还短一点，苹果比较长，可以达到半年、十个月，有气调库。不管再长，它也是有时间的界限，像枇杷这种更短，怎么办？我们有没有好的解决办法？

发言：提前开始卖。

李敏：提前也可以，非常好，我们叫预售，或者众筹，在它成熟之前。你把我后面要讲的都说了，我后面还讲吗？（笑）除了预售之外还有吗？我在上一个案例已经提示大家了，还可以做什么？农业属于一产。

发言：还可以做其他的相关产品，像枇杷膏。

李敏：对，加工，做枇杷膏也好，做念慈庵枇杷糖浆、枇杷酵素、枇杷原浆，就是做加工品，一是保质期更长了，二是它的附加值更高了，你卖得就更贵，你的溢价也更高，农民得到的收益就更高。

在当地刚好有这样一个企业，做枇杷原浆，就是枇杷汁。我们在网上买水、买果汁、买可乐非常多，枇杷汁谁喝过？少。这个老板也非常忧愁，说："我一无所知，如何去做电商平台？"我们给他设计了一个营销方案，京东平台有一个"秒杀"，就是不论它的价格是多少，以很低的价格抢购。那个老板一算成本，说："哎呀，我每卖一罐要赔×块。"

我们说："不要紧，先做。跟着这个枇杷节，先做。"做了两个月之后，又见到他，就问他这个怎么样，枇杷节卖得怎么样。老板一脸愁容，说他赔了不少。

大家来思考一下，他是赔了吗？这个钱他花在哪儿了？第一个，广告。他赔了不少钱，就相当于卖了很多罐饮料。我们做任何产品其实都需要打广告的，"农夫山泉——大自然的搬运工"等所有的，在传统媒介来讲，央视也好，报纸也好，你打广告，几个亿砸进去，你知道多少人看吗？你那个广告播出去，有几个人看？不清楚。我们平台上每天流量非常大，谁点的，全都清清楚楚。除了广告还有吗？

发言： 体验。

李敏： 非常好，体验。

我们去超市会听到："这位先生，我们新出了产品，免费品尝一下。"一个人站在那儿一天，你觉得能有几个体验者？不说你的产品能否卖出去，人力呢？你要聘请他在一个超市，而且全国多个超市，你花多少钱？我们这个呢？有大量的人买了你的产品，也就是有大量的消费者体验到你的产品。我只有第一次先体验，第二次才有可能会去购买。这一步非常重要，不仅仅是广告，这比广告更进一步，至少你拥有了大量的消费者。

还有其他的吗？

发言： 我对您刚才说的有一点点怀疑，您说买了第一次就会买第二次。

李敏： 不见得，但是至少第一次有人买。

追问： 如果第一次有人买，第二次没有人买，其实这钱是打了水漂，因为它没有起到实际作用。你们通过什么样的方式去保证（有第二次购买）？

李敏： 这就是我要说的第三个。除了广告、除了体验，还有第三个吗？

大家想象一下，你想要得到这样一款饮料的话，你需要告诉我什么？我看了看，在座有很多不是人大的同学，人大有一个"人大校园派"，那个地方有京东的无人车，大家下课去看一看。当你在过去的路上会遇到人，比如说，"这位同学，我们很有缘，你看我们能不能认识一下？留个联系方式，告诉我你的姓名和电话，我给你一块钱"，你给不给？不给吧？你再往前走，又碰见一位，"我说这位同学，我们很有缘，我给你10块钱，你就告诉我电话就行，加微信也行"，10块钱加微信，你给吗？不给。你想得到它（饮料），你需要告诉我什么？姓名、电话，我得给你寄到家，或者让你来取，你是不是要告诉我你的姓名、电话？你写上中国人民大学几号宿舍楼哪个宿舍，我就知道你是学生。有的是家庭地址，哪个小区、几号楼。有人不说，写单位地址，我知道了，你是公务员，你是教师，你是京东的。我一写就是我的单位地址，我现在不敢写京东大楼，我就写18号院，但是他们都知道。我最幸福的就是有时候各地的特产寄过来，虽然没有告诉他们我的地址，但是他们通过大数据分析，还是能分析出我公司的地址以及我的姓名和电话，我只能去拿，尝尝他们的生鲜水果，这是我的一个福利。

大家思考一下，你在线下10块钱都不愿意给的信息，在网上，企业花很少的钱就得到了。一罐饮料，一个消费者，你卖了多少罐饮料，就得到了多少个消费者的信息，你有了这么多消费者的数据，你还不开心吗？你还想要啥？别说百分之百，10个人里面有一个去重复购买，就发了。

京东"6·18"，我们的活动从6月1日就开始了，你们都买过的，还有"双11"，做了几个年货节，这个企业经过短短一年多，2017年的时候就已经是京东品牌新饮料类目第一名。大家可以上网去搜一下"福仁缘枇杷汁"，你觉得现在很便宜还能买到吗？现在不便宜了。

我们现在开展战略合作，不仅是卖枇杷汁，还给他提供贷款，进一步帮助他做大做强。这是我们最新做的，一步步扶持他，他是我们在农村地区发现的比较好的企业之一，所以我们会重点跟进，从销售到企业扶持。

这是产业扶贫，重点大家理解了吧？挖掘当地的资源禀赋，带动数量，扶持品牌。

创业支持与用工扶贫

现在好多地方不太了解电商扶贫这样一个模式，一是不太了解电商，二是不知道如何用电商去做，还停留在网上开店，然后这样去对接。所以我们要将京东的理念告诉他，我们不仅仅是一根网线的问题，当然首先是网线，再一个，当地整个产业的扶持、生态的扶持对我们来说更重要，我们是扶持当地的产业慢慢地发展，由产业来带动。

所以我们力所能及，也办了一些培训班，支持当地的企业和农户。比如说宿迁，我们要给宿迁办 10 期培训班，为当地相关领导提供培训交流。首先领导要明白，我们这个培训不仅仅是面对农户，其实当地村主任也好，县长也好，局长也好，他们的这种领头带头作用非常重要。尤其是在农村，基层政府的力量非常强大，我们要向基层政府的领导去阐述我们的理念，首先让他有转变，才能带给下面的农户。

一些县确实什么都没有，没有产业，没有资源，农户也没有很高的学历去掌握电商，怎么办？只要你四肢健全，只要你诚实善良肯干，你可以打工，好多人不是到东南沿海去打工了吗？但是由此造成了现在的空巢问题。

我们怎么做？京东是一个遍布全国的企业，我们在各个地方建有仓库，我们在本地招工，（贫困户）成为京东的快递员不就行了吗？你不用到福建、广东去，你就在本县，成为京东的员工。在招工过程中，我会去鉴别你是一个家境还可以的还是说你是一个贫困户。我把政府请过来，这是我招的 100 个人，帮我鉴别哪些是家境还可以的，哪些是建档立卡贫困户。名单一扫，哪些是，拉出来，好，这些贫困户我要，我们就通过招工解决了部分贫困的问题。

京东的员工都是上五险一金的，薪水在同行业中还是可以的，所以我们的口号就是"一人就业全家脱贫"。2010 年我们国家建档立卡贫困户的生活标准是一个月 2300 块，我们京东的员工一个月工资比这多，我刚才讲的苍溪县，一个月 4000 多块。所以你想想，他一年 5 万块钱，可不是全家脱贫了吗？当然我们还有很多优惠措施，比如车，有很多人会提到比较具体的措施，我们京东有快递车——三轮车，那个车是需要自己有的，你自己买也好，造也好，总是要钱的，贫困户也没钱，怎么办？我们又找到京东金融，每个入职的贫困户，把他的三轮车的钱给他贷出来，提供 6000 块钱贷款。贷出来之后，快递员每月从工资中扣一部分钱还贷，还完截止。这不就完美地解决了吗？

到现在为止这也是我们独创的，它跟其他的还不太一样，这跟我们的业务发展是相关的。我们没有额外过多增加公司的负担，没有为此去蹭热度或者怎么样。我们很踏实地去做，虽然不多，全国几万人，但是我们是依托公司的业务发展。本身我们在全国的城市端都已经布局了，我们就是往农村扩展，就是要招人，为什么不招贫困户呢？人家还肯干，所以是一举两得。

金融扶贫——"海陆空联动"案例

我们还给农户提供贷款。我重点以"跑步鸡"为案例，向大家阐述一下我们的扶贫内容。

"跑步鸡"，大家有吃过吗？它的养殖点选在河北省武邑县。选择这个县的原因有两个：一是国家级贫困县，这是肯定的；二是在河北，也就是它离北京近，离消费市场近。2016 年，我们与国务院扶贫办签约的时候，刘总发表讲话，我们要做"跑步鸡"。记者都是第一次听说。现在的鸡都是市场化，工厂流水线，三四十天出来，打激素，不能说它不好，但不是最好，我们要做就做最好的。刘总提出来，我们的鸡要在田间地头、山上散步、跑步，要自由自在地跑步，跑多少步呢？100 万步。有人说你怎么去监测它跑 100 万步？你总不能天天去盯着它。可以，怎么不可以？手环。我相信同学们的手机里面有软件，上一天课，到晚上去跑步，围着操场跑几圈，我今天两万步、明天三万步，在朋友圈晒一下。网上有那种，他自己感冒生病了，在家不活动，把他的手环绑在狗身上，狗在跑步机上跑，都已经到了这种地步。鸡也可以，跑 100 万步。我们测算了，一天跑 5000 多步，6 个月（180 天）跑 100 万步，"跑步鸡"就是这样来的。

"跑步鸡"晚上睡在树上，它跟我们人是一样的，我们天天坐着就会不想动，你一旦跑 high 了之后就越跑越多。"跑步鸡"睡在树上，怕它跑丢了，因为这个鸡蛮贵的，就建了个围栏，以防它跑了。还给它增加一些营养，因为有钱了，我们给它配点水果，每天吃水果、听音乐，就跟国外一样。180 天出来，然后进行屠宰，我们有冷链，还有我们的冷链运输，在北京，很快就能运到。售价，3 斤在 160 ~ 180 块，有大有小，这是平均售价，是市场售价的 3 倍，一般的普通的鸡市场价格在五六十、六七十块。

大家猜测一下，销量怎么样？刚开始也就几万只的产量，在北京热销。北京有多少人？北京的人均月收入是多少？一万块总是有的吧？大家想象一下，我们中国的传统是女士生完孩子要坐月子，当你的夫人坐月子的时候，你每月收入一万块钱，你会不会花 188 块给她买一只"跑步鸡"？答案可想而知。对任何一个北京的人，当你家里面有这方面的需求时，你会毫不犹豫，不会觉得 188 块一只比 60 块一只的贵。第一年热销，都火疯了。那年"双 11"，"双 11"不是电商节吗，我们刘总做直播，做大盘鸡，用的就是它，都火成那样了。

销售地点选在北京，是因为北京是巨大的消费市场，我不需要全国范围卖，北京两三千万人口，足够了，当然后面我们可以慢慢再扩大范围。这个项目投入了很多的人力、物力，虽然这个扶贫项目非常好，但是对于我们来说也是一个很大的付出。别的不说，就我们京东员工的工资一年多少钱，我去养这个鸡，这个我们是没考虑在内的。"跑步鸡"这个案例，效果非常好，养殖户全部是贫困户。我们将这个项目完完全全地作为一个扶贫的项目，我们在这里面所得到的收益全部给了农户。我们会扣除成本，仓储、配送、一些其他开支都刨开，最后 40 块钱都给了农户，所以农户得到了巨大的收益。其他的隐性投入，京东是没算的，因为我们没有把它当成一个营利的项目，就是扶贫，农户的收益特别好。

做了这个之后，刚才说到，其他的还做不做？也有很多县找我们，我们根据当地的特色做了一些扶贫项目。比如"游水鸭"，在江苏泗洪县，当地本身就有绿毛的鸭子；"飞翔鸽"，在河北阜平，选择它是因为我们刘总是村主任，平石头村的村主任。京东上商品很全，"跑步鸡"、"游水鸭"和"飞翔鸽"，我们做了个"海陆空联动"的扶贫项目。做这个挺有意思的，我们做了很多创新，不仅仅是在互联网企业，在国内的所有类型企业都是创新。

京东的扶贫模式

下面再介绍一下我们的模式。京东是个平台，我们不仅仅是一个企业，更是电商的代表。这边是消费者，全国十几亿的消费者，主要是以城市居民为代表，他有消费意愿，有比较高的品质要求；另一端是制造商，不仅有企业，农户也涵盖在内。农户生产产品，然后提供给企业，企业再进行分拣、包装、质量统一把控、加工等，加工出来一些产品之后，我们把它称为商品，就可以在电商平台上销售了。我们作为这样一个平台来链接，其实就是将原来不管是由于道路交通的原因还是由于信息闭塞的原因局限于本地的这样一个产业，通过电子商务这样一个中介、一个渠道，对接全国、全球这样一个广域的市场，给它释放出来。我认为这是比较重要的。

当然我们的优势很多，一个非常重要的优势就是我们的物流，我们在全国有500多个仓库，覆盖全国99%的人口，基本上现在很少还有买不到京东平台上的东西的，非常少，我们的仓库遍布全国各地。

与此同时，我们还做了很多创新的尝试。一是前置仓。为了让陕西眉县的生鲜产品（主要是猕猴桃）更快地入仓、更快地销售，我们在当地特意建仓，就是不局限于京东自己的物流规划，依托当地的产业发展优势，当然也是把业务的需求跟当地扶贫的需求结合在一起，我们特意在当地建前置仓，就在本地建。产品成熟之后就入仓，入完仓之后，就纳入京东遍布全国的大小物流体系中，快速地送到全国各地。

二是京东的无人机。在全国各地有很多贫困县道路交通不便，有山，有河，没路，修路那是国家的事。我们做什么？用无人机，直接空中点对点地飞。在陕西、云南的很多地方，从这座山看到那座山，挺近的，能看到，但是山路盘绕，走不过要五六个小时、七八个小时，更别说运输了，从这儿运下去。无人机直接飞，空中点对点，10分钟就到了。在四川悬崖村，800米悬崖，10分钟运送到。前两个星期，北京密云下暴雨，道路冲塌，京东无人机就飞过去了，投送物资非常快，不用救援人员冒生命危险，因为路都断了，根本过不去。要是用飞机，地也不平，降落也有危险，我们就用无人机，直接飞，非常快。前天我们在陕西又进行了药品运送的演练。当地一个村民的孙子在家误喝了农药，肚子痛，村子在山上，也比较偏远。当地政府联系我们，我们紧急出动无人机，装上药品直接飞过去。

我们现在做了整个无人物流体系，非常庞大，有机会再给大家详细介绍。不仅仅是小的，大家目前可能还没有觉得它的优势在哪儿，再过两年，等我们全部建成之后，它就像汽车、公路、高铁一样，航空物流，而且是无人航空，全世界没有先例。

这就站在了整个前沿领域，不仅仅是扶贫工作，包括科技等，我们创新性地将它纳入京东的扶贫工作，这是之前没人想到的。这个挺有意思，我们觉得这个事虽然挺辛苦，但是也很欣慰、很兴奋。

我们还做了消费扶贫活动，是跟前面所讲的内容联系在一起的。前面是我们京东所做的电商产业扶贫模式，接下来的消费扶贫就是号召全国人民都来买贫困县的产品。我不需要京东片面地去投钱，京东去捐钱捐物，那个当然我们也在做，它跟基金会是两条线，我们有京东公益基金会，专门捐钱捐物、帮助妇女儿童搞一些活动，但是我们把它归为传统的公益慈善。我们是电商扶贫，电商是基于商业的模式，扶贫是我们的目的，两个合二为一。

通过京东这个平台，我们在全国有3亿多个活跃用户，覆盖10亿多个消费者，每个用户都去买贫困县的产品不就行了吗？而且价格是一样的，它不会更高，不会说为了献爱心付出额外的成本，你只要正常地去购买贫困县的产品就足够了。我们为了这个，还专门在京东首页上搭建了京东扶贫专区，在这个页面上，栏目里面都是贫困县的产品，这个效果也非常好。我们和很多NGO一起合作，号召更多的人关注它。当然京东保证产品的品质，你既享受到了高品质的产品，又去购买了贫困县的产品，为贫困地区脱贫增收贡献了自己的力量，就是一件事有了两份意义。我们认为，这样一方面更有效果，另一方面，更持久、可持续。在这里，首先贫困户得到收益，毫无疑问；其次，消费者得到收益，得到他想要的高品质的、绿色环保无公害的产品；最后，企业在中间这个链条中也得到了应得的收益。各个方面、各个角色参与了，整个产业链中各个组成部分都得到了自己的收益，这才可持续，这也是我们所做的工作得到大家认可的一个原因。

以上就是我向大家简要地汇报我们京东的扶贫工作，感谢大家的支持。

对话与讨论

房莉杰：结合刚才讲的，第一个问题，政府和电商都在做产业扶贫，你可不可以介绍一下，电商在做这些事情上跟政府相比有哪些优势。

李敏：我前面讲解的案例，给大家介绍的"跑步鸡"，其实它是我们产业扶贫的一个典型案例。这么多年国家的扶贫政策是政府自上而下推动的产业扶贫，政府会告诉贫困村，你要做一个产业，养鸡、养小白兔。做完之后，又开始犯第二个愁，就是愁销售，就开始找各种企业，包括这两天由政府牵头，各个企业到西北四省进行农产品产销对接。虽然把产业扶植起来了，但是没有解决销售问题，或者销售不是它的强项。

我们做的产业扶贫是自下而上，由市场端出发。我前面给大家讲了，我们先到这个地方看当地产业怎么样，产品能不能卖得出去，或者有没有基础条件，如果有，OK，我再来帮扶你，把产业做大，提升产品品质。比如我们的"跑步鸡"，我们很明确地抓准了现在市场上的需求。市场上不缺鸡，全国各地都有，哪个省份没有？甚至一些省份特别多，前两年一些地方的产业扶贫项目非常典型，号召大家养鸡，政府免费发鸡苗，养了几个月之后，出栏了，发现卖不出去。你家养，他家也养，整个县都养，谁会买你的鸡？他运不出去，也卖不出去，农户看着鸡一天天长大，非常犯愁。现在消费市场上不是缺鸡，而是缺高品质的鸡，不了解市场当然会产生滞销。

当然我们还有营销，我们的爆点不仅仅是健康，更在于100万步，这又和其他散养的鸡区别开来。还有我们刘总做网上直播等各种营销方式，让大家知道我们的鸡虽然是很贵，但是契合了现在北京高端人群的需求点。它的销量非常好，销量非常好（消费者）就不在意价格了，中间的价格就有了溢价空间。有了溢价空间之后，我们当然就可以让利给农户，农户的收益就很明显，整个扶贫项目组织得很好，这就区别于传统的。传统的就是政府来做，做完了以后卖，通过市场卖，愁，卖不出去。好不容易卖点钱，一层一层的，大家都需要钱，农户的收益也不高。我们自下而上，由市场端出发，找到市场的需求点，先解决销的问题，解决完销之后我们再倒推，该做品质做品质，该做品牌做品牌，在这个过程中把整个项目做好，我认为这是非常重要的一个点。

李英格：其实我们遇到的三个方面的问题是我们一直在追问的，不仅仅是今天中国的这种公益慈善或者扶贫，西方也一样，就是两个"效"，一个是效率，一个是效果，还有一个是可持续，这三个问题怎么解决？我们比较政府的行为、企业的行为、NGO 组织的行为，政府、企业、社会在做扶贫项目或者其他公益项目的时候，是通过这三个角度去测量它到底优势在哪里、劣势在哪里、效果是什么。一般情况下我们去思考这些扶贫项目或者公益项目，都会说企业是追求效率的；NGO 组织是追求情怀的，因为它是解决社会问题的，它的出发点不是解决效率；政府介于两者之间，所以它是解决社会问题，同时要达到一个平衡，也要给自由市场竞争一个土壤。一般认为这三个是分开的，各自扮演各自的角色。

现在我们发现，尤其是在扶贫领域，我们发现如果各自单一来解决这个问题的话，其实都达不到这三个测量的标准——效率、效果、可持续，所以需要企业的创新，这个时候你才可以知道我们能够打造一种模式，同时提升这三个指标，否则你就只能在一个指标上走。这是我认为从整个框架下看京东这个创新的意义，它可以同时解决效率、效果和可持续的问题。

房莉杰：我的理解，李老师讲到政府、社会、市场三个逻辑。其实在传统社会政策领域一直是排斥企业和市场的，认为社会政策存在的意义就是要补充市场分配资源的不足，通过再分配解决社会问题、减少社会不平等。比如扶贫，我们过去可能更多的是看到自上而下的政府政策的实践，以及自下而上的社会逻辑，像农村的合作社、农村集体经济的发展，关注的更多的是这样的东西。但是京东的案例给我们的启发是说从市场的角度对于扶贫的应对，我觉得，至少从市场的角度上，跟政府的产业扶贫相比，京东做这个事情有三个优势，或者说是电商的优势。这三个优势李敏刚才都讲过，就是物流优势、销售平台优势，以及掌握市场供需信息的优势。这里面其实每一块又都跟技术创新联系在一起——基于电商的销售平台本身就是企业创新和技术创新，物流网里也有很大一部分跟技术创新有关，而对市场供需的精准把握又是建立在强大的大数据分析基础上的，这也是技术创新。所以说京东的电商扶贫模式，我们可以把它理解为，在信息技术革命的背景下，这些新型企业如何通过市场应对社会问题。所以我们看到的京东创新模式，其实是技术创新和企业创新如何利用市场，去应对某个社会问题。

提问：我有一个问题，刚才说到电商扶贫在这个过程中跟政府相比其实是有一定优势的，我想问问，在你们做扶贫的过程中，你觉得最大的困难是什么？你现在想想在哪个环节会做得更顺利或者更好？

李敏：我们到各个地方去做，也遇到了一些困难，这是肯定的。除了一些很难去解决的困难之外，我们认为在我们的工作中一个比较突出的问题就是当地产品的品质没有办法严格把控，贫困县也有一些产品，虽然不多，但是问题比较大的是它的产品品质还没有办法完全达到京东的要求。当然不见得一定是品质不好，有多种因素，比如这个地方生产的东西挺好的，但是它没有三品一标，当地企业又很穷，他没钱向国家商标局申请，属于这种，但是品质还可以，虽然说量也不大。就是这种问题，当地有好的产品，在有些平台是可以做的，但在我们平台上是不行的，我们平台上的产品必须要有品牌、有商标、有许可，这就是我们说的"三品一标"，最基本的你要有，这是我们的一个基本的要求，不会因为它是扶贫工作而降低对产品质量的把控。这是我认为的一个比较主要的问题。当然人的因素、其他的因素，都会有。

提问：你们在做扶贫的过程中，怎么利用你们的大数据平台？我一直很好奇，不知道电商是怎么来分析自己手上拥有的这些数据的，然后用在电商扶贫这个领域。

李敏：我刚才简单介绍了一下，我们通过数据分析，能分析出消费者想要什么。比如20万名消费者喜欢喝枇杷汁，下一次我就只推送给这20万人，给他发优惠券、给他发信息。通过京东平台的数据分析，我知道通州的人喜欢吃什么。比如在海淀区，大家对教育比较关注，我就会相应地推送一些教育相关的产品。

其实更重要的是刚才房老师讲的，基于全国的消费数据，可以快速感知当下全国所有的消费者对产品的需求，能快速反馈给生产端，不是某一个，而是所有的。大家对猕猴桃感兴趣还是对什么感兴趣？对高品质的感兴趣还是对甜的感兴趣？这很契合现在的供给侧改革。尤其是通过现在的消费升级，快速探测市场反应，反馈给生产者，哪一款产品挺好的，他就重点去做，从生产端给他信息，让他加大产业调整力度，能够快速去反馈，这是我们在大数据上的应用。当然具体地对某一个产品、某一个企业，我可以告诉你，不是说全国所有省份的人都喜欢喝枇杷汁，哪些省份的人喜欢、哪个人群喜欢、哪个年龄段的人有消费能力，我会告诉你。你跟我合作，我们做一个活动，我就会定点推送这些信息，对企业当然是个促进。

李英格：从这个角度讲，它大大提升了效率。如果是我们捐 1000 万块，由政府主导，做这一类型的扶贫，比如产业扶贫，在哪个地方生产。政府再来跟企业合作，信息有一部分流失了，信息流通的道路也长了，所以它的反馈机制也长了，效率肯定是降低了，1000 万块的效率，到最后真正实现出来可能只有 30%。

如果由企业驱动，它已经探测到市场的需求，反过来到那个地方跟政府合作。这就是接下来学者跟企业共同要探讨的：政府、企业、社会三方怎么合作、怎么协作，才能更好地提升效率和效果。这个时候，企业到了生产地，政府跟民间、跟社会其实是配合企业的需求，效率大大提升，效果也提升了。

最重要的是，为什么中央把电商扶贫列为扶贫的几大战略之一，是因为它还是可持续的。过去的扶贫经验很多时候是很想授之以渔，但是实际上你找不到那个点。随着技术手段的提升，尤其是电商，可以可持续，不用政府、纳税人或者民间不断地投钱，捐资捐物，以前我们的扶贫模式就是捐资捐物，扶贫基金会也好，政府也好，主要是用这种传统模式。从这三点来讲，这确实是非常棒的一个企业创新的案例。

房莉杰：说到这儿，我们第二个问题与此相关，刚才提到了跟公益基金会的区别，请李敏讲一下你们公益基金会做的扶贫项目，然后我们比较一下跟现在的精准扶贫的区别。

李敏：我们京东有个公益基金会，它的工作还是以基金会为主体去做，它是有钱的，我们做扶贫工作是没钱的。京东公益基金会主要承担的是对外的慈善、公益、企业社会责任，京东作为一个主体方对外输出，包括捐钱捐物、献爱心、帮助妇女儿童搞一些活动，也联合商家开展爱心捐赠活动，这主要是由我们公益基金会做的一些活动。

我们这个部门跟它相对来说是独立的，我们做扶贫工作没钱，不能说一分钱没有，但是我们是没有这个项目资金，那么我们就会思考我们这个工作如何做、如何来开展，我们的钱从哪儿来？公司又没有，我们本身又是做扶贫工作的，更不可能向外要钱，所以我们就是依托京东的业务。京东本身就是电子商务零售公司，我们做销售，不仅仅是卖 3C 产品，我们现在卖贫困县的农产品，卖到城市，不也是京东企业的业务发展之一吗？虽然也是挺辛苦，不太好做，会受到很多制约，但这是我们的目标。我们从开始制定这个战略，到一步一步去完善它，也是跟政府合作、跟企业合作。不太了解的，我们就给他培训，没有钱的，我们通过京东金融给他放贷款，这也是我们的业务之一。它不是纯投钱，是作为京东的业务给当地农户。当然我可以做一个优惠，如果没有人我也可以招工，跟公司的成长发展是一体的。

在这里有一个隐含的信息，2015 年京东还在亏损，2016 年京东做扶贫工作，2017 年出来财报之后，显示京东集团整体首次赢利 10 个亿。实话实说，它其实并不仅仅是因为扶贫工作带来的盈利，那是不可能的，更是依托京东业务，我们的业务成长到了这个节点。我们的仓储大面积进来之后，我们前面并不是亏损，而是一直在投入、研发、仓储，到这个节点就该赢利了。但是另一方面说明我们的扶贫项目至少没拖后腿，也给公司业务的发展带来积极向上的促进作用，所以到 2016 年开花结果是一个相应的过程。

房莉杰：企业做公益、做慈善，如果比较的话，可以分为三种模式或者三个发展阶段。

第一种，我们大家肯定比较熟悉，李敏一开始就已经提到了，企业包片扶贫的模式。像这种模式，企业是额外拿出钱来做慈善，而且他做的这些慈善可能跟自己的业务是完全没有关系的，比如一个猪饲料企业去建希望小学。因为跟企业的日常经营主业完全没关系，所以企业自己经营的优势、技术优势是用不上的。

第二种是我们看到的京东公益基金会的情况，他也是自己拿钱出来做公益，但是在一定程度上能用上企业的技术优势。比如我们可以看到京东 App 里有一个二手回收专区，就是你自己家里有不穿的衣服、不用的东西，都可以点那个，他就自己上门来收，通过京东的物流给你捐赠到一些有需要的贫困的地方，这个公益项目在很大程度上就用到了京东的物流优势，是跟他的业务联系在一起的。但是就像李敏刚才说的，这个东西也是赔钱做的，我要额外拿出钱来做。京东公益基金会每年有固定的一些钱放在这儿，你就是去做慈善的，是赚不了钱的。

但是我们看到精准扶贫不是放在公益基金会来做，也就是说他在定义这个事情的时候没有把它定义成一种被动的公益，而是把它跟日常的经营活动密切联系在一起，在经营的同时其实就实现了这样一个公益目标。我们可以看到，在精准扶贫方面，企业商业行为和它的公益行为中间的界限已经打开了，就是一个行为兼顾了这样两项东西。这是第三种模式。

再往深一步，从社会政策角度解读，原来的时候我们是从社会排斥的角度理解企业和市场，因为市场产生了社会排斥，企业在这里面的一些市场行为产生了优胜劣汰，被排斥出来的这些人，我们需要社会政策来保护他。所以市场造成了社会排斥，社会福利用以实现社会融合。但是现在的情况是，在这个市场行为当中，市场经营的同时也在有意识地做社会融合，我们理解传统社会政策的一些范式就产生了根本性的改变，这其实就可以结合李秉勤老师之前讲的就业的理念。

李英格：因为我是研究企业社会责任和企业社会创新的，从整个企业社会责任的理论发展、实践，都可以看到已经完全变化了，不仅仅是企业商业跟社会政策的界限已经被打破了。因为以前我们都认为，随着资本主义的发展，市场会失灵，由政府和 NGO 组织介入来弥补企业造成的市场失灵。现在我们看到，这其实也是早期的社会责任发展起来的一个原因，从卡内基开始，当然最早可以延伸到中世纪的阿奎那，包括温总理谈到的亚当·斯密，也谈到了企业社会责任，企业在经营过程中也不能忽略它的道德责任。你看他强调的是道德责任，就是企业有它的社会性，也需要回应社会的需求，所以它需要做慈善。卡内基最著名的一句话就是"我死的时候如果有那么多钱，那就是我的耻辱"，他认为企业家赚到的钱要回馈给社会，这其实还是个道德责任。在 20 世纪 70 年代的时候，美国学者卡罗尔专门从理论上——这就是企业社会责任理论的起源——去论证企业为什么在履行它的经济责任的时候也需要履行另外三个责任——法律责任、伦理责任、道德责任。

虽然企业有这四个责任，但是权重是不一样的，所以这叫"卡罗尔结构"，就是一个金字塔结构，从下到上权重依次为 4、3、2、1。第一层次是经济责任，因为它如果没有经济责任，就变成社会的问题了，我们还得去解救困难企业，所以它首先有经济责任。第二层次是法律责任，就是上税等各种责任。第三层次是伦理责任，比如它对工人的一些伦理责任。第四层次是慈善责任。慈善责任所占的权重是1，有点像基督教的"十一奉献"，你的收入要拿出10%去做慈善，这是最早的。

到了80年代，其实已经又推进了，企业这种金字塔结构已经不能满足整个社会，企业的这种社会责任也回应了整个社会文明的发展和政治经济的变化。所以到了80年代的时候，利益相关者理论模型出来了，为什么？是因为企业需要去回应利益相关者的需求，它的责任不仅仅是对消费者的责任，它对内四个利益相关者、对外四个利益相关者都要承担责任。对内就是员工、投资人/投资者、供应链、上下游企业，你都需要去关注；对外，政府、社区、消费者、社会公众，都需要关注。但是不可持续，因为整个虽然是八大关系人，但权重不一样，股东利益是不是跟其他利益有矛盾了？所以你还是需要去选择。

到了90年代的时候，可持续发展模型出来了，是因为企业不仅无法维系同时回应八大利益相关者的需求，而且企业本身也是个问题，它对社会和环境造成的问题可能需要由整个社会来承担，比如环境污染、市场失灵。可持续发展模型出来以后，就变成我们需要三重底线，这是已经被联合国采纳的，西方发达国家都要采用企业的三重底线原则，就是它已经从1/10变成1/3了，即企业的经济底线、社会底线、环境底线，这三重底线你都要持守，否则是不可持续的。因为企业的发展取决于整个社会的环境，如果环境污染到一定程度，企业是无法可持续的。

但是京东现在的实践已经上升到更高一层，这就是哈佛大学的霍特教授谈到的共享价值。就是在这之前的企业社会责任还是被动的，他要回应社会的需求，要回应整个八大关系人的需求，但是社会责任不是内生的，企业最终的核心动力和创新力就丧失了，他认为就是花钱，花钱的话，钱捐出去了，他就履行了责任，但是这个钱到底产生了什么效率、什么效果？是否可持续？企业是不关心的，因为他也没有能力去关心，如果不采用创新的方法。这其实也是美国的问题，不仅仅是中国的问题，因为美国的捐赠效果、效率不可持续问题也是非常大的，这就是为什么比尔·盖茨不把钱捐给基金会了，而是自己做了一个基金会，亲自去非洲做以对付传染病。扎克伯格走得更远，他都不成立基金会，而是成立一个公司，来对抗美国的贫穷和教育问题。这就是整个社会环境、政治经济环境变化了，需要企业发挥能动性、创新力，企业的创新力比政府和公益组织要多得多。中国每年企业捐赠总额有 1000 亿元，但是我们知道这 1000 亿元达到了什么效果吗？我们知道有什么效率吗？这 1000 亿元是否可持续？每年企业都在捐钱，捐完钱以后给了公益组织，公益组织的效率可能有时候还不如政府。

上次我们去腾讯访谈，"腾讯为村"项目负责人圆圆就说，第一年腾讯捐给上海的某家公益组织 5000 万元去做乡村儿童扶贫，最后效率还不如政府，政府的效率可能有 30%，但是公益组织跟不上，钱给他了，他的团队、管理机制跟不上，所以效率更丧失了。到第二年的时候，腾讯就没有动力了，只捐了 1500 万元，自己做。自己做了也是发现不可持续，因为他第二年还要捐钱，所以他现在做了"腾讯为村"项目，不仅可持续，每年也能赚 2000 万元，还可以给更多的人去做，其实跟京东的精准扶贫就很吻合。这就是为什么我们觉得这样的案例是宝贵的，希望能够在理论上提取它的模式，让更多的企业能够用新型的社会创新去履行社会责任，从被动变为主动。

房莉杰：第三个问题，我们进入实践层面，刚才李老师提到一个问题，其实京东跟地方政府是有互动的。我想问一下，因为现在是你们主导的扶贫方式，不是政府主导的扶贫方式，你们在基层这种企业主导、政府辅助的扶贫的具体互动是什么样的情境？

李敏：具体到我们在实施的过程中，因为虽然它是自下而上的，但是对于企业来讲，我们是以企业为中心，有政府的政策，有当地的环境，这个环境不是指自然环境，而是说电商的一些基础环境，比如物流，比如支付是不是都可以，还有当地的企业或者组织，像中小企业或者农民合作社这样的组织跟我们进行互动，构建的是这样一个机制，其实是一个链条，底层是商业模式，是业务的发展，基于市场、基于商业的模式，通过京东这样一个平台来进行链接，链接生产和消费。在这个过程中，我们跟政府会有互动，比如贫困户的认定，比如给我们推荐介绍当地特色产业，包括企业资质，比如我们想扶持一个企业，它的证件办照等需要政府的配合。

这是第一个。

第二个，企业首先应该是合法合规的、拥有资质证照的，这个产品是有质量检测的、有品牌商标的，如果没有，我也可以帮你，但多数都会有。一些贫困县没有，需要我们提供帮助。甚至有几个案例，我们还是京东注册商标，弄完之后无偿转让给他，我们也会做，当然这种不多，因为他确实没这个能力，我们还要再做，只能这样。当然更多的是在产品的质量把控、品牌的打造上，你有一个符合质量要求的产品，不代表你这个产品一定能够畅销，虽然我们有物流，你也进入了这个平台，但也不是所有的产品都一定会畅销的，我们可以通过各种方式、各种营销方法，也跟本地结合，营造很多营销方案，去帮助你。

第三个是当地的电商基础设施，比如你的物流行不行，产品一定要运出来，如果当地有京东的仓最好，没有也要想办法，实在不行就用无人机，或者当地的企业仓我也可以做。我们现在有个云仓项目，不仅是京东自己的仓，本地的比如供销社遗留的一些仓也可以和京东合作，京东的管理、技术整个标准输出给你，以我的标准来纳入京东物流体系。还有支付，现在是电商环境，你的支付是不是畅通？这样做，也是一个促进，在当地的基础设施、政策的推动下，我和我的合作伙伴一起把电商产业链做好，打通从生产到消费的产业链，以京东为代表的主体推动力去推动它，以整个商业基础逻辑来做这个事。这样就涉及刚才李老师说的，我们第一见效果，第二见效率，第三是可持续。在这个产业链上，政府要的成绩是脱贫，达到了，贫困户脱贫肯定没问题，不管是直接的帮扶还是带动，企业招工也好，企业流转土地，贫困户会有分成。包括平台，做平台，我们也会得到收益；包括物流，都是有费用的，起码我不亏本，微赢利；包括合作伙伴，他的产品卖出去，企业发展壮大，他也得到收益。在这个产业链条中，各个参与者、各个利益相关者都得到了自己想要的东西，其实都是可持续的，大家愿意做，愿意和京东合作的原因就在这儿。

李英格：作为学者，更关注在实践层面政企到底怎么互动，就是政府、企业跟社会。从理论上讲，哈佛大学的霍特教授提出用一个模型建构一个稳态的均衡，但是实际上在现实操作的时候怎么去做？因为政府有政府的需求，企业有企业的需求，社会有社会的需求，社会要解决社会问题，所以必须三方协作。三方还要能够得到收益才能可持续，否则如果有一方得不到收益，企业做着做着老是付出，都快破产了，他就不做了，这不是可持续的。这对于我们学者来讲，包括对于实践者、公共政策制定者都是非常重要的，就是我们如何找到那个交界面，就是我一直在强调的，企业的需求是一个圆，政府的需求是一个圆，社会的需求是一个圆，这三个圆交界的地方是他们共同的利益，他们利益的汇聚点是在那个地方，那么你怎么找到这个？你只有找到这个，才是可持续的，三方才能达到稳定的均衡。

因为我是研究政治经济学的，政企关系、政商关系都是我的研究课题，我的博士论文也是有关政商关系的。在过去，政商关系如果只是企业跟政府之间互动的话，它是不稳定的均衡。做一个博弈论模型的话，它是一个囚徒困境，因为你的需求是不一致的，你的信息是不对称的，你的能力也是不一样的，所以很容易陷入囚徒困境，那是一个不稳定的均衡，就是为什么最后双方都不是最佳的那个获得者，而是次好，甚至是大家都不好。

从传统经济学家的角度讲，我们最好小政府，市场失灵的时候，政府来介入，这就是为什么我们需要政府来解决市场失灵，政府有时候也会失灵，那就需要社会来解决，这是三方的一个协作，在这个问题上其实也需要三方协作。当三方构建一个新型关系的时候，它就能够稳定均衡。在这里面，政府的激励机制特别重要。政府如果持以前GDP的激励政策，可能就不那么关心扶贫，这一届政府把扶贫、绿色GDP都作为官员的激励政策，这是政府的需求，你满足了政府的需求，政府就会配合你。作为学者来讲，这个非常重要。京东这个案例也是可以非常完美地给予解释，我们验证理论，也可以知道从什么角度去推动政府和民间形成一个政企社良性互动的协作关系。

房莉杰：就像李老师说的，关于这个问题，我们会更倾向于留出一个开放性的研究空间，它到底在政商关系的微观层面有什么样的变化。由于时间的关系，我们没有办法展开细节去讨论这些东西，但是会有一个开放的问题在那儿，它肯定改变了，但是怎么改变的，是需要进一步去研究的。

房莉杰： 最后一个问题，其实刚才我们讨论的都是好的方面，京东做的这个东西没有亏钱，但是对于企业来说，不是没亏钱就够了，企业的经济目标是首要的，是要赚钱的。比如我在这个地方做这样一个事情，不是贫困地区，做这样一个事情，我的利润率是比在贫困地区做要高的。如果产生这样的利润冲突的话，京东怎么去处理？这里可能会涉及一些你们的企业文化，你们在企业内部，尤其是刚才李老师提到，你们是有股东的，你们怎么去说服股东，把它放在利润率相对较低的贫困县？

李敏： 我们京东的价值观第一条——正道成功。从一开始卖第一张光盘就是正品行货，到现在仍然如此。我们在做扶贫，也是因为企业的正向价值观，这也是我当时博士毕业之后到京东的原因，也确实真真切切地感受到京东愿意做这方面的事情。

当然，它会和我们在正常业务中间不可避免地产生冲突，这时候我们都会有一个考量，考量的标准也不是非常一致的，就是我们不能从纯业务角度出发，只是为了挣钱，当然我们也不能说这个是扶贫工作，我们就一定要亏，我们会有一个平衡。当然，一个是经济目标，一个是社会责任，当我们评估这个社会责任超过企业的经济目标的时候，企业当然就会去做它，哪怕企业挣得少甚至不挣钱，但是企业也在社会责任上、在其他方面得到了另外一方面的回报。当然我们不回避企业的责任、企业的正向品牌输出，这是我们这个企业正当地承担社会责任的一个目标，我们会评估，只要是社会责任超过了经济目标，我们就可以做。在过程中我们也会博弈，业务部门会问，我做这个产品能卖100万块，我做你那个可能只能挣10万块，同样的人力、物力、精力花出去，我干吗要做呢？还有KPI考核，但是对于我们，他说你们没有。你们向老板汇报，做这个县的产品卖了10万块，非常漂亮，但我到我们老板那儿去要被骂死。我说你放心，我们会向你的老板、向集团领导汇报你做的这个事，你做的这个事虽然只挣10万块，但是对我们整个集团的战略非常重要。这是难免的，但是我们确实在过程中做了很多这样的工作，因为我本身也经历过很多，也会在内部进行协调。这个时候我们要通过高层，上升到集团的大目标之后再往下去分解，让各个事业部、各个业务的小的利润目标去服务整个集团的大目标，这样就有一个平衡。

李英格：从组织理论来讲，这是必然的，因为企业的本性就是追求利益最大化。马克思批判得就更尖锐了，它的本质就是血淋淋地追求利润，其他的并不追求，医疗追求利润就是最典型的。但是从现代组织理论，包括高斯的管理理论来讲，企业为了长远发展，一个长期利益、一个短期利益，像疫苗就不是短期利益，他赚了很多钱，但是他没有长期利益。公司这种战略一定是公司的最高层创始人制定的，它打上了这个创始人的烙印，就是说你要从公司的长远战略出发，尤其是像这种可持续发展的企业社会创新，必须跟公司的长远发展战略是相结合的。京东很好地诠释了这种跟主营业务相结合的公益慈善，因为它跟主营业务相结合的时候是可持续的，是跟整个公司的发展战略一致的，不冲突的。如果是传统的企业社会责任，有时候是冲突的，冲突会很激烈，像他们这种冲突不激烈，可能是 10 万块和 100 万块，但如果是 10 万块跟负 10 万块的时候，冲突就激烈了。所以我们判断两个轴的时候，一定要找到中间的汇合点，否则的话两条线就是冲突的，是做不下去的。你只有找到它的汇合点，它才能达到平衡，刘总才能去说服你的领导，否则你都已经亏损了，也不可能说服的，这其实是最重要的。在企业的发展战略上，对企业的创始人和高层要求比较高，你要放眼公司发展的长远利益，能够去平衡，找到这个汇合点，和你的主营业务相关，这样整个社会受益，企业也受益。所以，其实从长远和宏观的角度来讲都是受益的事情，这就是完美的共享价值理论。

房莉杰：我有两个体会。第一个体会，可以跟刚才聊到的第一个问题结合起来讲，刚才我们聊到这种可持续的电商扶贫模式其实打破了商业利润和社会价值之间的界限。我们跟传统的企业公益项目比是这样，但是就企业自己的经济目标来讲，它这个界限还是存在的。刚才我们所讲的这些，李（英格）敏也好、李老师也好，一直在讲这样一个临界点。我觉得这个问题也是一个开放的问题，这个临界点到底在哪儿，什么样的情况我们能从企业的角度，他认为这条企业商业利益和社会责任之间的边界线是没有的，但是到临界点这条线又隐隐约约出现了，我觉得这是非常有意思的一个点。

第二个体会，李老师刚才也启发我一点，从组织社会学的角度，我们来理解新的环境的变化对于企业家预期的影响。刚才李敏所提到的，我就在想，他一直在强调这是一个大目标，一定是大目标，所以才能够排除一切阻力去往前推。这就有点像我们做社会政策的研究政府报告的时候经常会看到"第一点，领导重视"一样的道理。但是问题来了，领导为什么重视，尤其是领导现在为什么重视？其实京东是一个典型的案例，除了京东以外，我们还了解到像腾讯、阿里，也有一些类似的思路、模式出来，这些基本都是互联网新型企业，这些领导都是互联网大佬，为什么这些互联网大佬不约而同地会去重视这样一个东西？也就是说，整个社会环境对于组织的预期在改变，这些互联网大佬对于自己的社会价值、对于这个社会的社会价值预期和定位也在改变，这种改变的细节是什么？我觉得这也是一个开放的问题，留待以后进一步研究。

发言：你们在挑选特色县或者企业时有什么标准？

李敏：这个问题非常好。首先它一定是国家级贫困县，当然有些不是也没关系，我们是以贫困县为主，国家有 832 个国家级贫困县。在这里面，我们当然先选择好做的做，不是说这个县的经济水平高，而是说它有产业。我们叫产业扶贫，你得有产业，你没产业，没猕猴桃、没苹果，我卖什么？我卖黄土啊？就是当地的资源禀赋要有，有了我就好做了，这是我们主要的考量。

追问：过程当中会考虑地方政府的配合度吗？

李敏：对，当然会，国务院扶贫办给予了我们大力支持。京东到各县，都非常给力，领导亲自出来，我们要什么都配合。当然不是要钱，比如我们做这个活动，我需要鉴定哪些贫困户真的是贫困户，县扶贫办就会过来，他有档案，国家有建档立卡，有档案卡，他会鉴别谁是谁不是。比如当一个企业我们不太了解时，他会给我们推荐，若本地有 10 家企业，他会简要介绍每一家的基本情况，推荐哪家做得比较好，信誉度比较高，会给我们一些支持。这跟当地的支持是离不开的，肯定是要有，但是这个肯定以企业为主，是以企业、以市场行为为主导，其他都是配合。这跟之前是不一样的，跟传统的"万企帮万村"、政府号召各大企业到农村去定点帮扶不一样，哪一个企业帮扶哪一个村，一年投一个亿、投几千万元，跟那个是不太一样的。当然我们也会支持，但是它跟电商扶贫这种模式的理念是不太一样的。

发言：感谢，因为我是在一个部委做扶贫工作，已经搞了 7 年，今天来这儿获益良多，感谢社会与人口学院。另外想感谢京东，我们在很多基层地区，特别是农村，看到原来的计划生育标语也不让贴了，都贴的是京东。感触非常深，很有意思。想提一个很有意思的问题，因为我自己做扶贫做了这么多年，我觉得贫困地区最大的问题是地理格局的不经济。刚才您讲的这几个县，除了泗洪县，那是刘老板的老家，我没去过，其他几个县我都去过，只有武邑县和阜平县是国家扶贫重点县，重点县有 592 个。我们上次去调研的时候就发现，其实在贫困地区有很多基础设施是超前建设的，对于京东来讲，你布局网店也好，布局你的商业版图也好，在考虑中有没有对基础设施的超前建设和对公司布局的超前建设，说白了，你能容忍它 13 年的亏损吗？

李敏：我们更核心的优势在于网络的畅通，就是销售的道路更重要。所以在一些贫困县，它的道路等基础设施，不是最重要的。当然，如果你本身的道路非常好，对我来说是一个很大的优势，我会考虑在那儿建仓、建点，这是很重要的，但不是最重要的。最重要的还是产业，就是有没有产品可做，有没有东西可卖。

发言：因为今天谈得更多的是京东和当地产业的问题，刚才提到"跑步鸡"和枇杷汁，是培养消费者或者改变消费者习惯的问题，我可以叫它是开发消费者的问题。在这个过程中，京东从企业内部来讲肯定要投入很多资源，因为京东不止咱们这一个团队，但是那些资源也是有限的。我想问，企业这么大的内部利益是怎么平衡的？因为肯定它有机会成本的问题，我把热词给京东，别的商品就拿不到这个资源位，怎么平衡这个利益？或者说我们有什么更多的可以说服对方把这个资源位让给我们的点？这就是组织内部的问题。

李敏：我们有个大目标，就是京东的扶贫战略，这是京东集团的战略，在这个框架下有很多业务的小目标会有冲突，在这个过程中我们会去协调、判断这个事情到底值不值得，如果值得，我们就去做，如果不值得，我们就先放一放。举个例子，在京东首页上有一个板块就是京东扶贫，大家可想而知，在京东这样一个平台的首页上有一个专区的话，它的流量是巨大的。具体的数据不能给大家透露，但是我可以说，有这个专区，对里面贫困县的产品是上千倍的支持，而这个资源是免费的。这样一个小小的板块，我们花了很长时间去说服公司的高管，包括各业务部门，来给我们做这样一个东西。当然我们也要不断地向他表明我们做这个事是有意义的，虽然它不能直接给我们带来更多经济效益，但是至少我做这个不亏钱，我没有造成公司的亏损，通过这个，我的项目可以可持续，公司不用再投钱，公司也许可以微利，赢利当然更好，但是我至少不亏，可以微赢利，我得到了巨大的社会责任、巨大的社会影响力，这对公司来说也是一个资源。当然对业务部来说不那么重要，但是对整个公司集团来说它很重要，那么我可以去有一个弥补，这就是一个内部的机制。

发言：京东选点的标准是什么？就是我为什么在你这儿生产这个，换一个地方就做另外一个东西。你们有 17 万个商家，这些商家背后可能涉及咱们扶贫的一些企业，一个是选点的问题，一个是选择的问题，包括它的质量监控、安全监控、风险监控方面。

李敏：这就是我们很少跟个体农户打交道的原因，就在于你的产品的选择，个体农户是没有办法对产品的质量做出非常严格的检测、保证的，企业可以，有企业检验认证。当然你可以造假，但如果出现这种行为，你以后就不要跟京东做生意了。我们的市场号召力大家不用怀疑，没啥可怀疑的，当然并不是说不跟我们做生意你就没法做了，只是跟我们做更好。

我们对质量肯定有一整套非常严格的把控，我在这里所说的扶贫的所有工作都是在保证产品质量的前提下展开的，所以我很少跟个体农户打交道，因为个体农户没有办法保证，我要跟合作社、跟企业去做，产品品质是第一位的。这就是为什么我说我们的扶贫工作跟我们的业务发展是紧密相关的，我们不仅仅是为了迎合国家的扶贫战略，我们确实是响应国家的号召，更结合京东的业务发展，选择贫困县特色的、本地有资源禀赋的产业，然后我找一个企业来帮助孵化它、培育它。也许你原来的质量把控不是特别严，你原来没有跟京东做生意，现在我过去，你是不是非常高兴？你原来是贫困县的一个小企业，没人关注你，现在京东来了，你是不是非常高兴？然后我告诉你，你这个产品质量还有待提高，你为了要跟我做，为了要挣钱，是不是要严把质量关？你没有钱可以，当地政府会贷款给你，由我们去做后盾，京东也可以给你扶持，没问题。你的质量上来了，跟京东做生意，销售量更大了，这个效益出来之后，你就会知道这是一个正向循环。

友成企业家扶贫基金会"青椒计划"分享

分享人：汤敏、苗青
对话人：李秉勤、房莉杰

汤敏：各位同学，你们好。我们友成基金会在精准扶贫上一直在做各种努力，友成基金会是国务院扶贫办下的一个基金会，在教育扶贫、电商扶贫、产业扶贫上都做了很多实验。大家都知道，首先是教育扶贫。习总书记说我们要阻断贫困的代际传递，这是什么意思呢？就是说我们要让贫困家庭的下一代不再贫困。不但中国，全世界都是一样，贫困家庭的下一代往往还是贫困的，为什么是这样？主要就是贫困家庭的下一代没有得到很好的教育，因为他们身处贫困的山区，教育质量不高，因为他们的家庭可能不能做很多辅导，也没有那么大的投入，所以他们没能好好学习。虽然他比父辈学历更高一些，他的父辈可能是小学毕业，他是初中毕业，但在他这一代人里头，再过十年、二十年，他还是社会最底层，他还是贫困，贫困就这样一代一代地往下传。阻断贫困的代际传递，如何才能阻断？现在我们的教育扶贫往往就是让贫困孩子能上学，给他一点补助，给他一些钱，这是不够的，因为阻断代际传递，最重要的是要提高教学质量，让他能"上好学"而不是能"上学"。可是上好学是跟学校，特别是跟老师非常有关的，越是贫困地区，教师的质量越差，教学的质量越差，很可能他是我们未来十年、二十年还要继续扶贫的对象。

那么，怎么才能解决这个问题呢？国家做了各种努力，友成基金会联合很多别的公益机构，最早是5年前，开始将城市退休老师组织起来到农村去支教，效果很好，但是杯水车薪。最近国家也出台了政策，由国家出面，财政出钱，组织优秀的城市退休老师到农村支教去。

友成基金会几年前又开始新的实验，叫"双师教学"。我们用互联网把中国最好的中学之一——北京人大附中的课，送到贫困的乡村学校去，我们在全国20个省份都建立了乡村学校，直接接入人大附中的一门数学课。结果3年下来，学生的平均成绩都提高了20分，而且他们学习的方式发生了很大变化。特别是当地的老师，他们跟着人大附中的老师开展学习，也能得到很大的提高，我们称之为"双师教学"，现在国家很多地方也把"双师教学"这个模式用到教育部门。

我们作为公益机构，又开始新的实验。从2017年9月开始，我们做了"青椒计划"，全名叫"乡村青年教师社会支持公益计划"，就是我们重点培训乡村的青年教师（包括刚刚分到学校的教师），为什么以他们为主呢？第一个，青年教师没有教学经验，有些是从师范学校毕业的，很多连师范学校都没读过，他们非常需要培训。但是国家一般的培训都是有很多年教龄的教师才能有机会，我们觉得，首先要把青年教师培养好。第二个，青年教师比较能够接受像互联网教育等培训形式，所以我们就做了"青椒计划"，详情等一会儿苗青还可以跟大家再介绍。"青椒计划"就是我们找全国最好的老师，有北京师范大学的优秀教师，也有全国最好的乡村教师，由他们现身说法。从2017年9月开始，前几天刚刚结束，整整一年，每个星期两次课，全国一共有19个省份的34000名乡村教师参加了我们的培训。我们可以说，这很可能是中国历史上规模最大、时间最长的一次乡村教师培训，特别是针对青年教师培训，效果非常好。这些乡村教师本身有这么多的工作，每个星期还到互联网上，就像我这样用手机在互联网上、在平板电脑上上一次课，应该说非常不容易。

我们还有分科教学，在新疆和田专门给他们开了提高语文、提高普通话的课，现在这些课都是通过互联网，以几乎零成本的方式提供（我们做这些课都是一分钱不要的，都是零成本）。北京师范大学跟其他很多公益组织一起，我们有30多个公益组织推动这个项目。

像教育扶贫、电商扶贫、产业扶贫，所有这些扶贫，我们都是用互联网，只有用互联网，它才能大规模、低成本来推动。还有一个方式就是我们要把大家联合起来。过去的公益组织是单打独斗，大家各自做各自的，都做不好、做不大，我们现在用一种集合性奖励，把大家都集中起来，一起来推动，这种方式也有很好的效果。

总之，我们在公益领域、扶贫领域正在慢慢地实验，而且渐入佳境，我们能够组织分布在全国几千所乡村学校里的 34000 名乡村教师，慢慢地我们可以做得更大。有关部门的要求是：你们能不能拓展到 10 万名老师，甚至 30 万名老师？我想，总有一天我们可以做到，我们需要更多的社会组织，需要政府部门和企业来参与，也需要更多的青年人、志愿者参与我们这个非常有创新性、非常有意义的活动。

最后预祝这次培训班办得成功，谢谢大家。

苗青： 下面接着今天的分享。

首先我得啰嗦两句，介绍一下我自己。我来自友成企业家扶贫基金会（简称"友成基金会"），我是一个从高中教师开始职业生涯的人，我在沈阳的一所高中当了四年语文老师。在这之后，因为一个非常大的信念，就是觉得要改变我的人生，所以我出国了，去了德国，在德国柏林自由大学攻读的是教育学和汉学双学位，在这之后也一直在做教育工作。我在德国的时候就参与了一个公益学校的筹备，我们发起了一个励志（音）中国文化学校，一个是传播中国的文化，另外一个，我们也尝试着做一个公益组织。

回国之后，在国家汉办做了一个国际合作总监。在这当中，都是在做关于文化、关于知识、关于所有的中国的事情，但我其实一直有一个愿望，就是希望做一些改变人的事情，于是我来到了友成基金会，在这里我做了小鹰计划、做了常青义教，再到现在的"双师""青椒"，都是在做这种努力。因为我觉得，所有的改变其实都跟人有关系，而现在我所置身的扶贫教育项目组也仍然是致力于此。

推动人的改变一定要从教育开始，我们的扶贫工作其实更重要的是在乡村。而在乡村，大家可能不了解的是，2017 年，我们所有的设备、设施，特别是信息化方面的支持已经到位了，哪怕是村里的学校，也是班班通、校校通的，但那里仍然教育水平极低、极差，为什么？因为那里没有很好的老师。如果有很好的老师，学校也留不住，留不住就意味着不可能教得好，所以我们就开始了关于乡村教育当中支持老师成长的实践。

几年下来，我们有很多收获，当然也有很多教训，也不断地在成长。今天我跟大家分享的就是在这当中我们一路走来，目前在做的是乡村青年教师社会支持公益计划。这个名字稍微长了点，大家可以简单地记为"青椒计划"就行了，"青椒"就是"青年教师"的谐音。

汤老师讲过的我略过，但如果大家还对哪些地方感兴趣，欢迎各位随时打断我，我们共同探讨。

关于友成基金会

简单介绍一下友成基金会。友成基金会是一个在民政部注册的非公募基金会，它隶属于国务院扶贫办，所以友成基金会做的所有项目都有扶贫的基因，也就是说，我们都在乡村工作。友成基金会的愿景就是探索社会创新的路，推动人类社会更公平、更有效率、更可持续的发展。

我们的定位就是我们做三件事。一是做标准，这套标准是友成基金会王平理事长带领我们一起做了一个三 A 的标准。简单地说这三 A，第一个 Attitude（态度），第二个 Approach（方式），第三个 Action（行动），也就是说你的目标和行动的方案以及行动的队伍都要有一整套的标准。用这个标准，我们希望推动行业的评估、自律以及发展。

二是做天使。所谓天使，我们支持那些最早期的社会创新的实践，这里可能会有个人的社会创业，聚焦于社会问题的解决。我们要做的是支持这样的雏形组织，我们还可以支持这样的非营利企业。我们希望通过这种天使的支持，企业得到一个最初的概念，能够呈现给大家，让大家知道企业要做什么、能做什么。

三是做平台，一会儿我会再展开一些。友成基金会前后有二十几个平台，这些平台聚焦于教育，聚焦于社会创新，聚焦于电商，聚焦于人的发展，还有青年人的支持以及培养，还有新公益的领袖，以及高级的社会组织的领导人。

这三个是友成基金会给自己的定位，也就是我们做什么。我们的使命有这样几个：一是研发社会价值评估标准；二是发现和支持新公益的领袖人才；三是建立跨界的社会创新的网络支持平台。

这就是刚才我说到的我们搭建的平台（见图1），之所以说它是平台，是因为它可以自成一个网络。比如"小鹰计划"，我们支持青年人到乡村去，沉潜一年作为志愿者，在农村社区、在乡村、在公益组织发挥他们最大的作用，也许他们未必真的能做成什么，但我们希望号召这些有襟怀、有情怀的学生到中国的最底层沉潜一年。

图1 友成基金会项目汇总

扶贫志愿者行动计划，也写进了新农村发展纲要，主要是我们动员更多的专业志愿者聚集于乡村来做适合当地发展的个性化的方案，也就是在地的、落地的、接地气的扶贫方案。

CASVI，是友成基金会在2015年开始发起成立的"社会价值投资联盟"。一方面，我们连接社会价值的各种各样的方案，也可能是个企业；另一方面，我们连接资金，国内、国际投资于社会企业、社会价值的资金。我们连接两端，在当中做一个桥梁。同时我们也希望通过这个联盟，发现更多的独角兽一样的企业，特别是聚焦于社会问题解决的企业。

社创号，中国社创号是以著名的意见领袖专栏作家秦朔老师为代表的，他集合了一批关注社会创新领域的问题的专家，他们不断地在这里做研讨。

路人甲平台，是小额捐赠人的答谢平台。这实际上也是一个众筹平台，但目前还没有通过民政部的资质认定，因为它是一批一批来认定。路人甲聚焦于哪怕你是 10 块钱的小额捐赠，都会有一个答谢机制，同时还可以看到你所资助的、你所捐赠的项目最新的进展。

像一个灯泡一样的标识是 3A，这个 3A 评估中心是研究互联网在电脑端以及在手机端科技进行的 3A 评估的一整套 App。

"益教室"是一个聚焦于乡村艺术普及教育的项目组，项目组发现在很多乡村不是所有孩子都能走升学的路，但是他们也需要了解他们未来除了升学这条路还可以做什么，艺术的滋养、艺术的普及可能就会给他们开辟另外一条出路。比如，他们当中有艺术特长的，画画、打击乐、戏曲，或者是跳舞、唱歌，都可能成为他们走出乡村、贡献社会的一条路。"益教室"目前在全国的 60 多个学校做实验，现在跟一汽集团合作，做了一个"重走长征路"的活动，也是非常有意思的。

中国新公益学院，是给各地的公益组织领袖（进行培训），这里有中级班、高级班，使这些领袖能够成为中国新公益发展的中坚力量。

i will 这个标识是 Pro Bono，我们资助了北京博能志愿公益基金会，来聚焦于整个中国的专业志愿者的发展。专业志愿者这个概念，大家可能还不了解，也就是说，我们希望有教育的、法律的、医疗的各种专业志愿者，未来能够跟我们一起投入乡村的社区建设、城市的社区建设以及可能更高层次的，做更大的社会项目的设计、策划，并身体力行。

"社创之星"是奖励那些社会创新的实践者，给他们颁奖，每年选十星，已经做了八届。

新公益嘉年华，是一个给公益领域搭建平台的项目。

"创业咖啡"是在大学进行的创业奖。

"常青义教"，常青基金就是我今天要跟大家重点汇报的内容。常青基金最重要的是我们希望推动教育的公平，在实践教育扶贫当中特别关注偏远乡村的基础教育，用各种各样创新的方式来解决基础教育当中乡村的问题。

从1.0版到4.0版的乡村教师能力建设

1.0版常青义教：汤老师的一个梦想就是达成中国的教育公平。汤老师特别喜欢用最先进的工具，他以前是用 Pad，后来发现 Pad 还太大，现在就用智能手机，给乡村的学生讲、给老师讲、给校长讲，在这个过程当中，我也深深地受他的感染。我其实是一个技术盲，也是跟着他才开始用智能手机、用互联网来做各种连线，包括我们平时开会也用这种方式，他是一个非常"潮"的老爷子。刚才汤老师也介绍了我们整个常青义教专项基金这四个版本的发展，提到了造血型的支教，也就是1.0版的，从2010年开始，我们把城市里离退休的优秀老教师以及校长、教育管理者动员到乡村去做支教。这个支教不是顶岗上课，我们在那里不上课，而是给当地的老师、校长、教育的管理者做培训，让他们成为未来在地的成长的力量。而非常欣喜的是，2013年，刘延东总理给了批示。到2018，国家出台了"银龄计划"项目，就是刚才汤老师说的，国家财政专门拨出（资金）给离退休的优秀老教师，动员了大概100万人到乡村去作讲习。我们说，这个计划已经成功地完成了它的历史使命，由政府来接盘了，也就是说，我们的政策倡导在这里、在这个时刻实现了。我们当时也非常激动，汤老师发了很多消息，好多朋友看到的时候也都说，这就是你们的1.0版。

2.0版双师教学：是的，我们没有停下，我们又做了2.0版，做了"双师教学"，跟人大附中合作，但是当时我们只做了初中的数学一科。从初一的第一堂课引入数学开始，做到初三最后一堂——中考前的总结辅导课。这三年的课录下来，我们有两个非常大的收获。一个，学习成绩，这是乡村学校的刚需，提高的成绩平均下来是20分，有的学校甚至达到30分。1分可能在中考当中就压了很多人，30分，这甩掉的是多少？也就是说，这个试点取得的成功是让人想不到的。还有另外一个收获，我们不是一帆风顺的，"双师教学"一开始，老师们说我的课程由远方的人大附中的老师讲了，那我不是被边缘化了吗？我做什么？他是不接受的。但是3个月之后，我们发现，其实智慧在民间，当地的老师发掘了一整套适合他自己的方式，比如有的老师用这个录像作一部分的讲解，因为可能精讲这部分人大附中的老师做得非常棒，但是后面互动的部分，当地的学生是跟不上的，就是两端的差距非常大。所以后面这个老师就停下，他跟当地的学生互动，那一段就略过，这是一个剪辑版的。还有的老师不给学生看录像，他自己看，融合到自己的血液中去之后，自己再进行二度创作，他就把他觉得非常重要的精讲的部分用自己的话讲解出来。达到的一个非常大的效果是什么呢？就是这些老师成长为特别优秀的当地的老师。我们完成了一个以前都不敢想的陪伴式的教师成长培训。

3.0版乡村教育创新计划：我们仍然没有停下，又做了3.0版。因为数学这样一个学科可以输送到乡村，其他的资源也可以。比如我们跟爱学堂合作，我们跟洋葱数学合作，把它最先进的课程的知识点打碎，用动画的方式、用互联网的方式推送到乡村去，这些就成为当地老师非常活跃的讲授的一个资源的补充，而这种补充我们都是免费提供给各位老师的。

4.0版青椒计划：在实践了这些之后，我们发现其实给到更多的资源也只是资源，更重要的，我们还是要聚焦于老师的成长。于是从2017年开始，我们做了"青椒计划"，这个"青椒计划"整合了我们之前所有项目的优点。

"青椒计划"是什么？大家记住这三个词就行了，就是现在乡村教育的问题：第一个"下不去"，我们希望解决的是老师"下得去"；第二个"留不住"，我们希望通过这个计划能够让更多的老师"留得住"；第三个"教不好"，我们希望他能够"教得好"。就是这三个词，"下得去、留得住、教得好"，这就是我们希望乡村的教育问题能够得以解决的最重要的几个点。

跟大家分享一下数字。现在中国的乡村教师有330万人，当中有98.3万名老师35岁以上，而这些老师仍然还在波动当中，还在流失当中。

2017年9月9日，在习总书记在北师大接见贵州青年教师的那个教室，我们启动了这个计划。我们做什么呢？图2左侧就是最重要的三个核心的参与方，其中一个——北师大是专业课程的提供方。未来我们希望整合不只是北师大，还有全国师范高校的师资力量来给我们上课。第二个就是友成基金会，我们是资源的发起方，也就是协调方。因为汤老师的身份比较特殊，他是国务院参事，是国务院扶贫办开发专家小组副主任，也是统战部的专家，同时又是乡村振兴委员会主任，他的这个站位就使我们所有项目在最开始筹备的过程当中可以整合很多力量，比如企业的力量，包括支持教育的爱心企业，比如政府的力量，包括扶贫办、地方教委，还有统战部下属的一些机构，还有教育部下面的一些机构。我们还整合了很多高校，比如北师大、首师大、华东师大等，未来还会有其他高校陆续加入。

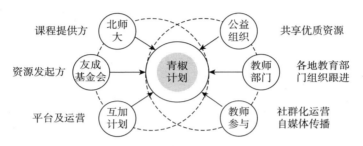

图 2 "青椒计划"多元参与者的角色

当中最重要的，我们觉得成败在技术。真的可以这样讲，因为这个技术方不是普通的技术方，它是沪江网的"互加计划"。大家都知道，沪江网是聚焦于外语学习的一个网络，但它有一个社会责任项目叫"互加计划"，"互加计划"里，它自己研发了一个叫 cctalk 的 App，这个 App 可以实现实时互动，最多能容纳 5 万名老师同时在线，可以互动，可以交流。"互加计划"不仅仅是播完这个课就完了，同时还承担了大量社群学习的运维工作。后面我会跟大家更详细地讲我们怎么做，我们用一个大课表，用一个播出的计划，分各种社群，非常有效。

我们的特点就是共享优质资源，同时各地教育部门的参与也是一个很大的特点。为什么要加入各地的教育部门呢？因为大家也知道，乡村的教育非常注重贯彻行政指令，如果没有当地教育部门的支持，这个计划就会受到很多质疑、受到很多阻挠，所以我们非常机智，整合了教委的力量。而教委的教研员也成为当地社群运营过程当中的一个连接方，就是说他也要发挥作用，这个地区做得好不好，跟当地教研员的努力密切相关。

这是我们推进的一个方案，我们希望在今年 9 月之前做一个试点，未来我们要有规模地放大，特别是在三区三州放大。我们希望在 2020 年时能够覆盖所有乡村的学校，特别是贫困地区的学校。

在这里，不仅有直播课程和重播课程，同时我们还鼓励老师来做反思、做记录、做分享，他们又成为一个自媒体的宣传员。整个课程支持体系，听课是第一步，第二步是作业参与，在网络当中做很多作业，形式也很多样。在培训之后，大家成立了多个社群，有分科的社群，有专业的社群，我们通过这些社群来激励老师们加强互动和交流，最重要的是我们希望发现这里的种子老师。而非常幸运的是，今年我们在暑期的时候已经发现了 100 个种子老师，我们让这些种子老师来北京，给了他们到北师大研学的机会，又拓宽了他们的视野。这些我们觉得都是非常有价值的。

我们到现在的阶段性成果是，19 个省份、70 个县、4487 个学校和34015 个老师。这些只是今年的一个计划，未来我们还会扩展到三区三州，也就是国家现在提到的深度贫困地区。

友成基金会"常青义教"的团队就在做秘书处更多的协调工作。区县教育局报名的管理是我们要做的，组织学习以及社群化管理引导。同时，整合专家老师，他们上什么样的课、在什么时间上、用多久的时间来上这些课，我们都要进行专业设计。其中核心的网络课程以及互动激励，在专家老师的课程设计当中也是要有所体现的。另外，我们跟互加平台做技术运营的支持。后面我会给大家分享一个数据方面的反馈，是非常了不起的。

我们现在一共进行了 48 堂课，其中关注未来教育、教育的理念、儿童发展、教学方法、师德修养等。之所以用这些主题，与我们之前对乡村老师的调研是有关系的，因为乡村老师急需这些方面的课程。

我们有一个非常有意思的大课表（见表 1），这个课表只是 4 月到 5 月的，每个月或者每两个月会更换一次，为什么呢？因为这些课程是不断升级的。大家可以看到，除了"青椒计划"里面给老师提供的专业课、师德课之外，还有很多乡村学校可以再开足、开齐公益课程，比如统整课程、夏加儿美术、幼儿教育课程、生命教育、德育、心理以及科学课，这些在乡村有很多地方连课都没有，老师也没有，怎么办呢？我们用一根网线，给他一个大课表，让他按照这个课表来接入这些课程就好了。

表1　"青椒计划"分科学习指南（2018.4～2018.5）

	课程	群号	发起单位	课时安排	特色内容
A1～A3	统整项目课程	20170306	深圳南科大教育集团	每周三节	打破学科内容之间以及学科与学科之间的边界，为学生构建一种全新的、开放的课程体系。
B1～B5	彩虹花和阅课	81511222	全国阅读名师	四节晨读、五节同步课程	让孩子们在不同的学习内容之间建立有意义的连接；培养他们的问题意识和问题解决能力
C1～C5	中学课程改革	五个学科分群解读	以四川宜宾凉水井中学为主体	每周五节课程	深度解读"凉水井中学"课程改革背后的模式，探索用互联网思维全方位改造学校，各种资源有效利用和整合、激活学生学习能力，焕发教师生命动力，乡村一线教师为您分享课改经验
D	村小教师成长计划	81510312	21世纪教育研究院、西部阳光等	每周一节	针对农村小规模学校校长和教师特点，组织专业培训力量，为村小教师提升管理能力、职业认同、教学水平打造的专业课程，已经持续两年，由多家公益组织共同参与合作
E	幼儿教师成长课程	20171006	三门峡幼儿教育、国内著名幼教专家联合	每周一节	针对乡村幼儿教师成长常见问题，激活幼儿教师内驱力，共享优秀教学经验成果，教学相长，帮助幼儿教师成长
F1～F3	综合类课程	不同群号 F1科学：20171004 F2艺术：20171005 F3德育：20666666		每周一节	科学课程，每周五同步观摩浙江小学科学网课程＋晚上分享 艺术课程，每周观摩＋名师（周五）分享 德育心理，每周五观摩互加生命教育课程＋周五晚上讲座分享
G	素材资源包	资源链接	优质课程资源包	自主学习	优质资源的推荐

　　大课表是关于课程的，关于老师的培训，我们还有很多分科的群，分科的群也是应老师们的强烈要求来开设的。因为老师们不仅希望能够学到数学、语文、艺术类、综合类的课程，还希望能够跟全国各地的老师交流，所以我们把分科也做了一些细化。A1～A3实际上是很多的群，B1～B5也是很多年级的课程，C1～C5，还有一个专门的G，是素材资源包，这个资源包里有很多公益的免费课程可以选。

除了课程资源之外，我们还希望老师们跟全国各地的老师一起做一些活动，而这些活动可能是在乡村地区的老师从来没有实践过的，比如九宫格，青年教师会觉得比较有意思，让老师来画画，来讲他到现在为止做老师的这些经历。我们评了奖，甚至有一位50岁的老师来给我们讲，他画画的过程中觉得特别感慨，泪如雨下。我觉得其实并不是比这个画谁画得好，更重要的是激发他作为教师的这种自豪感，同时给他更多的支持与关注。

我们还做了全国板书大赛，就在网络上进行。在元旦的时候，我们开始了"行动力"，大家展望未来的365天，希望在这里有什么样的学习、有什么样的收获。我们还跟孩子们一起做了"同绘一幅画"活动，来画自己的童年。还有感恩班会、"青椒之旅"。

我们的老师非常了不起。拜泉的李桂娟老师，她参加了"青椒计划"之后，写了45万字，据说现在已经突破50万字。她在哪里写呢？在简书、在美篇上写。这些成为她的一种自律行为，汇集了她多年的教学理念和最新感触的每天的分享，已经结集，可以出版了。其实可能这些未必达到一个学术的高度，但这些就是她在基层最重要的感触，是"青椒计划"带给她的、全国各地对她的关注，还有她自己更多的成长。像这样的老师，37万字的、20万字的，有很多。

我们还用了一个很有意思的技术方式——小打卡，来汇集每位老师讲过课之后其他老师以及全国各地的老师对他的支持、鼓励，非常有效。

"青椒计划"有一个数据平台，后台的数据可以记录下这个老师在课堂学习的时间长短、完成作业的情况以及分享的情况，非常了不起。大家可以看这个数据，用一个简单的热图的方式来显示。这里还可以深入地点，甚至点到老师所在的学校，每个老师都有一个记录。后台数据收集了老师们对于"青椒计划"的参与感受，他们提到的是希望更多学习。

"青椒计划"的创新之处

最后跟各位老师、各位同学和伙伴分享的是，我们认为"青椒计划"的四个创新之处。

一是课程模式的创新。它不只是有 PPT 的学习，它是把全国各地的专家们的课程，以及公益课程放到网络上以供学习，专业课程 30 讲，分科研修 144 讲，累计有 170 位老师在线授课，时长在两万分钟以上。

二是成长模式的创新，不仅有线上的学习，还有线下的活动。我们每一次活动的时候是全国各地的老师分别被报上麦，跟大家分享，也就是我们的会场变成了全国各地的会场。

三是激励方式的创新。一方面，我们给老师们提供走出来的机会，就是从大山里走出来，可能现在他还只是走到北京，未来我们还希望走到上广深，甚至国外，我们给他提供这样的研训机会。另一方面，我们还给老师们争取了很多奖金，我们跟凯迪拉克公司合作，提供 100 位老师每人 10000 元的奖励、300 位老师每人 3000 元的激励，这些激励不仅是对他一年来学习的肯定，也是对未来他成为种子老师，向全国各地的老师进行分享的激励，甚至他成为当地的种子老师，把在地的力量动员起来，我们希望他成为这样的种子老师。

四是扶贫模式的创新。这个计划，我们只在乡村地区做，只在 832 个贫困县做。当然，如果我们这个扶贫项目能成功，未来我们也希望能够在全国的乡村都推动这样一个计划。

我们关注未来乡村教育和乡村教育的未来。我们觉得，未来我们希望打造的更公平、更可持续的这个教育生态必须首先实现更广泛、更多元、更高效和更跨界的合作。我们希望从技术、资源、模式上创新，同时推动区域化协同，来达成乡村教育的整体性突破，而这当中，我们希望争取到更多的国家政策支持，以及社会的、企业的技术支持和对教育的投入，也希望未来能够将这样一个我们暂称为"集合影响力"的中国版本案例跟国外的同人交流。

对话与讨论

李秉勤：首先非常感谢您刚才的分享，讲了很多创新点，我想知道你们在开展过程中遇到的问题有哪些，你们又是怎么解决的。我们不可能不遇到问题，比如组织结构、项目资金或者老师的动力和激励方面。因为您说的是青年教师，但是现在的青年教师如果留在乡村的话，他自己也是有一定学历的，他接触知识是不成问题的，你们做的这一套东西对他的吸引力在哪里。

苗青： 你刚才提到的这三个方面其实都有问题，我们都遇到过问题。

首先，从运行来说，遇到的最大问题是沟通和协调的问题。大家知道这是一个极具影响力的项目，很多机构、高校、老师都来参与，我们的沟通协调其实是需要大量的人力投入的，这里不仅要协调课程，还要协调资金、协调技术、协调各种数据的反馈，还有地方教委的联络与沟通，还有更多的公益伙伴，比如各个基金会，包括做教育的公益基金会，他们也推荐了很多地方，推荐了很多课程，这些协调在沟通当中遇到了很多沟通成本增加的问题，项目组人员是很捉襟见肘的，这是一个沟通方面的问题。但是大家也知道，沟通有时候会很官方，就是你可能站的高度要很高，才能说人家愿意来跟你做这个事；有的时候又要非常谦虚，"哎呀，老师，您就是国内的一流老师，您一定要来我们课上分享"；有时候还要打太极，"哎呀，你作为爱心公益企业，也来给我们支持一些免费的课程，来帮我们支持一下下面活动的地点或者资源"，这些又都是需要不断地去沟通、协调的。这是沟通协调方面的问题，我觉得难度最大的是这个问题。

其次，资金方面。资金对于一个公益组织来说永远都是问题，特别是一个扶贫公益组织，不缺钱是不可能的。而且现在公益界也不消停，发生各种事，有郭美美事件，再有目前引起轩然大波的性侵案。实际上，资金对于所有公益组织来说一直都是要努力去筹的。我们这个项目所幸有三个非常大的支持方。一是友成基金会，我们出了项目运营的整个团队，整个计划推动是友成基金会出的团队，这个费用是非常大的。二是沪江网提供的技术支持，包括平台运营，刚才大家看到的大数据运营平台，它是专门为"青椒计划"开发的，在这当中，他们的团队号称"365 天 24 小时无休"，在这个过程当中投入了大量的人力来做维护、做跟进。这样一个投入，从技术方来说是巨大的。三是课程的支持。北师大教育团队，30 讲，那就意味着有 30 个专家老师，他要准备多久呢？至少要三天，他要先备课，把 PPT 拿出来之后，再磨课。这些专家老师大部分都是四五十岁，他们在使用技术方面还需要培训，所以我们在这方面还做了更多的协调和沟通推进的工作。而能够请到全国顶级的甚至号称世界顶级的专家老师，这也是一个非常大的任务，是非常难的事情。

刚才你还有一个问题，乡村老师其实也是训练有素的大学本科毕业生，是什么吸引他来参加我们这个项目？我的感觉，除了刚才说到的那四个创新之外，最重要的是乡村的老师感到了他被关注。我觉得，人最重要的一个价值感就在于被关注，觉得自己重要和有价值，对别人有帮助。原来我们说，乡村教师其实是被边缘化的。因为我们这个计划是聚焦于刚刚工作一年到三年的老师和特岗老师，还有一些没有编制的老师，在这个项目进行当中，这些老师一下子觉得被关注了，每个星期三、星期六都有一个课他可以看，而这个课不用去北师大、不用去上海、不用去广州，甚至不用去哈佛、不用去华沙，就可以看到汤老师在直播，可以看到全国最优秀的高校的老师在讲他以前没有听到过的非常高端的课程。不仅有这样高端的理论层面的专业课，还有资源。大家知道，乡村地区的老师课本或者教材资源是严重不足的，他没有那么多可以用的资料，而我们这个课程，洋葱数学、夏加儿美术、科学鱼，还有心理教学、泡椒艺术、益教室，还有波音的航模课程等这些资源，老师们只要申请，都是免费的。这样一个资源包或者说资源提供的平台，这些老师需要的时候只要选择就可以了，把课程引入他的课堂就可以了，我相信这些也是吸引这些老师最重要的方式。

另外，每个人都需要被激励，可以走出来看世界，这是一个方面。另外，你自己参加，（获得）提高的同时，还能够得奖金，何乐而不为呢？

还有一个非常有意思的成果，有一个当地的老师，原来学校的老师可能认识她，但是县教委或者更高一级的省教委根本不知道她是谁，但是主动跟学校领导打电话说，你们学校的程超兰（音）是谁？你把她的电话给我，我要跟她谈谈，为什么呢？因为她的案例被分享到中央电视台了，被分享到全国的平台上了，甚至上了《人民日报》、新华网等媒体，教委领导不知道，这样她就成为当地的一个小名人。我想，被深切的认同是老师们最重要的动力。

李秉勤：我们今天早上的课（京东案例分享），看到了企业利用自己的业务来扶贫，你这是属于基金会扶贫，你们自己感觉，和一家企业做这个事情相比，有什么差异吗？

苗青： 您这个问题，我试着来回答。我们这个基金会的全称叫友成企业家扶贫基金会，也就是说，我们整合的是各类企业、企业家，企业家是我们通过资源整合进来的，它背后的企业是要出一定资的。企业单纯来做的，像京东、阿里这种公司型基金会，他们做公益项目一般情况下是以企业的社会责任项目出现的，它是属于 PR 或者 marketing，它是一个市场的品牌美誉度传播的行为，它的公益计划可能会更多服务于它的品牌以及它的业务要去的方向。友成基金会更多是为了实现我们的大理想，我们这个基金会是希望发现和支持新公益的领袖，并且打造这样的平台以及生态。在这当中，支持人的项目一定会涉及教育，而在教育当中，我们觉得最重要的是城乡不均衡发展的这种差距，最重要的还是乡村本身的发展，所以我们所有的关注人的发展的项目就都锁定在乡村教育这个事情上。可能我们做的更多的是希望推动或者引领整个行业朝着新公益方向走，也就是说不做给钱给物那样的简单的传统公益，而是利用技术、利用模式、利用机制的创新来推动行业的发展，甚至推动行业跨界的发展、跨行业的发展，也就是政府、社会以及研究机构、高校合力做一件事情，可能跟企业单纯聚焦于业务的模块以及它的品牌方向是有很大不同的。不谦虚地讲，可能我们做得更加综合、更加跨界、更整合，我们是这样一个关系。

房莉杰： 今天上午京东分享的时候也讲到一个问题，他们是政商关系，我们是政社关系。你们在做的过程中，后来其实是跟地方政府合作了，所以在和地方政府合作的层面上，一方面，他们提供什么样的支持、持什么样的态度，或者说相关的政策会不会对你们造成一些障碍？另一方面，你们所做的这些东西反过来有没有对他们的政策、对地方政府产生一些影响？

苗青： 这是个好问题。我们最开始就希望政府介入，不是为别的，就是为了扫清障碍。学校是一个国家的公共部门，一定是听上级主管单位，也就是当地教委的指挥来做事情的。如果教委对这个事情持支持的态度，那这个项目一定能够走入更多的学校，让更多的老师参加。我们的态度是，第一，我们要跟当地教委一把手沟通，一般情况下我们下去都有一个绿色通道。汤老师在全国各地讲学的时候，就有人冲上来说我们这儿的教育急需引进你们这些项目。好了，当地的一把手领导就会第一时间站出来说支持我们，然后当地的教育部门也会支持我们，因为一把手主抓的事，他也支持，再往下推动就非常顺畅。也有从底下做起来的，比如这个学校参加了其他的公益项目，听说我们"青椒计划"做得特别好，他也反过来推动。他先跟校长汇报，然后跟当地教委汇报，最后汇报到上级，都能够打通，那就是自己去想办法。两方面的情况我们都碰到过，这两方面努力的一个共同准则就是，凡是积极欢迎这个项目下去的学校我们才去，我们不摊派，我们不说"哎呀，我这个项目特别好，你们来加入吧"，我们不这么做，一定是当地的学校和教委说，"我们积极地给你们各种各样的配合，我们支持这个项目"，我们这个项目才跟他合作，他报名后，我们才开这个绿色通道。

至少我们在 70 个县的 4000 多所学校推动的时候，当地教委都是一致支持的，这个支持不仅体现在他动员了所有刚工作一年至三年的青年老师来参加，甚至有的县的老师，不管多大年龄，50 岁、60 岁的，马上要退休的也要参加，为什么？因为那个县的领导认为这个计划太好了，不仅仅青年教师要参加。一方面从政策上全力支持，另一方面，一些涌现出来的特别优秀的老师，地方层面就给褒奖、给证书、给记入日常修的培训学分、给奖金，100 名青椒老师从各地来北京的差旅费，各地教委来掏这个资金，这就是支持。这让当地的优秀老师看到教委是支持这样一个行动的，于是他努力成为其中的一员。这种支持不仅有官方的政策给通道，还有真正的做事，实际的给支持。我们每个县（选）一名优秀老师，一共才100 名，总共 70 个县，所以每个县最多两到三名，两三名的钱他还是承担得起的。当然未来如果扩大到 500 名老师来培训的时候，可能地方教委要承担更多一些，那个时候可能会有些往后退，那我们就不得而知了，但我们现在看到的是他的支持，至少对于优秀的老师来说，他都是有绿色通道扶持的。

李秉勤：刚才您讲的学校老师，我不知道是不是最终的评价机制，您当时讲，经过培训的这些老师，他的学生成绩提高得很多。我的第一反应是培训这些老师的目的是让学生在现在的教育体系里高考成绩更好，还有没有其他的目的？这样的话，培训就变成正式教育体系的一个延伸服务，现在正式的教育体系可能原来是由于师资比较差，你给他培训完了，还是为了参加高考，最后提高了参加高考的人的竞争力，可是是不是这些人最后能上大学呢？可能还是个问题，为什么我问这个？正好昨天我们讲到这个事，现在的教育，特别是在网络经济下，比如说江苏的老师讲的课程，前些日子就出现农村的学生说我根本就没见过你说的汽车或者手机，类似于这种。实际上，这个教育过程是不是把学校的教育内容更加强力地推到农村？它有没有在农村本地对学生实际情况的适应性予以考虑？

苗青：我试着回答，只能代表个人的意见。您刚才提到的问题，"青椒计划"是教育行政部门的一个推手或者一个延伸补充吗？首先我得强调的是，我们这个计划是一个社会支持的公益计划，不是政府来定制我们做的这样一个项目。我们期望的目标是乡村地区的老师能够通过这个计划获得更多的优质资源，这是一个非常重要的目的。很多教育公益组织以及爱心教育企业都是以公益的方式免费把资源提供给乡村老师，这是教育资源的提升。

刚才您提到成绩提高了，为什么成绩能提高呢？我想一个很重要的原因是这些老师在参与这个计划学习的过程当中，他的积极性、主动性以及创造力被大大地激发出来，一个最重要的表现就是要用在他的课堂上、用在他的教学当中，一个有激情的老师、有感染力的老师，教学效果一定是好的，这是我当老师的一个经验。

我觉得学生成绩的提升部分是因为老师，因为老师的改变，因为老师集中了很多资源和方式来改变他的课堂，所以他的教学成绩一定是提高的。但这个课堂一定还是在整个中国的教育体制下的，不能够脱离出去。在中国的现行体制下，高考是最后决定学生能够走到哪里的一个指挥棒。但乡村的教育，我们现在做的都是基础教育阶段——小学和初中，高中我们没有涉及，所以它是不是最终对高考成绩起到了作用，我们现在还不能妄下定论，也可能会有，因为他初中成绩好，高中成绩应该不会差，这是肯定的，至少我们觉得乡村教学质量还是真的要看中考的成绩和高考的成绩。目前我们能够看到的也就是中考和高考作为国家推动的、选拔人才的一个有效的方式，我们这个项目是不是当地教育局的一个补充呢？我觉得是，是一个很好的、有益的补充，但是这个项目并不是当地的教委定制的，我们不是为教委服务的，因为国家有国培、省培、市培，但是那些"培"出来的老师，他们真的成长了吗？这是要画问号的，花了那个钱面对面地学习之后他们的教学水平真的就提高了吗？不得而知，这个可能要用评估报告来说明。我们这个计划也正在做一个评估，这个评估下来，我们是非常有信心的，因为我们的理念是很坚定的，我们用的是互联网的方式，我们的教育内容、给老师学习的内容也是比较先进的，资源也是非常好的。

发言：我是中国人民大学教育学院的老师，也做教育扶贫，学院和教育部有合作，是关于教育扶贫监测的。我首先表达一下对友成基金会的敬意，我们知道，以前做教育扶贫基本上都聚焦于学生层面，极少有聚焦于老师层面的。我们在调研的时候，去贵州、云南调研，当地教育局局长就说，政策下来，"上面千条线，下面一根针"，所有的都靠老师去执行，老师实际上压力非常大，他的自我效能感等方方面面都非常差，很多人都已经不想干了。包括建档立卡的，上午我们刚从教育部回来，建档立卡的学生，他都要把这群人拉过来，要去家访，非常累，所以您的"青椒计划"对教师的关注，我觉得特别接地气，特别前沿、有前瞻性。

我提个问题，您刚才也提到评估的问题，特别是通过跟人大附中的合作，对学生的评估是成绩提高了20分，但是事实上对老师的评估没有一个很明确的答案，您也说"下得去、留得住、教得好"，其实"留得住"可能更加重要，它是个心理状态。这块你们有没有一个很好的设计？现在大概的情况是什么样的？

另外，人员的选择，比如对于老师的培训。我知道现在有很多免费师范生到地方做老师，这些青年教师的视野比较好，他更可能会参与你们这个培训，会不会有这种选择性的偏差，参与培训的人跟没有参与培训的人不是一样的人，这些老师他本身能力就这么强，他愿意去接受这个培训，培训完，他就离开了这个地方，会不会带来这样的负面效应？

苗青：评估是这样，我们基金会做的所有项目都有评估这一项，因为我们不能自说自话，我们说受益人群就是有作用，老师教学水平就是提高了，学生就是成绩提升了，我们不能这样。我们选择了非常权威的北京师范大学脑与认知科学研究院的老师，同时也是中国基础教育质量监测协同创新中心的老师，他们这个团队对我们的"双师教学"进行跟踪。目前的"青椒计划"，我们仍然跟国家级的北师大教师教学研究所合作，来做评估。还有一个评估，从2014年开始，我们跟央财合作，他们有一个人力资本研究中心，也是国际级的，关注到这个老师或者这个学生在乡村接受的培训、教育方面的投入对他的出路、对他的人生产生了什么影响，这是人力资本的视角，这是我们原来都没有想到的一个视角。这几个机构一直跟我们合作，这次"青椒计划"，我们也希望能够综合这几方来给我们一个很好的评估方案。

但是也比较纠结的是，"青椒计划"这个项目不同于以往的任何培训项目，它跟国培、省培、市培不一样，那都是面对面的，而且是有国家纲要指导的，而我们这个项目并不是，我们是基于网络的社群化学习的方式，所以在评估上，我们还希望有另外一个视角，也就是从大数据，从刚才大家看到的那个平台上反馈出来的数据的视角，我们想把这个跟踪的数据加进去。同时我们还希望有互联网社群方面的评估专家，但目前这方面的专家好像是空白，我们基本上可能只能选关于社群营造方面的专家来参与这个评估。

我们希望通过这个评估能够看到的是这个计划之后对于老师们的互联网教育教学的能力是不是有提升，现在看来是有提升的，这个我们很高兴。

其实"留得住"和"下得去"这两件事不是友成基金会或者社会部门能做得了的，这是一个社会问题，我们现在更多的能解决的是"教得好"这件事。"教得好"这件事我们可以部分实现，但"下得去""留得住"要靠国家政策，以及一些激励、奖励地方人才发展的计划，是由政府部门去行动的。

发言：我接着这个问题问，我正想问"下得去"和"留得住"这两件事，因为在扶贫当中，特别是在教育扶贫的情况下，很多老师，特别是学校一个能干的老师，他会承担很多填表的责任。特别是贵州，我不知道您知不知道云南和贵州的特岗教师计划，我们在贵州的调研多一点，我们问到一些特岗教师，他们基本上80%的时间和精力用在维护所有的行政表格上。我很想问的就是，这些特别有潜质的老师，他们在接受咱们培训的时候，有可能有这种时间吗？他其实是不太可能参与到的。按照目前的精力分配，他 80% 的时间用来填表了，还有剩下的跟其他老师基本等同或者略微少一点的时间他要用来教学，自己提升的时间在哪里？在咱们这个计划当中有没有考虑到？

另外，这是针对贫困县及以下的乡村教师的支持培训计划，实际上一个县以内的生态是非常不一样的，特别是在越贫困的地区，你要到一个乡镇和一个县上，生态就不一样了，老师的处境完全不一样，再到下面的村，又是另外的图景。我们碰到很多特岗教师，问他们你们怎么到这个村里来，或者说愿不愿意留在这个村里，这就是"下得去"和"留得住"这个问题，大部分的回答是我们没有考上镇一级或者县一级的，或者我们家离这里最近，或者我在这里结识了另一半，还有就是特岗教师有三年的服务期，他必须在这里先服务满，然后跳走。我想问的是，一个是咱们在县以下不同层级教师培训的比例和配置上大概是什么情况，有多少层面是可以沉到乡村一级的，有多少是在镇一级的，还有县一级，大概是什么情况。另外，从咱们这个计划实施这么长时间以来，会不会有可能存在好的老师更加留不住的情况，特别是越低层的，他会跳到上一层，村里的会愿意跳到镇一级，镇一级的愿意跳到县一级，县一级的愿意跳到市一级。

苗青：几位老师都问到，这些老师成长了之后，是什么样的老师涌现出来呢？他的画像是什么样的呢？这样优秀的老师，最后他会不会也流失？我相信绝对有这个问题。是金子在哪儿都会发光，他一定是那个群体里最活跃的老师，他为什么活跃？因为他不安于现状。大家可能也知道，北师大筛选的是中国最好的师范人才，再往下，省师范、市，再到县，都是有层级的，到村里面工作的肯定就是已经被筛选过的。这些老师可能考试成绩并不是那么理想，不擅于考试，但是他们有教育教学的热情，很活跃，可能又是文艺、体育方面的积极分子，活动方面非常积极，这样的老师到了乡村之后，也一定是最活跃的，他们是最先接受我们这样的项目的老师，他们愿意成长，首先他们有一个愿望就是不能在这里就这样下去，希望被关注，这也成为他们的动力。这次来北京的 100 名种子老师，我们发现他们都极其有热情，极其有感染力，他们调动班级学生的积极性，激发整个学校的青年老师的工作热情，都不用我们去讲，他们的自我管理能力、自我驱动能力非常强。这样的老师，未来在北师大的课程或者更多专业课程的支持下，很可能成为优秀的分子，被选拔到上一级或者更好的学校去。没有问题，他的流走正意味着大家看到一个优秀的人经过这样的计划成长了之后，能往高处走，他能够到更大的范围去施展，对于其他当地老师绝对是个鼓舞、是个激励，更多的老师就会愿意加入这个计划，也愿意得到这样的支持，到外面去看世界，也愿意得到这样的奖励。所以我们希望有这样的流走和这样的选拔。即使他不愿意在村小或者贫困的地方再干，我也相信，他一定愿意在走了之后再回到这个地方来给当地的未来的那些老师讲述他成长的故事，鼓励那里的人成长起来，我相信一定有这种榜样的力量。

李秉勤：听了你讲的，我觉得，如果我是一个老师，在我做选择的时候，我第一要看将来有没有上升的空间，我可能现在还在这个城市里上着学，我到底回不回去可能跟是否有上升空间是有关系的。这个时候，我经过培训，看到他居然因为这个就出来（指被选拔到更高层级的学校工作）了，反而有可能激励像我这样的在城里的人不怕下去（指去地方学校教书）。

苗青：对，激励的计划有可能会从这儿产生。我们也很希望当地教委在这方面有更多投入，你把钱用在老师的支持成长计划上。如果能够把刚才说到的填表、应付各种检查的活动安排给那些其他的、并不太怎么样的老师去做，是不是会更有效？也没有办法，你最活跃、你最积极、你最上进，不交给你交给谁呢？但我相信，一旦这个老师承担了更多的责任，他也一定会被看见，他的成绩一定会很快地表现出来，那也一定会最快地受到褒奖、受到激励。他流走了，其他再来的人也愿意跟随他的脚步，继续成长。我们其实也看到过这样的，我在上大学的时候认识一位老师，他在村里教学生，后来就被调到县二中去了，成了一位很优秀的老师。但是他有一个很好的反哺，就是他回到这个学校，还做了很多动员，讲了他自己的故事，包括他是怎么成长起来的，我觉得这就是一个激励，就是被关注、成长之后的激励。人被肯定、被认同，一定是无比充满斗志的，所以我每次讲这些的时候都像打了鸡血一样。

房莉杰：我们知道，像一些农村，尤其你们针对的是贫困农村，留守儿童一定很多，怎么去应对儿童的心理问题？怎么去管理儿童？贫困地区针对性的教育有没有放进去？

苗青： 在刚才的分享当中有一个课程的大圆环，涉及未来教育的——这是关于理念的——基本上涉及的是农村的学校，特别是农村的小规模学校，我们需要什么样的农村教育，互联网给乡村教育带来的新机遇，这些都是借助互联网来做的。为什么让大家接触互联网、利用互联网？用手机、用电脑来接受更多先进的教育的资讯以及资源，这是关于互联网的，是聚焦于未来教育的。

还有关于儿童发展的，这只是一部分，像钱志亮老师的《走进儿童、了解差异》，还有《儿童品德形成的规律》《儿童特殊教育以及全纳教育》《班主任的那些事儿》，这些其实就是聚焦于乡村老师在跟学生们沟通的时候，发展方面、心理方面的方法。还有如何聚焦于当下师德修养方面，如《当一名有魅力的乡村老师》。《阿福童的财商课》是教育乡村孩子如何来理财，从小就学会理财。还有王菲的《乡村教师，如何利用互联网来加速成长》，他是一个从乡村老师成长起来的优秀老师，得了马云的乡村教师奖，这样一个老师告诉我们如何能利用现有的手机端的资源、互联网端的资源来学习，最终成长。还有《凉水井》，凉水井小学是甘肃非常小的一个村小，这个学校竟然采用了"翻转课堂"的实践方式，现在学生能够自己来讲课，不用老师讲，在课堂上，学生给学生讲，学生给老师讲，学生跟老师讨论，这一场景能够在一个乡村的村小实现，这是我们原来想象不到的，这正是互联网教育带来的。

李秉勤： 我想就这个大背景来说一下。我们刚才说汤老师那个年代，中国的城市化和后来的情况不太一样，那会儿农村还是学生很多，缺少老师，需要有更多的老师。但是后来，到90年代，再到二零零几年，我们到农村调研的时候，发现很多村子里老师反而比学生还多。在这个过程中，随着时间的变化，我看到你这上面有不同的模式，在这个过程中是和这种现状有结合、有调整吗？

苗青： 有的。大家也知道，改革开放之后，更多的农村劳动力进城务工，所以乡村就出现了空心化现象，青壮年劳力几乎没有，几乎都是儿童、妇孺、怀孕待产的，要么就是家里六七十岁的老人带着小孩。空心化使当地的生源大量流失，学校没有了，凋敝了，优秀老师也不愿意下去，那个地方老师虽然有编制，还可以教，但学生没有了，出现了更多的这种情况。

针对这样的情况，我们能够做的，其实最开始公益界做教育扶贫项目的时候更多的是顶岗上课。比如大学生暑期支教，还有团组织的研究生三下乡支教团，在那里一住住两年，更多的公益组织一到假期的时候就会到底下去做夏令营，这种大多还是顶岗上课。而顶岗上课最大的问题就是在这些志愿者走了之后，乡村仍然是空的。第一，当地的老师能力没有什么提高，因为下去的时候只是带去一些新鲜的信息、很好玩的事物，还有开眼界，但是关注教师能力提升的事几乎没有人做，其实就是带着孩子、带着学生玩儿、做活动，教师的成长是被忽略的。所以我们的"常青义教"希望做的就是给当地培养出一批不走的老师，在地的老师成长起来，他的教育教学水平提升了，使整个当地的教学成绩、教育质量能够提升。所以最开始做的 1.0 版是"常青义教"，是培训当地的老师。2010 年这个项目当时也已经是创新的了，因为我们希望做的是造血式的支教，不是输血式的。

后面的"双师教学"，就是因为我们看到离退休的老师因为身体、时间、精力都有限，可能他下去的时间就少了，我们希望能通过互联网的方式补充乡村的教育资源。2012 年汤老师发起了"慕课革命"，他写了一本书叫《慕课革命》，在这本书里他就提到应该通过技术让教育发生革命性的变化，老师下不去，我们人调动不了，但是我们可以通过技术来补充当地的教育资源，实施提升当地老师教育水平的培训项目，所以有了"双师教学"。

"双师教学"只有数学一个科目，到了 3.0 版，我们就希望更多的资源能够整合进来，老师你也不用讲了，我们不用那种实录课堂了，我们用卡通，我们用 App，我们用各种各样的在线课程，老师在远端、在城市里就能够给乡村学校的学生们上课，用更多的资源来解决乡村课程开不齐的问题，来解决当地没有老师的问题。这样的一个活动在升到 4.0 版的时候，我们发现把乡村的青年教师调动起来，给他更多的资源，可能更是事半功倍。我们不是鄙视国培、省培、市培，但是我们确实觉得通过手机端的学习，用更少的成本，更快地、更多地去复制到更多的乡村学校，让更多的老师能够通过一根网线使他的教学发生变化。

发言：在您的演讲过程中讲到，这个方式是通过网络授课，我想问一下，目前所做的"青椒计划"的对象是乡村教师，方式主要是通过互联网，所以需要网络这样的媒介。就是说他的基础设施必须网络通了、硬件设施都已经具备了，在这种条件下才能进行。所以请问，你们的服务对象中，贫困县占的比重是多少？在目前整个计划推行过程中，对象怎么选择？

苗青：第一个问题，我们现在面向的是什么样的人群，我们只做雪中送炭，不做锦上添花，我们面向的一定是县以下的村、镇学校的老师。而这些老师当中，我们首先覆盖 832 个贫困县，然后才向外推广。但也有的乡村学校听说了我们这个计划，因为他们还参加互加计划等其他机构的活动，他们觉得我不是贫困县，我也想参加这个项目，那我们也接收了，但要求他们必须以县教委的统一报名方式来加入，为什么？我们希望将政府的力量部分卷入，就是希望政府能够引起重视，教育部门底下的老师是有这个学习的需求的。

刚才说到设备，其实现在的村小也好，县乡的老师也好，他一方面可以在学校里学，现在"三通两平台"都接入学校了，基本上能够覆盖所有的学校，有网络，通网没问题。他可以选择在学校里学，因为有的老师住校。再有，他可以通过智能手机，像我们用的华为、苹果、小米都可以，他在互联网端通过 cctalk 的 App 就可以上网学习了，而 cctalk 把视频部分已经压缩到最小，使在传输的过程中不影响互动、不影响说话、不影响交流，看到的视频都是流畅的，所以我们说技术方面几乎是没有门槛了。他可以用智能手机，在家里随时就可以看，不仅如此，还可以反复看，这个时间段错过了直播，他可以看重播。

李秉勤：现在各地都出了好多教育集团，据我所知，个别的我了解了一些，因为农村的师资确实是一大问题，为了解决农村师资，地方政府就搞老师的标准化教育，通过标准化教育以后，让这些老师将来能够上农村或者城乡接合部这些地方去教学，特别是在山东，地方政府认为这样可以非常有效地提高农村的教学质量。开始我觉得这怎么有点吓人呢，因为所有的老师讲话都是一样的，是不是会有问题？后来我又想起来这个事，就是在中国农村教育确实是发展阶段，现在农村是没老师的问题，还不是有什么样的老师的问题，这种教育集团就等于批量生产标准化的老师，有可能短时间内满足这样的需求。友成在做这个事情的过程中，你和他们这种有什么差异呢？从教育来说，是一种什么样的理念上的差别？

苗青： 对这个事，我是抱有存疑态度的。我觉得，教育这个事情不是批量复制能解决的，你觉得你告诉老师话术，你课堂上就讲这个，就用这个教学的习题，你就能够全都完成？没有任何一个课堂会完全一样，除非它是定制你所有的话，如果真的这样定制的话，我觉得这个教育是特别失败的，因为教育本身就应该存在各种可能，而且应该是个性化地满足学生的成长和发展，满足不同的课堂。如果集团化的发展成为一个趋势——目前看好像确实是个趋势——我觉得应该在这里加一些论证的研究。也就是说，他们是以实现优质教育质量的均衡为目标还是占山头，扩大它的品牌，使全国各地都有自己的位置、自己的一个点，来扩大品牌影响力。如果是后者，我觉得跟商业没有什么区别，它也一定是逐利的，因为它要扩大影响力，对这个人就相当于预定了，我预定了你，你从小学到中学都贴着史家胡同或者贴着人大附中的孩子的标签成长起来，满足人的虚荣心。另外，在地方再占有自己的财力，扩大自己的势力。一个学校、一个公共组织应该是国家的资源，用于这样一个商业目的，我觉得是特别有问题的，如果真是这样的话，那国家就应该干预。这是我对此事的看法和建议。

如果它是前者，是扩大优质的教育自学资源，那它就不应该只在城市里办这样的学校；它应该像我们一样，是公益的，应该做到城市、乡村都有，同时应该更多地提供免费的、公共的教育资源。因为学校、医院等都应该是国家提供公共服务的部门，而每一个学生，乡村的也好，城市的也好，应该有获得这种优质教育资源的公平的权利。

再放大了说，如果全国优质的学校在扩大，我们现在不引起重视的话，在未来，比如学而思、好未来、新东方这样的商业机构在进入全国的城市或者乡村的薄弱地带的时候，那就是一个更加赤裸裸的商业行为，就会加剧不平衡性。也就是汤老师经常提到的，这种马太效应将会更加严重，城乡差距更大，带来的更多的是社会不稳定、不和谐，可能它带来的就是更大的社会问题。所以我觉得，在教育扶贫这样的事情上，在教育这个事上，我们应该更多地以公益的方式，用更多的社会力量或者整合起来的力量去推动，这是我个人的一个主张。

李秉勤（总结）：结合昨天和今天上午讲的一些内容，中国这几项不同类型的扶贫，在其他国家的讨论中，它到底有什么特点？我觉得非常有意思，因为我一直想讨论一个问题，很多时候国际上的扶贫有成功的案例，但是多数时候其实是不太成功的，在中国做这些扶贫的时候，当然也有很多不成功的，那么成功的案例里到底是什么因素导致它的成功？

我观察到的情况，包括昨天下午讲的精准扶贫和今天上午讲的京东电商扶贫，在中国的这个特色实践里，其实要建一个生态圈——开始也是像其他扶贫一样，是做一个点，或者是做一种类型的业务，或者是做一个环节上的业务；但是过了一段时间以后发现不足，因为特别是贫困地区的贫困人群，他所面临的包括基础设施、资金、人员素质这些，每一个都是缺的，他不是只缺这一个。所以你把这些东西连在一起，这个扶贫项目链已经越做越长。

所以你要仔细想，他实际上是在培养一个生态圈，这个生态圈有几个关键问题：第一，它自己怎么样能够维持；第二，它和其他圈之间的关系；第三，这个圈里都有什么样的人员。这方面的中国特色在于，一上来你首先要有政府支持，没有政府支持就是一大问题。有了政府的支持，这个政策本身就是一大块。再有是相应的这些机构怎么样能够围绕政府的意愿，在这个意愿基础上来整合资源，在整合的过程中，又怎么萌生出自己的细枝末节，我觉得这个非常有意思。当然，生态圈的概念，特别是随着互联网经济发展起来，讨论圈越来越多了，扶贫生态圈、生态链的形成和模式，还有是什么因素最终能够决定它？可能我们还需要做更多的研究。在这个过程中，学者其实也应该是这个生态圈、生态链的一部分，能够和这些企业、这些机构结合在一起，很准确地找到什么能够发挥作用、什么不能发挥作用，还要怎么样能够提高，这就是将来良性的循环、良性的生态。

社会救助如何才能减少贫困？[*]

—— 20 世纪末期以来中国社会救助研究综述

李棉管

摘　要：尽管学术界普遍认同社会救助是反贫困的社会政策，但是关于社会救助如何才能反贫困却争论不休。本文建构了分析社会救助反贫困功能的研究框架，主要包括社会救助的瞄准效率、社会救助的保障水平、社会救助的功能定位三个方面（或步骤）。应用该分析框架，本文对我国主要的社会救助研究进行了文献梳理。以上分析框架基本上可以概括从 20 世纪末期至今我国社会救助研究的主要成果，并呈现了我国社会救助研究的主要纷争。社会救助反贫困功能的发挥需要综合考虑瞄准效率、保障水平和功能定位三个因素。

关键词：社会救助　反贫困　瞄准效率　保障水平　功能定位

如果将 20 世纪 50 年代中期建立的农村五保供养制度作为新中国制度化社会救助的起点，制度化的社会救助在新中国已经存在 60 余年[①]，但是长期以来社会救助一直处于社会科学研究的边缘地带，没有进入社会政策的话语核心[②]。这一状况直到 20 世纪末期才得到改变。随着城市经济体制

---

[*]　本文系教育部人文社会科学研究一般项目"社会工作职业化推进与发展型社会工作建构研究"（项目编号：15YJA840008）的阶段性成果。

[①]　洪大用、房莉杰、邱晓庆：《困境与出路：后集体时代农村五保供养工作研究》，《中国人民大学学报》2004 年第 1 期；张秀兰、徐月宾：《农村五保供养制度化的分析框架》，《江苏社会科学》2004 年第 3 期；宋士云：《新中国农村五保供养制度的变迁》，《当代中国史研究》2007 年第 1 期。

[②]　唐钧：《"十一五"以来社会救助发展的回顾及展望》，《社会科学》2012 年第 6 期。

改革的推进，"城市新贫困"成为一个重要的社会问题，并与农村贫困问题交织在一起构成社会转型的重大挑战。1993 年出现在上海的城市最低生活保障制度带来了与传统农村五保制度有着重大区别的新型社会救助制度①。随着该制度向全国城市（1999 年）和农村（2007 年）扩散，中国社会救助制度设计和反贫困实践发生了重大变化。在此背景下，中国社会救助研究逐渐走向繁荣和学理化，成为社会政策研究的一个重要分支。

中国社会救助是一个复杂的制度体系，其基本架构是以生活救助为主，以医疗、住房、教育、就业和法律等专项救助为补充，以优抚对象、残疾人、灾民等特定对象救助为特殊形式，制度化救助和临时性救助相结合的综合体系②。本文是对 20 世纪末期至今共 20 年中国社会救助研究的综述，但限于篇幅，本文仅以城乡最低生活保障制度和农村五保供养制度的相关研究为分析中心，这两项制度也是我国最主要的社会救助制度。文章第一节在梳理国内外理论性文献的基础上试图提出一个解答"社会救助如何才能减少贫困"的总体分析框架，接下来的三节结合总体分析框架的操作化对 20 年内中国社会救助的主要文献进行评述和分析，第五节对中国社会救助研究进行反思和前瞻。

一　重识社会救助的"反贫困"：一个分析框架

在制度型社会救助出现之前，反贫困长期被视为个人和家庭的责任或民间慈善的服务领域③，但是随着反贫困的责任转移至国家和地方政府，社会救助就成了反贫困的核心社会政策④。伊丽莎白济贫法所确立的"分

① Li, M., & Walker, R. "On the Origins of Welfare Stigma: Comparing Two Social Assistance Schemes in Rural China." *Critical Social Policy* (2018).
② 洪大用：《转型时期中国社会救助》，沈阳：辽宁教育出版社，2004；关信平：《朝向更加积极的社会救助制度》，《中国行政管理》2014 年第 7 期；彭华民：《中国社会救助政策创新的制度分析》，《学术月刊》2015 年第 1 期。
③ Jawad, R. "A Profile of Social Welfare in Lebanon: Assessing the Implications for Social Development Policy." *Global Social Policy* 2 (2002): 319–335.
④ Walker, R. *Social Security and Welfare: Concepts and Comparisons* (Maidenhead: Open University Press, 2005), pp. 39–40；彭华民：《中国社会救助政策创新的制度分析》，《学术月刊》2015 年第 1 期。

类施助"原则不但在英国得到了完整的继承①,而且成了全球各国社会救助的实施准则②。由于社会救助制度与贫困问题的直接联系,部分研究者认为社会救助天然地具有反贫困的功能。在这种"天然论"看来,有了社会救助就能减少贫困,因此倡导社会救助制度的建立和社会救助的资源投入几乎成为"天然论"学者的全部学术旨趣。

与"天然论"观点不同,大量反思性研究揭示,"社会救助如何才能减少贫困"本身是一个值得研究的问题。这样一种"重新设问"使社会救助研究从"制度倡导"转向了"制度分析",这是社会救助研究范式成熟的重要标志。

反贫困效果是多种经济政策和社会政策综合作用的结果,因此从反贫困的结果来单独评估社会救助的效应本身就是一件困难的研究任务③,即便是专注于社会救助反贫困效应的研究,其研究结论也呈现极大的分化。在有的案例研究中,社会救助资源的增加与贫困发生率之间呈现显著的负相关,即社会救助资源的增加能显著降低贫困发生率④,但是也有案例研究表明,扶贫资源的增加并不能带来相应的扶贫效果⑤,甚至可能会出现事与愿违的结果⑥;社会救助制度在有的场合下赋予了贫困者生活的意义并拓展了其选择的可能性⑦,但是在另一些场合下却对贫困者产生了锁定

---

① Donnison, D. *The Politics of Poverty* (Oxford: Martin Robertson, 1982).

② 韩克庆、郭瑜:《"福利依赖"是否存在?——中国城市低保制度的一个实证分析》,《社会学研究》2012 年第 2 期。

③ Lister, R. *Poverty* (Cambridge: Policy, 2004), pp. 181 – 189.

④ Caldés, N., & Maluccio, J. A. "The Cost of Conditional Cash Transfers." *Journal of International Development* 17 (2005): 151 – 168.

⑤ 李棉管:《区域性开发式扶贫的瞄准机制研究》,载郑也夫、沈原、潘绥铭主编《北大清华人大社会学硕士论文选编》,济南:山东人民出版社,2006。

⑥ Chen, K. M., Leu, C. H., & Wang, T. M. "Reducing Child Poverty and Assessing Targeting Performance: Governmental Cash Transfers in Taiwan." *International Journal of Social Welfare* 24 (2015): 48 – 61;田朝辉、解安:《社会救助的贫困治理绩效及其"陷阱"规避》,《南京人口管理干部学院学报》2012 年第 3 期。

⑦ Hocking, G. "Oxfam Great Britain and Sustainable Livelihoods in the UK." *Community Development Journal* 38 (2003): 235 – 242.

效应（lock-in effect），成了贫困再生产的生成器①；有的社会救助的制度设计已经在着力区分"维持贫困"和"减少贫困"，而有的社会救助政策却只能够发挥"维持贫困"的功能②。

以上反思性研究表明，社会救助要想发挥反贫困的功能是需要一些条件的。综合国内外的研究成果，这些"前置性条件"大体包括以下三个方面。

第一，社会救助的瞄准效率。瞄准效率（targeting efficiency）是与瞄准偏差（targeting error）相对而言的。在内部瞄准效率（internal targeting efficiency）的意义上，社会救助的瞄准效率主要包括两种类型：排斥性偏差和内含性偏差。排斥性偏差是指符合救助标准的目标人口没有得到社会救助覆盖的比率；内含性偏差是指不符合救助标准的人口被错误纳入社会救助范围的比率③。显而易见，瞄准偏差从利益获取和资源漏出两方面影响到了社会救助制度的扶贫效率。就利益获取而言，如果贫困者不能从社会救助中获取相应的资源，反贫困效应根本无从谈起。涓滴效应不但在理论上而且在经验上被证明是扶贫效率低下的理论设想。就资源漏出而言，当大量的扶贫资源被分配到非贫困领域和非贫困群体，其总体的资源利用效率自然大打折扣。

第二，社会救助的保障水平。社会救助的基本功能是收入维持，但是维持什么水平的收入向来是一个充满争议的问题④。该议题不仅仅受到国家和地方政府财政的限制，更是直接受到一国政治取向和福利文化的影响⑤。在有的福利体制中，即便是社会救助，国家也需要为目标群体提供为社会

---

① Giddens, A. *The Third Way* (Cambridge: Polity, 1998)；洪大用：《当道义变成制度之后——试论城市低保制度实践的延伸效果及其演进方向》，《经济社会体制比较》2005 年第 3 期。

② Spicker, P. *Poverty and Social Security* (London: Routledge, 1993)；Walker, R., & Wiseman, M. "Making Welfare Work: UK Activation Policies under New Labour." *International Social Security Review* 56 (2003): 3–29.

③ Walker, R. *Social Security and Welfare: Concepts and Comparisons* (Maidenhead: Open University Press, 2005), pp. 179–186；李棉管：《技术难题、政治过程与文化结果："瞄准偏差"的三种研究视角及其对中国"精准扶贫"的启示》，《社会学研究》2017 年第 1 期。

④ Veit-Wilson, J. *Setting Adequacy Standards: How Governments Define Minimum Standards* (Bristol: Policy Press, 1998).

⑤ Walker, R. *Social Security and Welfare: Concepts and Comparisons* (Maidenhead: Open University Press, 2005), pp. 53–59.

所接受的、体面的生活；而在另一些福利体制中，最低水平的生活保障在社会救助制度中得到严格限定①。为贫困者提供最基本的生活保障是全球共识性的社会救助的最低要求②，然而，看似确定无疑的"最基本的生活保障"在很多时候也不仅仅是经济考量，同时还反映了政治权衡。这一前置性条件的启示意义在于，如果社会救助制度的保障水平过低，即便贫困者被纳入了社会救助范围（满足了第一个前置条件），他们也仍然生活在贫困中，遑论摆脱贫困。

第三，社会救助的功能定位。社会救助的反贫困功能有两种取向。通过财政转移将贫困者的收入提升到满足最低生活需要这一取向在社会救助制度史上拥有久远的历史，但同时也十分容易招致"福利依赖"（welfare dependence）的质疑③。尽管在全球范围内，关于福利依赖的经验研究时常出现"证实"与"证伪"的并存局面，但是在政策制定者和税收支出者眼中，福利依赖始终是社会救助扩张的"大敌"。研究者认为，一旦福利依赖成为普遍的现象，社会救助就只能维持贫困而不能减少贫困④，在极端情况下还可能再生产出贫困⑤。近些年来，"工作导向型福利"或发展型社会政策代表了社会救助的另一种取向，通过改变社会政策的资源分配结构和方向让社会救助发挥更为积极的功能。这一取向的社会政策学者相信，将社会政策操作化为社会投资能使社会救助的反贫困功能得到更充分的发挥⑥。

---

① Walker, R. *Social Security and Welfare: Concepts and Comparisons* (Maidenhead: Open University Press, 2005), pp. 13 – 18.
② Chase, E., & Bantebya-Kyomuhendo, G. (eds.). *Poverty and Shame: Global Experiences* (Oxford: Oxford University Press, 2014), p. 2.
③ Coady, D., Grosh, M., & Hoddinott, J. *Targeting of Transfers in Developing Countries: Review of Lessons and Experience* (Washington, DC: World Bank, 2004); Deacon, A. *Perspectives on Welfare* (Buckingham: Open University Press, 2002).
④ Deacon, A. *Perspectives on Welfare* (Buckingham: Open University Press, 2002).
⑤ Giddens, A. *The Third Way* (Cambridge: Polity, 1998); 洪大用：《当道义变成制度之后——试论城市低保制度实践的延伸效果及其演进方向》，《经济社会体制比较》2005 年第 3 期。
⑥ 〔美〕迈克尔·谢若登：《资产与穷人》，高鉴国译，北京：商务印书馆，2005；〔美〕詹姆斯·米奇利：《社会发展：社会福利视角下的发展观》，苗正民译，上海：格致出版社，2009。

　　在学术研究上，我们可以将以上三点视为相互独立的三个方面（见图 1 中的左图）。然而，当我们考察"社会救助如何才能减少贫困"这个综合问题时，以上三点又可以构成具有内在关联、前后相继的三个阶段（见图 1 中的右图）。无论是将之视为三个方面还是三个阶段，图 1 都为分析和评估社会救助的反贫困功能提供了一个多维度的综合框架。

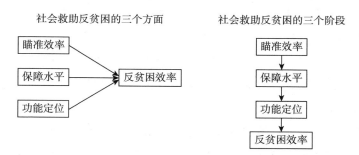

图 1　社会救助反贫困功能的分析框架

　　近 20 年来的中国社会救助研究具有明确的问题意识，但是总体上还具有碎片化特征，即专注于社会救助反贫困效率的"某一方面"的影响因素分析，到目前为止还没有形成清晰的整体分析框架①。但是，学者们在不同侧面的探索恰恰从不同的角度深化了本文所梳理的分析框架。因此，本文接下来将运用上述分析框架对中国社会救助研究 20 年来的主要文献进行综述。

二　社会救助与瞄准效率

　　贫困者如果不能被纳入社会救助的覆盖范围，社会救助的反贫困功能就无从谈起。从 21 世纪初期开始，中国社会救助研究逐渐从政策倡导范式转变为政策执行过程分析，社会救助的瞄准偏差研究构成社会救助研究的一个重要分支。

---

　　①　王增文、Hetzler, A.：《"软政绩"评价体系下农村社会救助及配套资源效率评估》，《当代经济管理》2014 年第 12 期。

全球社会救助的实践表明，完全无偏差的社会救助是难以实现的[①]。中国的各项社会救助制度也存在不同程度的瞄准偏差。

农村五保供养制度的目标群体是农村中最贫困的人口，然而，五保供养制度的瞄准偏差依然比较突出。调查显示，在2002年，全国农村五保供养对象共有570余万人，而被纳入五保供养保障范围的只有不到300万人，约有48%的五保供养对象没有得到制度保障，五保供养制度的排斥性偏差在不同的省区市差异极大，分布在8.92%～75%[②]。其他的相关社会调查也揭示了五保供养制度的"应保未保"现象[③]。联系到五保供养制度目标群体的特殊性，那些没有能够得到保障覆盖的农村长期贫困人口必然继续生活在困境中。

最低生活保障制度取代五保供养制度成为占据主导地位的社会救助制度之后，关于最低生活保障制度的瞄准偏差吸引了更多的学术关注。尽管具体的研究结论各有差异，但是大多数的研究都证实，我国城乡低保制度的瞄准效率有待提高。研究者发现，只有28%～51%的符合城市最低生活保障制度标准的中国城市家庭获得了最低生活保障制度的覆盖[④]。由于社会政策执行和监督环境的城乡差异，农村最低生活保障制度的瞄准偏差可能会更大。来自120个自然村的调查证明，只有约28%的真正贫困户得到了最低生活保障制度的覆盖，排斥性偏差高达72%[⑤]。世界银行的专题报

① Walker, R. *Social Security and Welfare: Concepts and Comparisons* (Maidenhead: Open University Press, 2005), p. 200.

② 洪大用、房莉杰、邱晓庆：《困境与出路：后集体时代农村五保供养工作研究》，《中国人民大学学报》2004年第1期。

③ 杨团、张时飞：《当前我国农村五保供养制度的困境与出路》，《江苏社会科学》2004年第3期；张秀兰、徐月宾：《农村五保供养制度化的分析框架》，《江苏社会科学》2004年第3期。

④ Chen, S. H, Ravallion, M., & Wang, Y. J. "Di Bao: A Guaranteed Minimum Income in China's Cities?" *World Bank Policy Research Working Paper* (2006)；都阳、Park, A.：《中国的城市贫困：社会救助及其效应》，《经济研究》2007年第12期；Gao, Q., Garfinkel, I., & Zhai, F. "Anti-poverty Effectiveness of the Minimum Living Standard Assistance Policy in Urban China." *Review of Income and Wealth* 55 (2009): 630 – 655; Ravallion, M., Chen, S., & Wang, Y. "Does the Di Bao Program Guarantee a Minimum Income in China's Cities?" In W. Lou & S. Wang (eds.). *Public Finance in China* (Washington, DC: World Bank, 2016), pp. 317 – 337.

⑤ 陈传波、王倩茜：《农村社会救助瞄准偏差估计》，《农业技术经济》2014年第8期。

告揭示，2009 年中国农村低保的内含性偏差和排斥性偏差分别高达 86% 和 89%[①]。如果上述调查的抽样方法和操作化方法都是可靠的，如此高的瞄准偏差确实已经挑战了最低生活保障制度作为扶贫政策的底线。大量的经验研究表明，与真正的贫困人口比较起来，与乡村权力中心更接近的人、对村庄事务有重要影响的乡村精英甚至是影响到村庄治理的"上访者"更容易获得农村最低生活保障制度的救助资源[②]。当社会救助目标对象的识别标准与经济收支状况完全脱节时，瞄准偏差的出现几乎不可避免。

在国内社会救助研究领域中，关于瞄准偏差生产的第一个理论解释是财政限制。农村税费体制改革使原本用于五保供养的"村提留、乡统筹"变得不可依靠，而地方财政用于解决农村五保户需求的公共资源又极其有限，这就导致了大量五保救助对象在事实上没有能够纳入救助范围，产生了应保未保的瞄准偏差现象[③]。这一理论视角代表了从"制度设计"层次展开瞄准偏差解释的努力。

事实上，瞄准偏差的生产既有制度设计的原因，也有制度执行的影响。更多的研究在制度执行的层次上采用政策过程理论对瞄准偏差的生产过程展开解释。在政策过程维度上，李棉管对国内外社会政策领域中有关瞄准偏差的研究成果进行了梳理，并归纳出三种理论视角：技术难题视角、政治过程视角和文化结果视角。技术难题视角从"瞄准机制的简约性要求和社会环境的复杂性现实"的矛盾出发，认为个体瞄准机制、类型瞄准机制和区域瞄准机制都会面临相应的技术难题，从而导致

---

① Golan, J., Sicular, T., & Umapathi, N. *Any Guarantees? China's Rural Minimum Living Standard Guarantee Program*（Washington, DC：World Bank Group, 2014）.

② 贺雪峰、刘勤：《农村低保缘何转化为治理手段》，《中国社会导刊》2008 年第 3 期；刘燕舞：《作为乡村治理手段的低保》，《华中科技大学学报》2008 年第 1 期；Li, M. G., & Walker, R. "Targeting Social Assistance: Dibao and Institutional Alienation in Rural China." *Social Policy and Administration*（2018）；李迎生、李泉然：《农村低保申请家庭经济状况核查制度运行现状与完善之策》，《社会科学研究》2015 年第 3 期；李小云：《我国农村扶贫战略实施的治理问题》，《贵州社会科学》2013 年第 7 期。

③ 洪大用、房莉杰、邱晓庆：《困境与出路：后集体时代农村五保供养工作研究》，《中国人民大学学报》2004 年第 1 期；杨团、张时飞：《当前我国农村五保供养制度的困境与出路》，《江苏社会科学》2004 年第 3 期；张秀兰、徐月宾：《农村五保供养制度化的分析框架》，《江苏社会科学》2004 年第 3 期。

瞄准偏差的产生；政治过程视角从"扶贫的社会福利诉求和国家治理的政治性诉求不完全一致"的矛盾出发，强调政治氛围、政府层级分化以及基层社会治理都可能会影响到福利资源的分配方向和方式；文化结果视角则从"扶贫及社会救助的文化相容性"出发，发现福利污名化的文化差异以及福利污名化在社会政策中的应用是导致贫困者排斥和福利资源漏出的重要原因①。

正如该文指出的那样，尽管全球社会救助研究体现出三种研究视角的分野，但中国社会救助瞄准偏差的研究更聚焦于政策执行过程的研究，尤其是关于瞄准偏差生产的微观政治学研究对全球社会政策研究做出了重要贡献，这些研究发现与西方语境中的基层科层制理论有重大区别。② 总体而言，国内关于瞄准偏差生产过程的研究勾画出一个积极干预的基层执行者形象，而正是基层政府的积极干预导致了瞄准偏差的产生。在县乡这两级基层政府层面，通过自利性或选择性的"地方转译"将社会救助或扶贫政策重新操作化为促进地方经济发展或维持地方社会治理秩序的工具。各种政治性目标干扰甚至取代了反贫困的目标，正是这种地方性的"制度转译"为瞄准偏差的生产提供了制度空间③。在村庄治理者层面，基层执行者虽然并不具备"制度转译"的权力，但是拥有对县级政策文件进行自利性解释和选择性执行的空间。因此，"平衡策略"（轮流享受低保，或以个人为单位确定低保户以此扩大低保覆盖面）、"安抚策略"（村庄中的"麻烦制造者"反而更容易获得低保）或"奖惩策略"（将积极分子或村庄精英纳入低保范围）等各种村庄治理者行动策略均意味着农村最低生活保障制度在一定程度上异化为基层社会治理的工具，与反贫困的政策初衷背道

① 李棉管：《技术难题、政治过程与文化结果："瞄准偏差"的三种研究视角及其对中国"精准扶贫"的启示》，《社会学研究》2017 年第 1 期。

② Lipsky, M. *Street-level Bureaucracy: Dilemmas of the Individual in Public Services* (New York: The Russell Sage Foundation, 1980).

③ 吕方、梅琳：《"复杂政策"与国家治理——基于国家连片开发扶贫项目的讨论》，《社会学研究》2017 年第 3 期；殷浩栋、汪三贵、郭子豪：《精准扶贫与基层治理理性——对于 A 省 D 县扶贫项目库建设的解构》，《社会学研究》2017 年第 6 期。

而驰①。在最近的研究中，有学者以"福利治理"为核心概念对多层次的瞄准偏差生产过程进行了分析。"福利治理"是一个综合概念，而正是治理理念、治理目标、治理关系和治理过程构成的基层福利治理结构和机制导致了瞄准偏差的产生②。更直观地说，贫困治理目标与整体社会的治理目标在基层社会中往往交织在一起，这种边界模糊状态给治理目标的替换提供了便利条件，社会救助政策在被扭曲化为其他治理手段的同时，潜在地具有"管理穷人"的倾向③。

现有政治过程视角描绘了一个积极干预的基层执行者脸谱，他们不但有能力而且有意愿对农村低保的落实施加强有力的干预，通过正式权力的策略性运作和非正式权力的替代性运作导致农村低保出现严重的异化④。在肯定现有政治过程视角研究成果的贡献的同时，研究者也应该警惕，这种脸谱化描绘是否会忽视社会救助政策执行环境的动态变迁。

意识到如此大范围的瞄准偏差严重影响到社会救助制度的反贫困效率，甚至影响到了社会救助政策作为反贫困政策的制度性质，中国政府已将"精准扶贫"作为新时期反贫困的核心举措之一。精准扶贫的总体目标是从数据采集、资源分配和过程管理三方面做到"精准识别"、"精准帮扶"、"精准管理"和"精准考核"⑤。由此可见，"社会保障兜底一批"作为精准扶贫"五个一批"中的重要方面，提高社会救助的瞄准精度是精准扶贫的核心内容之一。学术界已经在精准扶贫的必要性、技术设计和管理

---

① 李迎生、李泉然：《农村低保申请家庭经济状况核查制度运行现状与完善之策》，《社会科学研究》2015 年第 3 期；贺雪峰、刘勤：《农村低保缘何转化为治理手段》，《中国社会导刊》2008 年第 3 期；刘燕舞：《作为乡村治理手段的低保》，《华中科技大学学报》2008 年第 1 期；耿羽：《错位分配：当前农村低保的实践状况》，《人口与发展》2012 年第 1 期；郭亮：《从"救济"到"治理手段"——当前农村低保政策的实践分析：以河南 F 县 C 镇为例》，《中共宁波市委党校学报》2009 年第 6 期。

② 李迎生、李泉然、袁小平：《福利治理、政策执行与社会政策目标定位》，《社会学研究》2017 年第 6 期。

③ 朱晓阳：《反贫困的新战略：从"不可能完成的使命"到管理穷人》，《社会学研究》2004 年第 2 期。

④ 魏程琳：《权力与关系网络中的农村低保》，《青年研究》2014 年第 3 期。

⑤ 李棉管：《技术难题、政治过程与文化结果："瞄准偏差"的三种研究视角及其对中国"精准扶贫"的启示》，《社会学研究》2017 年第 1 期。

模式等方面展开了初步的讨论和设想①。究其实质，精准扶贫主要在技术维度和政治过程维度试图对粗放式瞄准机制进行纠正。在技术维度上，通过建档立卡和数据库动态管理来重新识别和动态调整贫困户，以期实现"靶向瞄准"②；在政治过程维度上，加强对基层执行者的监督和考核，压缩基层执行者将扶贫政策异化的操作空间。

毫无疑问，精准扶贫的战略设计的确与瞄准偏差生产的几个因素之间具有直接的对应性，但是问题导向的经验研究发现，精准扶贫在实现精准的过程中存在诸多突出的难题，甚至精准扶贫本身可能也会因为基层执行者的策略性操作而发生扭曲。这些问题包括：精准扶贫被操作化为人为的贫困规模控制，大量实际的贫困人口反而没有能够纳入社会救助之中③；建档立卡更注重"程序识别法"，而对农户的真正社会经济状况缺乏实质性关心④；因为更为强调程序合法性，张榜公示、村庄评议成为贫困户识别的主要手段，而这些做法却有可能进一步孤立和排斥贫困者，对贫困群体产生了锁定效应⑤。如果说技术上的难题尚且可以寄希望于技术的完善，基层执行者在精准扶贫战略下的行动逻辑选择则更值得深思。在行政发包体制下，精准扶贫的行政性考核有可能催生出"数目字管理"逻辑下的"数字生产游戏"，与精准扶贫的核心目标背道而驰⑥。同时受到科层理性、价值型关系理性和工具型关系理性等多种逻辑左右的基层执行者有可能变

①　汪三贵、郭子豪：《论中国的精准扶贫》，《贵州社会科学》2015 年第 5 期；葛志军、邢成举：《精准扶贫：内涵、实践困境及其原因阐释》，《贵州社会科学》2015 年第 5 期；左停、杨雨鑫、钟玲：《精准扶贫：技术靶向、理论解析和现实挑战》，《贵州社会科学》2015 年第 8 期；唐丽霞、罗江月、李小云：《精准扶贫机制实施的政策与实践困境》，《贵州社会科学》2015 年第 5 期。
②　左停、杨雨鑫、钟玲：《精准扶贫：技术靶向、理论解析和现实挑战》，《贵州社会科学》2015 年第 8 期。
③　左停、杨雨鑫、钟玲：《精准扶贫：技术靶向、理论解析和现实挑战》，《贵州社会科学》2015 年第 8 期；王雨磊：《数字下乡：农村精准扶贫中的技术治理》，《社会学研究》2016 年第 6 期。
④　唐丽霞、罗江月、李小云：《精准扶贫机制实施的政策与实践困境》，《贵州社会科学》2015 年第 5 期。
⑤　左停、杨雨鑫、钟玲：《精准扶贫：技术靶向、理论解析和现实挑战》，《贵州社会科学》2015 年第 8 期。
⑥　王雨磊：《数字下乡：农村精准扶贫中的技术治理》，《社会学研究》2016 年第 6 期。

通式执行精准扶贫战略，从而导致制度异化①。

总之，将贫困者纳入救助范围是社会救助制度发挥反贫困功能的第一步。然而即便在最初的这一步上，现有的研究揭示，由于技术、扶贫体制和贫困观念等原因的影响，大量的贫困者事实上并没有得到相应的保障，瞄准偏差是一个较为普遍的现象。通过精准扶贫实现精准救助是解决这一问题的重要办法，但是精准扶贫本身仍需要加强研究和不断完善。

三　社会救助与收入维持

被纳入社会救助的保障范围并不意味着贫困者的生活状况一定得到了较大程度的改善，贫困者能否通过社会救助获得"最基本的生活状态"或"最低生活保障"事实上取决于社会救助的保障水平。如前文所述，"最基本的生活状态"或"最低生活保障"从来都不是一个简单的收入或支出加总的纯粹经济概念，治理取向与福利观念必然裹挟其中②，这固然增加了分析的难度，却也为研究的深化提供了一个有效窗口。

农村五保供养制度作为我国第一个制度化的社会救助制度，其保障水平长期以来缺乏严格的科学评估，只是在报纸或地方政府报告中有零星的体现。这些报道或报告显示，尽管从中央政府的文件到地方政府的政策中都有"不低于本地居民平均生活水平"的表述，但是在税费改革前的农村，大量的五保户实际上只能享受"一保"（粮食、菜金）或"半保"（只保粮食，不保菜金），这一保障不足的状况在"文革"十年中更甚③。随着农村税费改革，农村五保供养制度发生了根本性变化，农村五保供养制度的保障水平引起了学术界的关注。截至 2002 年底，全国集中供养的五保对象不足所有五保对象的 1/4，而分散供养的五保对象占所有五保对象的比重为 78.3%，恰恰是这占大多数的分散供养对象保障水平更低。调查

---

① 殷浩栋、汪三贵、郭子豪：《精准扶贫与基层治理理性——对于 A 省 D 县扶贫项目库建设的解构》，《社会学研究》2017 年第 6 期。

② Veit-Wilson，J. *Setting Adequacy Standards: How Governments Define Minimum Standards*（Bristol：Policy Press，1998）。

③ 宋士云：《新中国农村五保供养制度的变迁》，《当代中国史研究》2007 年第 1 期。

显示，有的县份在 2002 年将五保供养标准定为 400 元/年，仅占该县人均年收入的 16.1%，不但与"本地居民平均生活水平"相去甚远，而且与当年国定贫困线 625 元/年有相当的距离①。这就产生一个悖论：五保供养制度是典型的反贫困政策，但该政策的执行标准却在贫困线以下。其他的相关调查虽然没有报告如此低的保障水平，但五保供养标准低和五项保障难以全面落实也是较为普遍的现象②。直到农业税取消，农村五保供养完全由公共财政支持之后，五保供养标准虽然总体上有所提高，但仍然处于较低的保障水平。民政部的调查证明，就全国平均水平而言，2006 年集中供养的五保对象保障标准约为农民人均年收入的 62.14%，全国只有宁夏、天津、浙江等 10 个省区市的五保供养标准达到了当地农民人均消费支出的80%③。另有调查显示，尽管政策规定五保供养标准要比低保保障标准高，一些地区的五保供养标准也仅仅是达到国家贫困线而已④。

中国城市低保自从 1999 年推广到全国后，最低生活保障标准总体上逐年提升，统计显示，2006 年全国平均城市低保标准仅为 170 元/（人·月），2011 年达到 288 元/（人·月），增长幅度达到 69%，其中增长最快的内蒙古、黑龙江、江西等地增长幅度超过了 120%；人均补差也从 2006年的 84 元/月增长到 2011 年的 255 元/月，增长了 2.04 倍⑤。民政部的统计显示，2016 年全国城市低保平均标准为 494.6 元/（人·月）⑥。保障标准的提高一方面的确为贫困者的生活改善提供了更多可能性，但是另一方面也从侧面反映了我国社会救助的标准在较长一段时间内都处于较低的水

① 杨团、张时飞：《当前我国农村五保供养制度的困境与出路》，《江苏社会科学》2004 年第 3 期。
② 洪大用、房莉杰、邱晓庆：《困境与出路：后集体时代农村五保供养工作研究》，《中国人民大学学报》2004 年第 1 期；张秀兰、徐月宾：《农村五保供养制度化的分析框架》，《江苏社会科学》2004 年第 3 期。
③ 李春根、赖志杰：《新时期我国农村五保供养制度存在的问题与完善对策》，《山东财政学院学报》2008 年第 2 期。
④ Li, M., & Walker, R. "On the Origins of Welfare Stigma: Comparing Two Social Assistance Schemes in Rural China." *Critical Social Policy* (2018).
⑤ 唐钧：《"十一五"以来社会救助发展的回顾及展望》，《社会科学》2012 年第 6 期。
⑥ 民政部：《2016 年社会服务发展统计公报》，http://www.mca.gov.cn/article/sj/tjgb/20170 8/20170800005382.shtml。

平，因此需要更快速的提升。10 年前的统计显示，北京、上海、长沙等全国 11 个城市的最低生活保障标准仅相当于当地最低工资标准的 33% ~ 48%①。与城市低保标准比较起来，农村低保标准则更低，2007 年全国农村平均低保标准仅为 70 元/（人·月），2011 年也仅达到 143 元/（人·月）；而贫困农民实际获得的人均补差更是少得可怜，从 2007 年的 39 元/月增长到 2011 年的 96 元/月②，也就是说直到 2011 年，被纳入低保户的农村贫困人口人均每月实际获得的救助金不足 100 元。但是最近几年以来，随着农村贫困标准的提高，农村最低生活保障标准得到了较快的提高，民政部的数据显示，2016 年全国农村低保平均标准达到 3744.0 元/（人·年）③。

由此可见，保障不足是包括社会救助在内的我国社会政策发展中面临的主要问题④。因为缺乏严格和科学的收入和消费测算，"最低生活保障标准" 与实际的 "基本生活水平" 之间往往并不一致，由此导致的结果是为了解决绝对贫困人口的最低生活问题而建立的生活救助制度往往并不能满足贫困群体的基本需要⑤。

在学术界，关于我国社会救助标准长期偏低的原因解释，首先出现的仍然是财政限制视角。除了总体上的财政供给和供养压力的讨论外，学者们更关注分税制对地方财政的影响。由于地方财政的总额度和自主性受到了更多的限制，以地方财政为主的五保供养制度和城乡低保制度不得不 "量入为出"⑥。但部分学者从分税制的操作程序上对这种解释提出了质疑。分税制的政策意图之一是对全国财政进行统筹和协调，这就必然意味着中央财政对经济欠发达的地区开展公共服务提供更多的财政转移，事实上对财政困难的地方政府是有利的。因此，社会救助供养标准低的真正原因可

① 李棉管：《城市低保制度与贫困者的 "福利依赖"》，《社会工作》2008 年第 2 期。
② 唐钧：《"十一五" 以来社会救助发展的回顾及展望》，《社会科学》2012 年第 6 期。
③ 民政部：《2016 年社会服务发展统计公报》，http://www.mca.gov.cn/article/sj/tjgb/20170 8/20170800005382.shtml。
④ 刘军强：《增长、就业与社会支出——关于社会政策的常识与反常识》，《社会学研究》2012 年第 2 期。
⑤ 曹艳春：《我国城乡社会救助系统建设研究》，上海：上海人民出版社，2009。
⑥ 杨团、张时飞：《当前我国农村五保供养制度的困境与出路》，《江苏社会科学》2004 年第 3 期；郑新业、张莉：《社会救助支付水平的决定因素：来自中国的证据》，《管理世界》2009 年第 2 期。

能并不是财政规模，而在于政策立意和政策执行①。这就涉及一个更深层次的社会政策议题：福利体制。

自从 20 世纪 90 年代初期艾斯平 – 安德森提出 "福利资本主义的三个世界"② 以来，福利体制研究已经成为比较社会政策研究中最热门的话题，形成了两种研究取向：一种取向是应用艾斯平 – 安德森的三种福利体制对本国的社会福利体系特征进行解释和验证；另一种取向是在社会民主主义体制、保守主义体制和自由主义体制之外寻找例外模型。东亚福利体制研究响应了第二种取向。研究者发现，由于受到特定的经济发展战略、政治权威和传统文化的影响，包括中国在内的东亚国家和地区在经济社会发展取向上具有以下典型特征：以经济增长为中心，社会政策为经济增长服务；国家将更多的资源投向生产领域，而在社会保护领域的公共资源投入较少；家庭承担了较为沉重的社会保护职责。研究者认为，这是一种不同于艾斯平 – 安德森所归纳的三种福利体制的福利体制，它被命名为 "生产主义体制"③。

生产主义体制给中国社会救助制度带来了双重叠加的弱势地位。首先，经济增长优先的发展战略决定了社会政策在公共政策平台上处于弱势地位，更多的资源被投放在生产领域，而社会政策仅仅被视为经济增长或经济体制改革的 "配套措施" 而给予了少量的关注④。其次，在社会政策范围内部，那些与生产或经济增长更直接相关的政策领域优先获得公共资源的配置，社会救助的政策地位被进一步弱化。社会保险在一定程度上被视为劳动力再生产和劳动力市场更替的必要制度设计，因此往往更容易得到相对重视；而社会救助往往被视为资源消耗和非生产领域，在生产主义

① 张秀兰、徐月宾：《农村五保供养制度化的分析框架》，《江苏社会科学》2004 年第 3 期。
② 考斯塔·艾斯平 – 安德森：《福利资本主义的三个世界》，郑秉文译，北京：法律出版社，2003。
③ Holliday, I. "Productivist Welfare Capitalism." *Political Studies* 48 (2000): 706 – 723; Gough, I., Wood, G., & Barrientos, A. et al. *Insecurity and Welfare Regimes in Asia, Africa, and Latin America: Social Policy in Development Contexts* (Cambridge: Cambridge University Press, 2004).
④ 王思斌：《我国社会政策的弱势性及其转变》，《学海》2006 年第 6 期。

体制中更容易遭受忽视①。

近些年来，我国通过社会建设来改变社会保护过于弱化的问题，各种新型而具有针对性的社会政策先后出台并得到落实，我国的社会保护状况发生了一定的改变，有学者将之归纳为"社会政策时代"②。如果这场社会政策建设和发展的新浪潮能够对我国的福利体制产生某些积极的影响，社会救助的长期弱势地位或许会得到一定的改善。

四　社会救助与功能定位

尽管总体上我国社会救助制度的保障水平还比较低，但是关于"福利依赖"的话题讨论已经在学术界和政策界产生了重要影响，这实际上涉及一个持久争论的困境：保障水平低是一个客观现实，但是一旦提高保障水平则又担心出现福利依赖③。目前关于我国社会救助制度是否已经孕育出大规模的福利依赖成了社会救助研究的焦点话题之一，而且围绕该话题的学术产出也产生了较大的分化。

以 2013 年民政部"中国城乡困难家庭社会政策支持系统建设"项目调查数据库为基础，刘璐婵和林闽钢发现，社会救助制度的受助者劳动力市场参与率低、受助家庭的受助时间长、救助项目叠加导致受助者不愿意退保这些现象普遍存在，以此来推断中国的社会救助制度已经催生出较为严重的"福利依赖"并可能会长期存在④。有研究者根据问卷调查的结果将低保受助者分为三类："主动依赖者"、"被动依赖者"和"福利侵占者"。在研究者看来，无论受助者是否存在主观意愿，福利依赖的现实已

---

① 关信平：《朝向更加积极的社会救助制度》，《中国行政管理》2014 年第 7 期；王增文、Hetzler, A.：《"软政绩"评价体系下农村社会救助及配套资源效率评估》，《当代经济管理》2014 年第 12 期；唐钧：《"十一五"以来社会救助发展的回顾及展望》，《社会科学》2012 年第 6 期。

② 王思斌：《社会政策时代与政府社会政策能力建设》，《中国社会科学》2004 年第 6 期；郁建兴、何子英：《走向社会政策时代：从发展主义到发展型社会政策体系建设》，《社会科学》2010 年第 7 期；李棉管：《再论"社会政策时代"》，《社会科学》2013 年第 9 期。

③ 关信平：《朝向更加积极的社会救助制度》，《中国行政管理》2014 年第 7 期。

④ 刘璐婵、林闽钢：《"养懒汉"是否存在？——城市低保制度中的"福利依赖"问题研究》，《东岳论丛》2015 年第 10 期。

经形成①。还有调查显示，在低保家庭中居然存在部分年轻人"啃老"的现象，"低保啃老"现象折射出更严重的福利依赖现象②。总之，一个具有社会影响的担忧是，随着社会救助范围的扩大，大量有劳动能力的社会成员被纳入低保范围，如果这些拥有劳动能力的低保享受者长期依靠低保生活，则不但会形成福利依赖而且会造成劳动力资源的闲置和浪费③。

与上述观点不同，另外一些经验研究总体上并不支持中国社会救助已经生产出大规模福利依赖的观点。韩克庆和郭瑜的全国规模调查显示，低保户具有较为强烈的求职和改善生活的意愿，而他们之所以处于失业和低保领取状态主要取决于劳动能力、健康状况、性别、年龄等因素，而不是社会救助所提供的保障状态，这就证明低保领取者并没有形成强烈的福利依赖④。这一研究发现与慈勤英和王卓祺的武汉调查相互印证：社会救助对失业者再就业行为的影响是不确定的，数据结果不能明确地支持福利依赖观点⑤。20年前的调查也显示，香港领取综援的受助者中绝大多数人都有积极寻找工作的经历⑥。这些研究提示，对于"福利依赖"概念本身需要谨慎反思和清晰界定。严格来说，福利依赖是一个包括状态（有劳动能力并享受社会救助）、行为（没有积极寻找工作）和意向（不愿意积极寻找工作）的概念⑦。根据这一概念界定，严谨的学术研究应该区分福利欺骗（welfare fraud）、福利滥用（welfare abuse）和福利依赖（welfare dependence），瞄准偏差与福利依赖并不是同一层次的概念⑧。

---

① 田奇恒、孟传慧：《城市低保社会福利受助者"就业意愿"与社会救助研究》，《人口与经济》2008年第1期。
② 韩琳：《城市低保贫困家庭二代啃老现象》，《当代青年研究》2006年第1期。
③ 王增文：《农村社会救助群体再就业意愿影响因素分析》，《人口学刊》2012年第6期。
④ 韩克庆、郭瑜：《"福利依赖"是否存在？——中国城市低保制度的一个实证分析》，《社会学研究》2012年第2期。
⑤ 慈勤英、王卓祺：《失业者的再就业选择——最低生活保障制度的微观分析》，《社会学研究》2006年第3期。
⑥ 黄洪、蔡海伟：《终止及重新领取综援研究》，香港：香港社会服务社，1998。
⑦ 李棉管：《城市低保制度与贫困者的"福利依赖"》，《社会工作》2008年第2期。
⑧ Li, M. G., & Walker, R. "Targeting Social Assistance: Dibao and Institutional Alienation in Rural China." *Social Policy and Administration* (2018)；刘军强：《增长、就业与社会支出——关于社会政策的常识与反常识》，《社会学研究》2012年第2期。

福利依赖是社会救助制度化之后的延伸效果之一①，这就意味着福利依赖并不是社会救助制度必然会出现的结果，一个国家或地区的社会救助能在多大程度上生产出福利依赖取决于社会救助的制度设计。从学理上分析，关于福利依赖讨论的实质是社会救助制度的功能定位问题：社会救助究竟是要维持贫困还是减少贫困。

一些研究发现，我国社会救助制度出现了"内卷化"的趋势②，具体表现为社会救助政策出台越来越多，社会救助资源投入越来越多，但是社会救助反贫困的效率并没有得到相应的提高。为了克服社会救助制度的"内卷化"，积极社会救助的思想在学术界引起了较大的认同和共鸣。

积极社会救助思想形成于西方福利国家危机的反思之中，并构成发展型社会政策的重要组成部分，其核心思想是在保障贫困者基本生活条件的基础上更注重人力资本投资、社会资本投资和市场机会开发，将传统的"再分配型社会救助"转变为"社会投资型社会救助"③。借用谢若登的"资产建设"和"个人发展账户"等概念工具，杨团、孙炳耀和唐钧等学者讨论了对贫困者及其家庭进行资产积累和能力建设的框架式设想。④ 关信平将积极社会救助的思想进行了进一步的具体化，"应该更加重视社会救助在整个社会政策体系中的作用，确定更加积极的社会救助制度目标，在社会救助的制度建构和政策实施中应该更加重视激励机制，重视社会救助在贫困者人力资本建设和经济与社会发展的积极作用，以及明确积极社会救助制度在各个方面的具体目标和评价指标体系"⑤。由于我国的社会救助制度的目标定位为"保障公民的基本生活"，这样一种定位取向实际上反映了救助政策对"现时贫困"的短期关注而缺乏对"未来脱贫"的

① 洪大用：《当道义变成制度之后——试论城市低保制度实践的延伸效果及其演进方向》，《经济社会体制比较》2005年第3期。
② 高鉴国、黄智雄：《中国农村五保救助制度的特征——兼论国家与社区的关系》，《社会科学》2007年第6期。
③ Giddens, A. *The Third Way*（Cambridge：Polity, 1998）；〔美〕詹姆斯·米奇利：《社会发展：社会福利视角下的发展观》，苗正民译，上海：格致出版社，2009。
④ 杨团、孙炳耀：《资产社会政策与中国社会保障体系重构》，《江苏社会科学》2005年第2期；唐钧：《资产建设与社会保障》，《江苏社会科学》2005年第2期。
⑤ 关信平：《朝向更加积极的社会救助制度》，《中国行政管理》2014年第7期。

长远关切，无法切断贫困代际传递的链条①。因此，林闽钢认为，单一的生活救助方法在面对贫困的代际传递时往往是无能为力的，因此，建立"最低生活保障制度＋贫困家庭分类救助＋贫困家庭救助服务"的综合家庭支持政策体系是很有必要的②。积极社会救助在具体的制度设计上需要突出以下内容：在坚持社会救助基本生活保障的基础上，给予贫困家庭中的儿童和老年人更多关注，对贫困家庭开展更多的支持性服务以提升其可行能力，在引入"工作导向型福利"的过程中更注重劳动力的社会保护③。

积极社会救助或发展型社会救助不仅仅是克服潜在的福利依赖的有效办法，它更是有效提高社会救助反贫困效率的关键性步骤，这一点在我国的部分政策实践中已经得到了证实。卢盛峰和卢洪友的实证研究发现，直接的生活救助对于受助者摆脱贫困的作用有限，但是政府为贫困地区和贫困人口提供的保障性公共服务和基础设施建设能够有效抵御和防范贫困④。徐月宾等人的研究同样证实，政府对于贫困户和低收入家庭所投入的教育救助、医疗救助具有显著的人力资本投资功能，从而对反贫困起到了重要作用⑤。

五 结论与讨论

社会救助是反贫困的社会政策设置⑥，学术界对此几乎没有异议，但

---

① 孙远太：《基于阻断贫困代际传递的社会救助政策改革》，《理论月刊》2017 年第 1 期。
② 林闽钢：《缓解城市贫困家庭代际传递的政策体系》，《兰州大学学报》（哲学社会科学版）2013 年第 3 期。
③ 李迎生：《全面建设小康社会与社会救助制度的全面转型》，《社会科学研究》2003 年第 6 期；谢勇才、丁建定：《从生存型救助到发展型救助：我国社会救助制度的发展困境与完善路径》，《中国软科学》2015 年第 11 期；周沛：《社会福利视野下发展型社会救助体系及社会福利行政》，《南京大学学报》（哲学·人文科学·社会科学）2012 年第 6 期；左停：《创新农村发展型社会救助政策》，《兰州大学学报》（哲学社会科学版）2016 年第 5 期。
④ 卢盛峰、卢洪友：《政府救助能够帮助低收入群体走出贫困吗？——基于 1989 - 2009 年 CHNS 数据的实证研究》，《财经研究》2013 年第 1 期。
⑤ 徐月宾、刘凤芹、张秀兰：《中国农村反贫困政策的反思——从社会救助向社会保护转变》，《中国社会科学》2007 年第 3 期。
⑥ 彭华民：《中国社会救助政策创新的制度分析》，《学术月刊》2015 年第 1 期。

是社会救助如何才能发挥反贫困的作用却是一个充满争议的话题。在回顾国内外文献的基础上，本文尝试性地提出了一个分析社会救助反贫困功能的研究框架。首先，只有贫困者被纳入社会救助的保障范围，社会救助的反贫困作用才有讨论的价值，这就涉及社会救助的瞄准效率和瞄准机制问题；其次，社会救助必须提供基本的保障，才能让被纳入社会救助的贫困者获得生活水平改善的可能性，摆脱社会救助的符号意义，这就涉及社会救助的保障水平问题；最后，在基本生活保障的基础上，社会救助应该提供给贫困者摆脱贫困的机会和条件，这就是社会救助制度的功能定位问题。这一分析框架既可以视为各要素相互独立的"方面论"，又可以被理解为各要素相互作用的、动态的"阶段论"。应用这一分析框架，本文对我国主要的社会救助文献进行了评述。通过综述发现，在上述分析框架的每一个阶段，我国的研究结果都出现了极大的分化，但正是研究结果的分化提示了我国的社会救助制度及其实施仍然是一个值得深入探索的研究领域。除此之外，我国的社会救助研究还具有以下特点。

第一，社会救助研究日渐走向成熟。在社会政策研究范畴中，一个基本的规律是往往理念先行，而后出现评估和验证性研究来推动理念的调整，最后形成社会政策研究和评估的竞争性范式。我国的社会救助研究总体上呈现了这一进程，但还没有最终完成。在早期的研究中，基于大量社会救助政策薄弱或缺失的现实，研究往往是政策倡导，体现了理念先行的特征；到目前这个阶段，更多的研究已经不再是单纯的政策倡导，而更关注社会救助反贫困效应的实际评估和过程研究，并在此基础上对过往的政策理念进行反思。这一研究重心的变迁说明了我国的社会救助研究正走在日益成熟的道路上。

第二，社会救助研究的精细化值得期待。一方面，尽管总体上我国社会救助研究的理论化程度还有待提升，但是学者们已经有意识地在运用福利体制、政策过程、积极社会救助等理论框架来对社会救助制度展开分析，假以时日，我国社会救助研究的理论精细化程度会得到相应的提高。另一方面，虽然总体性社会救助研究和总体性反贫困研究仍然占据主流，这与我国社会救助制度的现状高度相关，但是一些针对更具体贫困对象及其需求的社会救助研究也开始出现并引起重视。比如，关于儿童社会救助与儿童贫困、女性贫困问题和劳动移民的贫困问题及其社会救助的研究正在日益扩大影响力，这正与西方反贫困研究的最新趋势相符合。因此，我国社会救助研究的领域精细化同样值得期待。

图书在版编目（CIP）数据

反贫困：理论前沿与创新实践 / 李秉勤，房莉杰主编 . -- 北京：社会科学文献出版社，2019.7

人大社会政策讲义 . 前沿暑期班系列

ISBN 978 - 7 - 5201 - 5048 - 4

Ⅰ . ①反… Ⅱ . ①李… ②房… Ⅲ . ①扶贫 - 研究 - 中国 Ⅳ . ①F124.7

中国版本图书馆 CIP 数据核字（2019）第 118554 号

人大社会政策讲义·前沿暑期班系列

反贫困
—— 理论前沿与创新实践

主　　编 / 李秉勤　房莉杰

出 版 人 / 谢寿光
责任编辑 / 谢蕊芬
文稿编辑 / 马甜甜

出　　版 / 社会科学文献出版社·群学出版分社 （010）59366453
　　　　　　地址：北京市北三环中路甲 29 号院华龙大厦　邮编：100029
　　　　　　网址：www. ssap. com. cn
发　　行 / 市场营销中心 （010）59367081　59367083
印　　装 / 三河市龙林印务有限公司

规　　格 / 开 本：787mm × 1092mm　1/16
　　　　　　印 张：14.25　字 数：222 千字
版　　次 / 2019 年 7 月第 1 版　2019 年 7 月第 1 次印刷
书　　号 / ISBN 978 - 7 - 5201 - 5048 - 4
定　　价 / 69.00 元